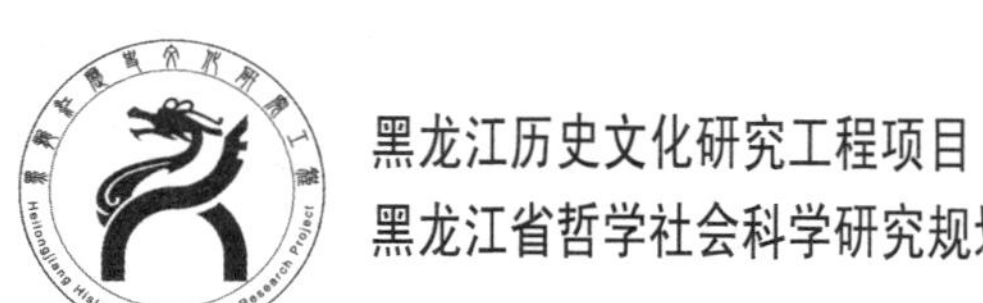

黑龙江历史文化研究工程项目（01YB13

黑龙江省哲学社会科学研究规划重大委托项目（09A-001）

述本堂诗集·宁古塔纪略

方登峄　方式济　方观承　吴桭臣◇著

黑龍江大學出版社
HEILONGJIANG UNIVERSITY PRESS

图书在版编目(CIP)数据

述本堂诗集·宁古塔纪略/(清)方登峄等著. --
哈尔滨：黑龙江大学出版社，2014.12（2021.7重印）
（东北流人文库/李兴盛主编）
ISBN 978-7-81129-850-5

Ⅰ.①述… Ⅱ.①方… Ⅲ.①古典诗歌-诗集-中国
-清代②宁安市-地方史-清代 Ⅳ.①I222.749
②K293.53

中国版本图书馆 CIP 数据核字(2014)第285965号

述本堂诗集·宁古塔纪略
SHUBENTANG SHIJI · NINGGUTA JILÜE
[清] 方登峄　方式济　方观承　吴桭臣　著

责任编辑　于　丹
出版发行　黑龙江大学出版社
地　　址　哈尔滨市南岗区学府三道街36号
印　　刷　三河市春园印刷有限公司
开　　本　720毫米×1000毫米　1/16
印　　张　39.75
字　　数
版　　次　2014年12月第1版
印　　次　2021年7月第2次印刷
书　　号　ISBN 978-7-81129-850-5
定　　价　82.00元

《东北流人文库》编委会

《述本堂诗集·宁古塔纪略》编委会

李兴盛与流人学的研究

（《东北流人文库》代总序）

世有“显学”与“晦学”之分，“显学”为当世所重，群趋若鹜，如清之乾嘉考据学，今之红学、敦煌学等等，于是资料盈箧，成果丰硕，人才辈出，为举世所瞩目。“晦学”则不然，虽其学重要，然资料发掘艰难，前人成作较少，一时难见其功，学人多视为畏途，潜研者寥寥，若为世所遗忘者，今之流人学类此。

流人源出于流刑，多为蒙冤受屈，备受迫害与刑罚者。流人颇多具有文化素养，甚至学问淹博者也为数不少，世所谓“天下才子流人多”即指此而言。其人虽投诸四裔，犹不弃边远，播种文化，开发蒙昧，厥功至伟，是流人与流人文化问题固不得不有所研讨，而世之投身斯学者，固屈指可数也。

我之接触流人问题，始得益于安阳谢国桢（刚主）先生。我家与谢氏有通家之谊，少时曾借书于谢氏，得读刚主先生所著《清初流人开发东北史》，为前此未读之书。见其对清初发戍东北之流人所作专门性研究，既钦其治学视野之广阔，复感其研究有裨于清初开国史的探求。后此则未见有关流人新作。二十世纪五六十年代政治运动中辄有因种种新账老账一齐算而遭贬谪者，西部荒漠及北大荒等地均有其人，虽下放、锻炼名目各异，而其实与流人差近。投鼠忌器，颇为流人问题之研究增忌讳。七十年代初，我曾下放农村四年，耕余无聊，又谨言慎行，寡交游，遂就所携图籍中之流人著述，时加研读，随手札记心得，积久乃成《读流人书》一文。此举一则纾烦遣愁，借他人杯酒，浇自己块垒；再则见流人虽困处厄塞，而犹能寄托诗文，传播文化，颇受激励。深惟似此群体而淹塞不彰，研究者又甚鲜而深致感慨。八十年代初，海宇廓清，学术文化顿显新颜，有幸获识西北周轩、东北李兴盛二君，皆以流人问题研究自任，撰述探讨，卓有成就。其穷年累月从事“晦学”研究之精神，尤令人钦佩。

我识李君兴盛较晚，初仅书信往来，继又得读其惠我大作。我虽曾粗涉流人之学，而视李君所著之精深，则瞠乎其后矣！1989年，先后读其所著《边塞诗人吴兆骞》及《东北流人史》，见其“筚路蓝缕，以启山林”的精神及从个案研究走向通史研究的历程，窃喜流人学研究之得人！惟惜其尚局限于东北一隅，深冀其由一隅而扩及全面。孰意不及五年，而百余万言之《中国流人史》又问世，李君用功之勤，投入之深，求之当世，实不多见。我曾为此书做过鉴评说：《中国流人史》“‘是对流人问题进行全方位、多层次、各区域的完整论述，开创了流人史研究的新体系’。我通读《中国流人史》的最深感受是，他不把知识分子流人的遭遇作为个案，而是加以群体的系统记述，使之成为记述中国知识分子坎坷经历、不幸命运、悲惨处境而仍能百折不挠，利国利民，奋发向上的感人史诗”。1998年冬，兴盛复以所主编之《何陋居集(外二十一种)》一书见惠，此书以清方拱乾之《何陋居集》为总名而含有宋、清、民国之流人文献共二十二种，为流人史之研究提供基本史料，厥功至伟。次年，兴盛不辞千里，亲临寒舍，一倾积愫，交流沟通，听其言，观其行，固恂恂然一君子也。我读书未遍，关于流人史的研究，除周、李二君的著述外，其他专著、论文所见尚鲜，此流人学之所以为“晦学”也。究其缘由，愚意以为治此学者必须具备三条件：

其一，研究者必须久居边远戍地，对流人生活背景、岁月煎熬，有亲临其地的切身感受，有一种为不幸者存史的激情冲动，乃以真挚的感情去探讨、研究，从而论述中国知识分子的忧患史。这是最重要的精神支柱。

其二，研究者必须具备发现挖掘史源、搜检考校史料和公允评论人物的学识底蕴与熟练技能。唯其如此，方能于人于事，持之有故，言之成理。方能由此及彼，由表及里，由个案至群体，由古代至近世，撰成诸种有关著述，使流人学之研究不数十年而蔚为大观。这是最重要的物质基础。

其三，研究者必须淡泊自甘，硁硁自守，不急功近利，不艳羡荣华。以悲天悯人之心，阐幽发微；不偏不倚，还人物以本来，终其生而无怨无悔。这是最重要的史德。

三者言易而行难，周、李二君得天独厚，幸逢其会，一羁居西陲，一谋食黑水，耳听故老逸闻，目见流人遗迹，抚今思昔，思潮汹涌，笔端激情，油然而生。二君皆好学深思之士，穷年累月，孜孜不倦，广搜博采，勤于著述，颇见称誉于学术界，而李君兴盛所著连年问世，凡个案研究、文献记录、史事纵论，皆所涉及，涵盖可谓深广。2000年，兴盛更将其流人文化研究延伸至流寓文化与旅游文化领域，主持《黑龙江流寓文化与旅游文化丛书》编写工作，其第一种《流寓文化中黑龙江山水名胜与轶闻遗事》一书，既出版问世，赋流人学以实践意义，研究对象由流人扩展至客寓人士，视野愈益开阔。2000年，复出示其另一种《中国流人史与流人文化论集》。兴盛倾历年之积存，更于《中国流人史》之基础上，总结升华，成此论集。捧读之余，欣悦不已。

兴盛之辑《中国流人史与流人文化论集》，虽为辑录其于流人问题研究中之理论观点，实则寓构筑流人学框架之深意。书分上下编，上编阐述有关流人与流人文化之理论问题，诸如流人的分类、流人史的分期及流人文化的界定与特性、流人历史作用的评价等等；

下编为文选，辑与撰者及其著作有关之资料，可备了解兴盛治学历程与所获成就之参考。从此，兴盛之于流人学之研究，有史、有论、有专门著述、有文献汇编，足称完整架构专学之规模。

目前，为了弘扬我国历代东北流人在逆境中建功立业、保卫与开发边疆的业绩及其艰苦奋斗的精神，为了促进由谢刚主先生开创的流人史、流人文化，乃至流人学这一新学科、新体系、新流派真正创建成功，兴盛君在黑龙江省委宣传部、黑龙江省新闻出版局及黑龙江大学出版社的大力支持下，以其三十余年研究成果为基础，正在编纂《东北流人文库》这部大型的历史文化丛书。《东北流人文库》拟分为“流人文献”与“流人研究”两大部分，堪称一部恢宏巨著。

相信我国前所未有的这部开拓型丛书的出版，对于黑龙江历史文化资源的抢救与黑龙江边疆文化大省的建设，对于东北，乃至全国历史文化，尤其是文学史、刑法史、民族交流史、人口迁徙史等学科的研究，对于繁荣我国出版事业，都会起到极大的促进作用。

流人学的建立是兴盛的一个梦，他自谦目前是“残编寻旧梦”，我看他已在日益走近“全编圆美梦”的佳境。他自勉是“攀登今未已，风雨正兼程”，我则以耄耋之年真诚地期待流人学不久将在社会科学的学科分类表上堂堂正正地占有一席之地。流人学之跫然足音，殆已日近一日。兴盛其勉旃！

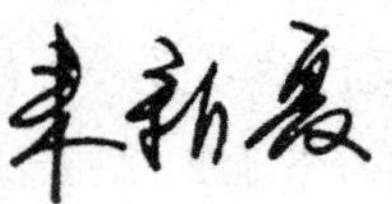

二〇一〇年元月

凡　例

为了弘扬我国历代东北流人筚路蓝缕以启山林的创业精神，自强不息苦心经营的奋斗精神，关心国事反抗侵略的爱国精神，为了彰显他们在逆境中建功立业、保卫与开发边疆的业绩，为了促进由谢刚主先生开创的流人史这种新学科的研究，并使流人文化，乃至流人学这一新体系、新流派真正创建成功，在中共黑龙江省委宣传部、黑龙江省新闻出版局及黑龙江大学出版社的大力支持下，在本人三十余年全方位、多层次、系统化、理论化的流人研究的基础上，编纂了这部大型的历史文化丛书。相信我国前所未有的这部开拓型丛书的出版，对于黑龙江历史文化资源的抢救与黑龙江边疆文化大省的建设，对于东北，乃至全国历史文化，尤其是文学史、刑法史、民族交流史、人口迁徙史等学科的研究，都会起到极大的促进作用。现将本丛书“流人文献”的编辑凡例介绍如下：

（一）本系列所辑包括两种不同类型的著述：一为东北流人及其曾经出塞的亲友自撰的各种（诗文、史地、学术等）著述；一为前人（流人除外）所撰所编（如吴燕兰编《汉槎友札》、吴晋锡《半生自纪》）以及今人所辑录的与流人有关的各种体裁（包括碑传文）传记资料著述等。

（二）本系列所收流人及其曾经出塞的亲友自撰文献，上限始于有文献流传的宋辽金，下限止于清末。

（三）本系列所收各种流人文献及相关资料著述，原则上可以单独成册者印成一册，反之则将一人之多种著述或将数人之著述合为一册印行。

（四）本系列所收各种著述，均冠以一篇“前言”，主要简单介绍作者行实与著述、所收著述之版本概况以及选用的底本。至于所收著述之史料价值及对作者的评价，不一定每书均有。这一点，请读者自行审酌。此外，书后尽量附录几种与作者及该文献相关之资料，供读者研读之参考。

（五）在整理过程中，将原竖刊本改为横排本，将原文之繁体字、异体字改为规范的简化字。原有避讳字（如为避康熙玄烨讳之“玄”字，方拱乾、方孝标之诗文集均缺末笔，陈之遴之诗集则作“元”）一律改回。对少数民族含有侮辱性之字改为今天的正字，如《浮云集》之“猺”改为“瑶”等，其他则一仍其旧。但下列情况除外：

①专名用字（如人名、地名、事物名称）及容易引起歧义的繁体字，按习惯酌予保留。基于此，《甦庵集》之“甦”不作“苏”，地名寘（tián）颜山之“寘”不作“置”，徐湘蘋之“蘋”不作“苹”。又如表示剩余、多余之义的“馀”字，与代表“我”之“余”字极易引起歧义，因此不能一律以“余”字替代，有时必须作“馀”。基于此，“余生”、“余身”与“馀生”、“馀身”有别，而陈之遴“应连万死馀”句、释函可“自悔罪深馀舌在”句之“馀”字不能简化为“余”。同样的道理，陈之遴诗中的“於戏”与“短歌哀筑漫相於”之“於”也不能简化为“于”。方拱乾“八载纍人此日还”诗句中的“纍”字不宜简化为“累”。另如“髮”与“发”、“麯”与“曲”等经常会引起歧义等字也作如是处理。

②为了忠实于原文，同时为了便于学者对地名、人名、物名等事物名称源流及异名之考证与研究，同一名称的不同用字或词，酌予保留。如在古代文献中，长江多作扬子江，也有作杨子江者，山海关多作榆关，也有作渝关者（《浮云集》即作杨子江、渝关），凡此本系列二者并存，不予统一，余此类推。

③古籍刻本中多有通假字，为了忠实于原文，我们在点校整理时未予改正，仍存其原貌，如《甦庵集》辛丑年卷首有“男亨咸较”四

字,“较”是“校”的通假字。余者类推。

(六)本系列收录之流人文献,诗、词、赋与散文并存。为了整齐划一与美观,诗之排版五言、七言者基本每两句一行(杂言诗也尽量仿此)。作者之原注与我们所写之校记(改正、说明、增补)或注释等文字,则以“编者按”的形式,作为脚注,置于本页界线下方。而散文、赋、词(包括序、跋),则采取连排的排版方式。词有上下阕者,则在上下阕之间空两字。

作者原注及我们校改文字则作如下处理:凡原误、衍字应删或疑误之字,均加(　),而改正、增补或说明之文字则加〔　〕,至于疑误之文字不宜改正者,则于〔　〕中加问号即〔?〕,以示存疑。错误之字显而易见者(如干支中己亥误作巳亥等)径改,可以推知其误者,在〔　〕中注明“当作某”或“疑作某”。凡阙文或原文实在无法辨认之字,则以□代之。

又及,本丛书所收之文多据前人刻本,有的原文有正文和注文之分,注文多为双行夹注。我们在点校整理时,对此类注文采用比正文(宋体)小一些的楷体字编排,以示与正文有所区分。

前　言

本书由《述本堂诗集》与《宁古塔纪略》组成。

《述本堂诗集》诗十七卷，附文一卷，计十八卷。清方登峄、方式济、方观承祖孙三人著。

方登峄，字凫宗，号屏垢，安徽桐城人。少詹事方拱乾之孙，侍讲学士方孝标之子。由于“自幼继与方兆及为子”①，因此有些史籍，谓登峄系兆及之子②。实则两种说法，均有道理。方兆及，字子诒，号蛟峰，“幼嗜学，于书无所不通”。顺治十一年（1654）举人，累迁刑部郎中，出为济宁兵河道佥事，后以劳卒于官，时登峄方八岁。登峄至十六岁补县学生，工诗善画，出游四方，知名于世。康熙三十三年（1694）贡生，授中书舍人，迁工部都水司主事。康熙五十年（1711）十月戴名世《南山集》文字狱案起，以本生父方孝标所著《滇黔纪闻》内有所谓“大逆等语”，且为《南山集》所引用，因此被捕下

① 佚名：《记桐城方戴两家书案》（《古学汇刊》第一集）。

② 关于方登峄究竟是方孝标之子，还是方兆及之子，说法虽然各异，但实无矛盾。方苞《弟屋源墓志铭》、徐璈《桐旧集》卷三、《桐城续修县志》卷十三谓方登峄系方兆及之子。全祖望《江浙两大狱记》、金天翮《皖志列传稿》卷二、徐世昌《晚晴簃诗汇》卷五十一谓方登峄系方孝标之子。而马其昶《桐城耆旧传》卷八虽谓式济系兆及之孙，但又谓“《南山集》事发，语连公本生王父”，可见也认为登峄生父非兆及，至于究属何人，该书未明言。考佚名《记桐城方戴两家书案》载有方登峄被审供词，内云：“我自幼继与方兆及为子，我生父方孝标的《滇黔纪闻》……”此足以证实登峄生父为孝标，养父为兆及。又，方孝标《纯斋诗选》卷五首载校订者姓氏有“侄男登峄”。登峄以侄兼子事孝标，此亦可证孝标为登峄之生父。

狱。至康熙五十二年(1713)二月同其兄方云旅、侄方世樵并妻子等,被判处遣戍卜魁(今齐齐哈尔市)。在戍所,"虽处绝塞寒天,手一编,终日忘其身之在难也"①。至雍正六年(1728)八月卒于戍所。一作雍正三年(1725)卒。② 其生年不详,但其《侄庄携〈何陋居集〉、〈甦庵集〉诗读之有感》一诗云:"五十年前罹祸日,征车行后我生时。岂知今日投荒眼,又读先人出塞诗?"按"五十年前"之祸,系指顺治十四年(1657)丁酉科场案事,方拱乾及方孝标等,即以此案牵累徙宁古塔。征车之行,指顺治十六年(1659)闰三月方拱乾全家出塞之事。此诗既云"征车行后我生时",则表明登峄生于同一年,即顺治十六年(1659)。这样,到雍正六年卒时,享年七十岁。③ 遗著有《依园诗略》、《星砚斋存稿》、《垢砚吟》、《葆素斋集》、《葆素斋集古乐府》、《葆素斋集今乐府》、《如是斋集》各一卷。前二卷,系"少作及官京师诗"④。后五卷为塞外之作。其"古诗得乐府神理,七律亦雅健"⑤。而且由于其诗歌,多作于塞外,故"词多悲苦"⑥,边塞的风光、景物、风土、人情,历历如绘,为"考边事者,所必取资也"⑦。有人谓"尝著《卜奎杂志》一书,惜不传"⑧。此说贻误。

方式济,字屋源(一作渥源),号沃园,登峄之子。生于康熙十五年(1676)。少侨居金陵,工诗善画。"十六补诸生,省墓桐城,来往枞阳,与诸老宿唱和,积诗盈帙。"⑨ 康熙四十七年(1708)举人,康

---

① 《述本堂诗集》黄叔琳序。

② 《桐城续修县志》卷十三,《方登峄传》。

③ 按:关于方登峄生卒年,说法各异。《桐城续修县志》及佚名《记桐城方戴两家书案》作雍正六年八月。邓之诚《清诗纪事初编》卷五谓:"登峄卒于雍正三年,年六十七。"二者孰是,待考。

④ 《述本堂诗集》黄叔琳序。

⑤ 徐世昌:《晚晴簃诗汇》卷五十一。

⑥ 邓之诚:《清诗纪事初编》卷五。

⑦ 邓之诚:《清诗纪事初编》卷五。

⑧ 魏毓兰:《龙城旧闻》卷二,附记。

⑨ 《桐城续修县志》卷十一。

熙四十八年(1709)进士,授中书舍人。《南山集》案起,他又“多方以脱族人”①。后随父流徙卜魁。在戍所,“躬自炙坑(炕),坐荆棘风雪中,两手皲裂。暇则吟咏承欢,杜门屏迹”②。卒于康熙五十六年(1717)二月,年四十二岁。③ 卒时,“边人如痛亲戚”④,可见他与当地人民友谊之深。著有《易说未定稿》六卷、《陆塘初稿》、《出关诗》各一卷。另外,“又据所见闻,考核古迹,为《龙沙纪略》一卷”⑤,“分方隅、山川、经制、时令、风俗、饮食、贡赋、物产、屋宇九门。其书记载详核有法,于山川尤考证致慎,为言北塞者所必需”⑥。其“诗摹昌谷,不仅形似”⑦,而且“诗格廉悍,乐府尤矫矫不群”⑧。

方观承,字遐谷,号问亭,又号宜田,式济次子。生于康熙三十七年(1698)八月十日。祖父登峄及父式济遣戍卜魁时,他与长兄观永“归金陵,家无一椽,借居清凉山僧寺。有中州僧,知为非常人,厚待之”⑨。康熙五十二年(1713)“去金陵,北至京师”,“是冬,偕伯兄东出关,浮沉辽沈间。乙未之春,省视卜魁”。⑩ 途中,“或日一食,或徒步行百余里”。在戍所“扫马通(即马粪)为薪,点湩乳(乳汁)为饵,备极艰苦”。“自丙申至辛丑留塞上凡五年”,“壬寅赴京师”。⑪ 后来登峄病逝,他盗其父祖骸骨,徒步负入关。雍正九年(1731),为平郡王福彭所赏识。次年福彭为定边大将军,征准噶尔,奏为记室,以军功授内阁中书,累官至浙江巡抚、直隶总督等职。乾隆三十三

① 方苞:《望溪先生集外文》卷七,《弟屋源墓志铭》。
② 《桐城续修县志》卷十一。
③ 方苞:《望溪先生集外文》卷七,《弟屋源墓志铭》。
④ 马其昶:《桐城耆旧传》卷八。
⑤ 《清史列传》卷七十一。
⑥ 李慈铭:《越缦堂读书记》卷八。
⑦ 徐世昌:《晚晴簃诗汇》卷五十七。
⑧ 《清史列传》卷七十一。
⑨ 袁枚:《小仓山房文集》卷三,《太子太保直隶总督方恪敏公神道碑》。
⑩ 《述本堂诗集》东间剩稿自序。
⑪ 《述本堂诗集》宜田汇稿。

年(1768)八月卒,年七十一。① 谥恪敏。卒时"家无余财",仅"有书数十笈"②,可见其居官之廉洁。著有《东闾剩稿》、《入塞诗》、《怀南草》、《竖步吟》、《叩舷吟》、《宜田汇稿》、《松漠草》、《看蚕词》、《薇香集》各一卷,《燕香集》二卷,《燕香集》二集二卷,《方恪敏公奏议》七卷,《坛庙祀典》三卷。其诗"随境为哀乐。早年于役,诸诗苍凉悲壮,尔后进入亨途,多应制之作,风格亦稍稍下矣"③。

方登峄、方式济之诗,大部分作于塞外,方观承写于东北塞外之作,虽然占其全部诗作的少部分,但相对来讲,也是不少的。这些塞外诗,山川景物的历历如绘,风土人情、物产气象的刻画细微,都是笔力万钧、动人心魄的。如方登峄的《灯官曲》、《打貂行》、《卖鱼歌》等,方式济的《至卜魁城,葺屋落成》及方观承的《卜魁竹枝词二十四首》等,堪称字字珠玑。这是研究清代黑龙江史乃至东北史的珍贵文献。

《述本堂诗集》为方氏家刻本,我们见过内容递增的三个印本,即乾隆印本、嘉庆印本和道光印本。乾隆印本系方观承兄弟于乾隆十八年开刻、十九年竣工的初刻初印本,北京图书馆等有藏。内容包括方登峄和方式济的全部诗作以及方式济的《龙沙纪略》一书,也刻印了方观承自己早期[雍正十三年(1735)以前]的诗作,收方登峄《依园诗略》、《星砚斋存稿》、《垢砚吟》、《葆素斋集》、《葆素斋集古乐府》、《葆素斋集新乐府》、《如是斋集》各一卷,方式济《陆塘初稿》、《出关诗》各一卷,方观承《东闾剩稿》、《入塞诗》、《怀南草》、《竖步吟》、《叩舷吟》、《宜田汇稿》、《看蚕词》、《松漠草》各一卷,计十七卷,

---

① 姚鼐:《惜抱轩集》文后卷五,《方恪敏公家传》。按:袁枚所撰方观承神道碑(《四部备要》本)作卒于乾隆三十二年,与姚鼐之说相差一年,实误。考袁枚与观承生于同代,且又相识,叙其卒年,不应有误。之所以如此,殆《四部备要》之刊刻有误所致。

② 姚鼐:《惜抱轩集》文后卷五,《方恪敏公家传》。

③ 徐世昌:《晚晴簃诗汇》卷六十九。

另附方式济《龙沙纪略》一卷，计十八卷，总称《述本堂诗集》。嘉庆印本是方观承之子方维甸在嘉庆十四年(1809)刻的，除了重印乾隆印本的全部作品外，又续刻了方观承由乾隆元年(1736)至三十三年(1768)的诗作，即《薇香集》一卷、《燕香集》二卷、《燕香二集》二卷，共五卷，称为《述本堂诗续集》，上海图书馆、齐齐哈尔市图书馆等有藏。在吉林大学图书馆，还发现一种由方维甸之子方传颖兄弟在道光六年(1826)印制的本子，此本只增刻了方维甸的诗作《心兰室剩稿》，其余内容均与乾隆、嘉庆两个印本相同。

这次付印，是以嘉庆印本为底本，参照乾隆十九年(1754)印本与道光六年(1826)印本校订、标点的。原书《龙沙纪略》排版顺序安排于方式济《出关诗》之后，我们这次整理，将诗全部集中，因此《龙沙纪略》作为第十八卷，附录于整个诗集之后，特此说明。

为了供研究者参考，将《四库全书总目》中有关本书的提要、方登峄祖孙三人的碑传资料，作为附录，刊于书后。

《宁古塔纪略》一卷，清吴桭臣著。

吴桭臣(1664—?)，字南荣，江苏吴江人。其父吴兆骞以顺治十四年(1657)丁酉南闱科场案牵连，流放宁古塔二十三年，于顺治十六年(1659)出塞，夫人葛氏于康熙二年(1663)二月五日至戍所，次年十月十四日生子，即桭臣。桭臣至康熙二十年(1681)八月始因其父赦还而离戍，时“已为成人，其中风土人情、山川名胜，悉皆谙习，颇能记忆”。归后游食于亲友间，康熙四十六年(1707)，应福建汀州府冯协一之邀入幕。康熙五十二年(1713)，冯协一调台湾，桭臣随往，撰有《闽游偶记》。归后，至康熙六十年(1721)，追忆其在塞外见闻，撰成《宁古塔纪略》，记其父遣戍往返始末，间及当地风俗物产。虽然由于是“童年阅历，未知延访，衰龄撰述，又不免遗忘”(叶廷琯语)，记事简略，且有失误，但由于所述多为所闻所见之事，作为第一手史料，该书仍有较高的史料价值，得失参半，可称定论。

本书流传版本较多，有杨复吉抄校本、叶廷琯抄本，《昭代丛书》本、《赐砚堂丛书新编》本、《舟车所至》本、《小方壶斋舆地丛钞》本、《渐西村舍汇刊》本、《皇朝藩属舆地丛书》本、《知服斋丛书》本、《渐学庐丛书》本等。我们这次整理是以杨复吉抄校本为底本，校以《渐学庐丛书》本。

为了便于读者了解本书的史料价值，特将清代学者叶廷琯《宁古塔纪略》及李兆洛《跋〈宁古塔纪略〉后》二文附于卷末，供读者参考。

以上两部书稿整理与点校过程中，有些同志参与进来。其中以黑龙江中医药大学图书馆徐小滨、牡丹江师范学院文学院刘丽华、黑龙江大学图书馆赵桂荣、黑龙江省图书馆金凤、四川农业大学全宏添等人为主。特此说明。

限于我们之水平，这次整理，仍会有不当、疏漏或错误之处，望读者予以批评指正。

李兴盛

2012 年 12 月 12 日

目　　录

述本堂诗集

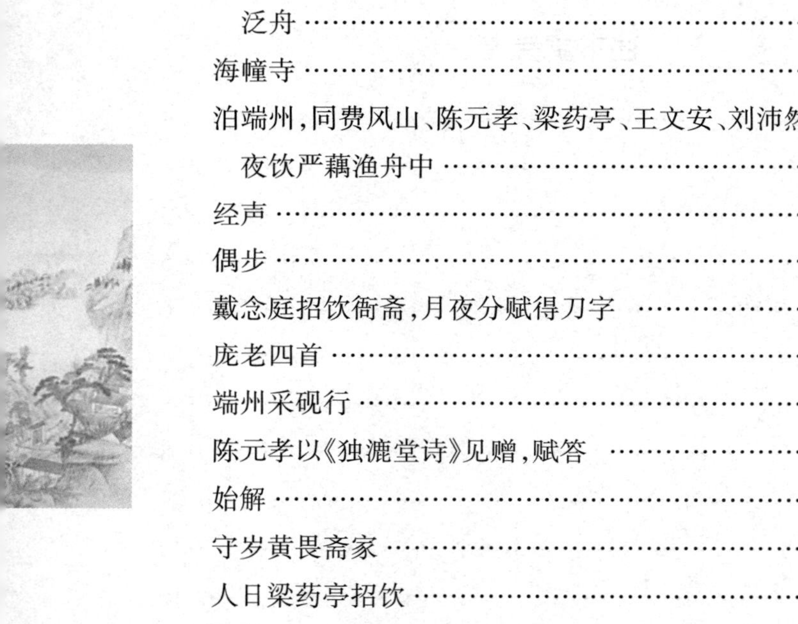

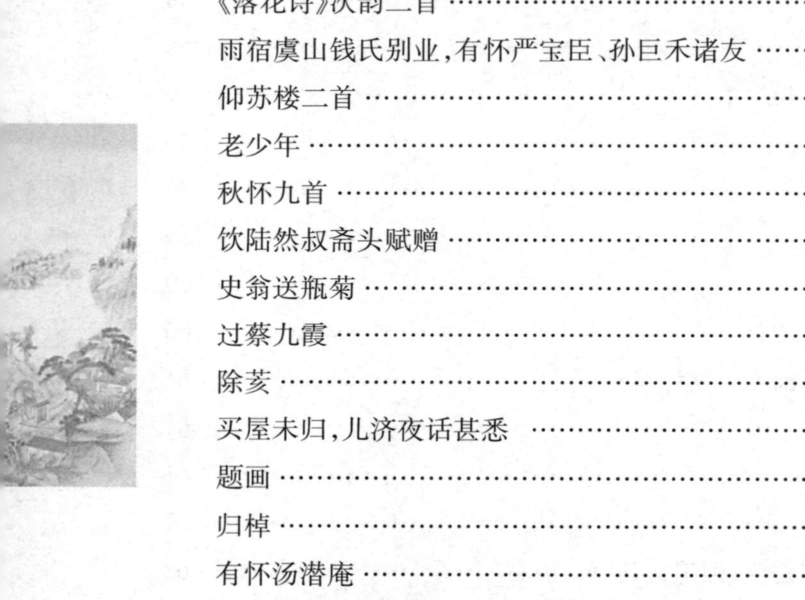

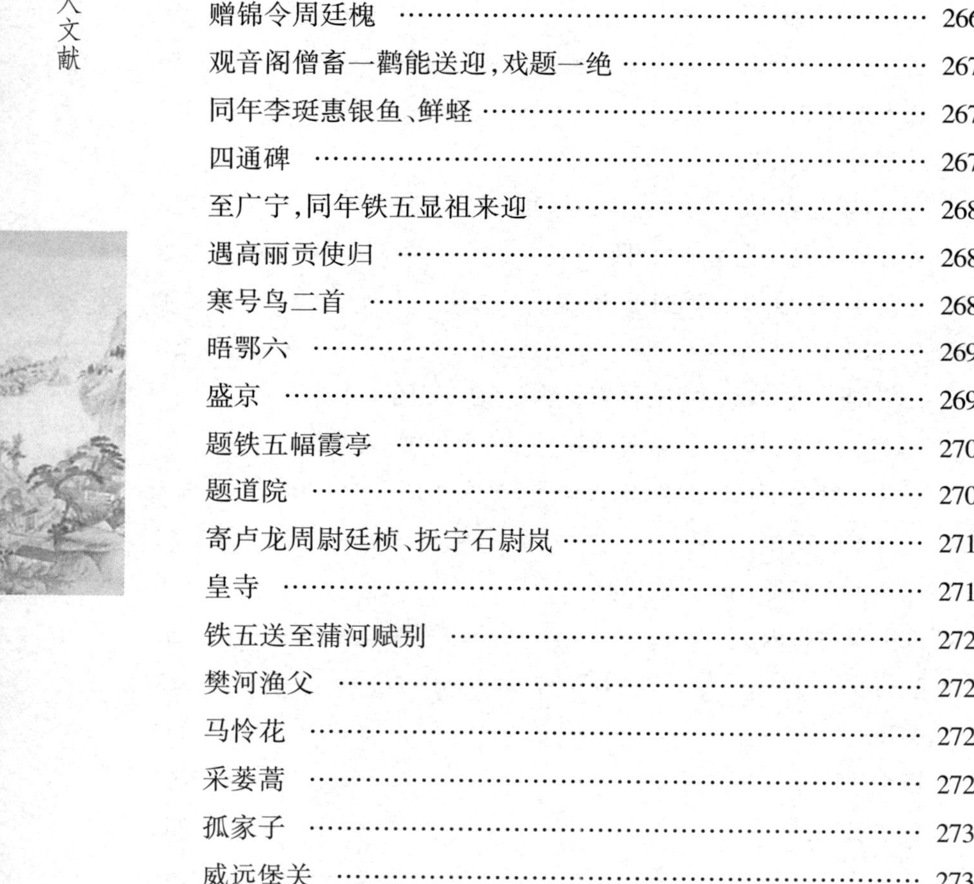

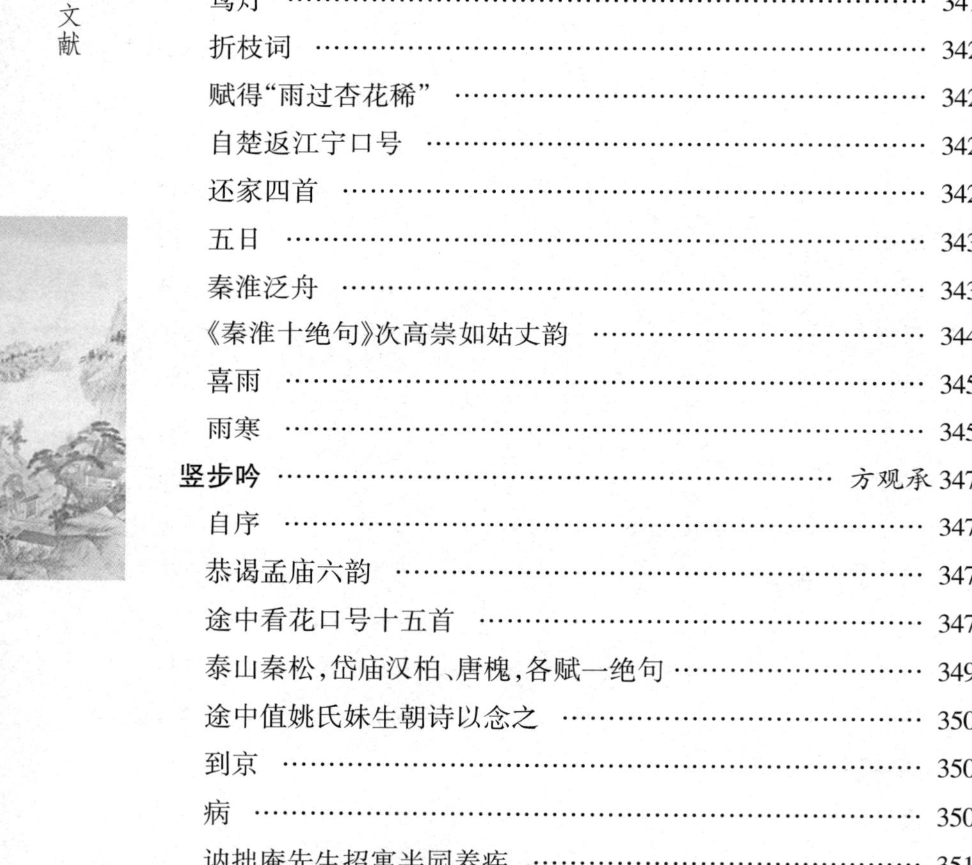

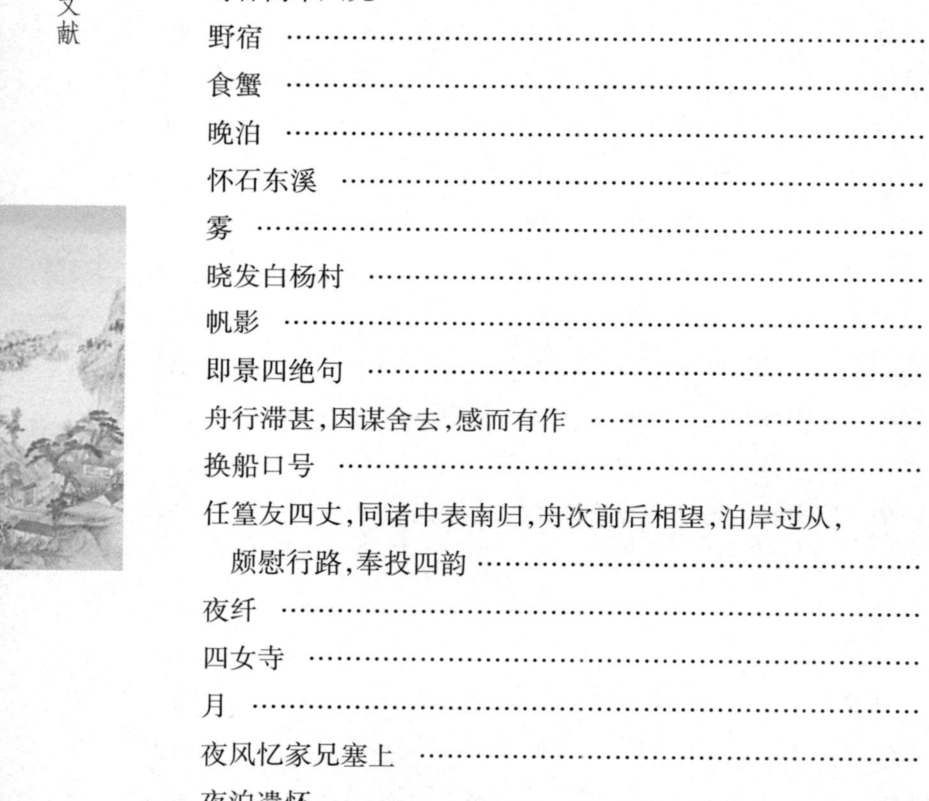

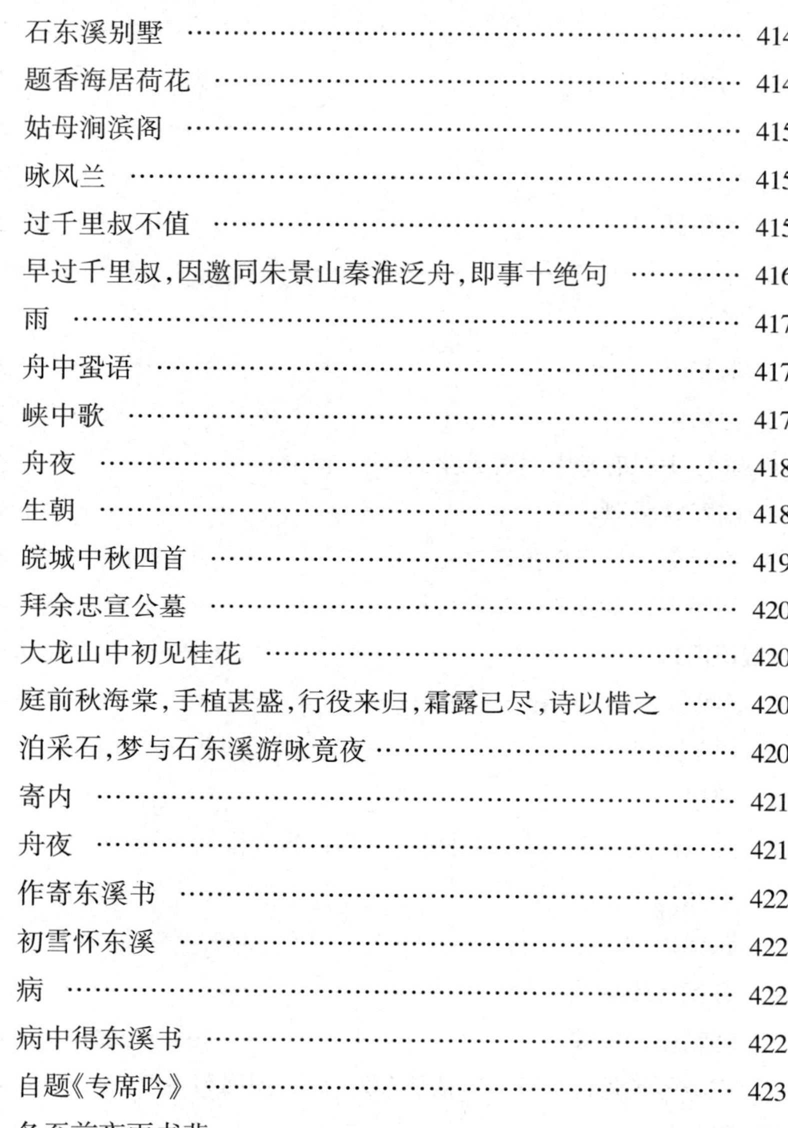

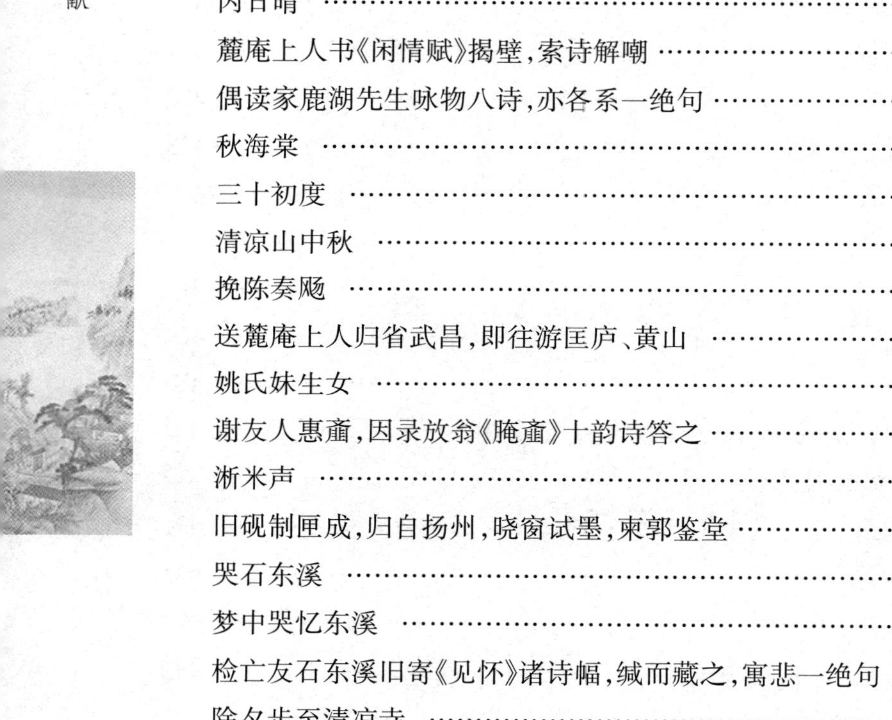

宁古塔纪略

述本堂诗集

(清)方登峄 方式济 方观承 著

序

始读少陵“诗是吾家事”语而疑之，何大而夸若是？偶一念至，则固先师遗训也，抑诗教也？鲤庭之趋，不闻曰学《诗》乎？而子夏序《诗》，谓先王以是成孝敬，厚人伦。人伦、孝敬非家事而何？《东山·零雨》之作，上继《采薇》、《卷阿·游歌》之音，下开《常武》。作之述之，以《诗》为家人言，盖自三百篇已然矣，而岂唯少陵？又怪少陵接武必简，厥子宗文宗武，明云觅句知律，而一毛片甲，遗风蔑如，岂终其家声耶？极盛固难为继耶？或者书缺有间，故不传之其人耶？於戏！此述本堂三世诗之刻之，不可以已也。

吾家系自西陵，而居皖桐者为大，名人魁士，自前代率磊落相望，上之穷讨六籍，恢博而贯统，自成一家书。他若摛风裁兴，意语铿耀，诎五指而顿之，即王氏过江，人人有集，一似无所与让。而宫詹《甦庵》诸集，则尤如目之有眉。往尝受而读焉，沉郁顿挫，固知宪章少陵。顾少陵不能使人继其声，而宫詹风流未沫，积水成渊，复有水部公震发其间；未已也，又重之以沃园先生；未已也，又申之以问亭制府。各为一集，各匯一集。苍苍者天，欲其使才皆尽，故不惜左右以之一东一西，回互万里。辽水无极，雁山参云，凡幼安之所未家，博望之所未凿，俾皆有车辙焉。文以情生，悲雅俱有，盖所遭或幸或不幸。然而欢词既工，苦言弥好，指归要会，教总柔敦，其可以成孝敬而厚人伦，固三代共之也，则以为是家人言，即以为是吾家事，举少陵语，移而从之，夫宁曰大而夸者。

桀往在京师，托末契于沃园先生，蒙谢公一扇之授，而以妙画通灵，不知谁何攫之而去，为作数日恶。今忆之，四十余年于此矣，而违制府下风者又七年，叹旧怀贤，思署纸尾，以编杜集有荣耀焉，然又未尝不发愧也。家世自膳卿公，颇以诗鸣，所著有《玉磬斋集》，略具《青溪诗选》中。嗣是先君子有《偶存诗》，亡弟药房有《缘情诗》，纵不敢高颉颃于述本堂世学，而为之元晏，至辱西河、鹤舫两毛公。鄙人无似，哑钟不鸣，昌黎有言，顾唯未死耳，我心忧伤，念昔先人，其能以急景凋年，诵清芬而效一词之赞乎？盖操笔欲书，将下复止者且久之。

时乾隆二十年三月既望，还淳八十四岁老人桀如识。

依园诗略

方登峄

有鸟二首

山有鸟，田有禾，田父护禾张网罗。
虽有稻粱，非尔之粻。
宁辍尔食，毋罹尔伤，鸟兮鸟兮慎翱翔。

山有木，田有水，水不可栖木可止。
水流无常，木植有方，鸟兮鸟兮还高冈。

拟古三首

驱车出东门，高桑绕鸣乌。
路旁有美人，涕泣沾衣襦。
下车问所怀，踟蹰停须臾。
款款前致词，我乃良家姝。
父母育我时，珍惜同明珠。
寒燠与饥饱，笑啼魂魄俱。
饵以干肉腊，包以黄罗襦。
嫁我愿比邻，远道虑我孤。

父母忽已死，捐弃成堕雏。
虽有兄与弟，虽有翁与姑。
翁姑与兄弟，终与父母殊。
地下不可从，苍天不可呼。
欲报无终期，凄怆空乌乌。
我闻不欲终，泪落襟袖濡。

精卫飞不歇，木石填海底。
海深不可填，精卫心未已。
君子明所难，守黑没其齿。
灵芝受锄伤，芄兰惜霜委。
宝鼎与康瓠，取置随颐指。

驮騠饲天厩，莨刍饱且舞。
鹈鸹行动摇，飞鸣良太苦。
得天有厚薄，人力用何许？
大道宽且长，行不舒步武。
灌鼷虑社址，鸿渐惜仪羽。
出门慎所托，入门慎所处。
既已不容穴，胡为衔窭籔。

丛　　台

邯郸城上高台起，碧草离离杂荆杞。
手除苔藓扪残碑，台自名丛城屡徙。
抠衣策杖登其巅，直望平原数十里。
天空大陆吐黄沙，羲鞭欲堕漳流底。

女墙西让太行峰，嵚崟绵亘无终止。
回首斜阳断暮笳，西风飒飒销罗绮。
残烟深锁野梅香，疑坠花钿故宫里。
舞袖霜飞白玉肌，妆台露湿胭脂水。
万井周回来往纷，谁是当年旧生齿？
铜驼荆棘只寻常，黍离何事伤遗址？
西陵南望一抔土，铜雀桥连金凤古。
台空人散画梁倾，荒丘零落谁为主？
相看百里暮云连，年年一样悲风雨。

滏阳杂诗六首

邺恃三台固，漳流一水盘。
累朝争甲胄，终古历衣冠。
风俗荒城旧，兵戈战地宽。
浮云看今昔，不尽客心寒。

闻说东门外，荷平十里田。
我来春尚早，但见叶如钱。
想象花开日，招携酒肆前。
晚凉人尽醉，香枕石桥眠。

出郭行三里，临溪观稼亭。
桥通流水岸，门列远山屏。
麦浪兼天动，犁歌带雨听。
劝农劳刺史，频到不须扃。

最爱城西路，行行似入山。
数家茅屋远，一带夕阳闲。
芦岸清风合，柴门野水环。
杖藜偕衲子，终日几回还？

交易不成市，当衢百货陈。
野廛留古制，薄俗羡愚民。
嫠恤机丝贱，农歌袯襫新。
耕桑与商贾，朴见太初醇。

彭城峰顶寺，石径绕层梯。
树暗山光静，云深塔影低。
万家烟盖瓦，十里柳横堤。
芳草斜阳路，凭栏听马嘶。

灯

只此一星火，何方不共游？
暗依孤雁影，光恋敝貂裘。
二十年前事，三千里外愁。
岂堪常对尔？历历忆从头。

纪事二首

争看金甲健儿装，玉辇云移下凤凰。
都尉鱼丽开细柳，将军猿臂射长杨。
威弧露冷弯秋月，韎韐风高带晓霜。

大阅至尊非好武，良弓不为太平藏。

东巡七萃拥旌旃，骠褭长嘶出四郊。
夜月衔云开甲帐，晓烟和露滴弓弰。
唯疑楗石虚刑马，岂向江台学射蛟。
民瘼况劳宵旰久，六龙膏雨遍蓬茅。

小病夜坐

久醒常怯睡，因病坐翻深。
炉拨残灰火，鸿喧冻浦音。
息心聊假寐，触目自成吟。
莫漫愁岑寂，邻家有夜砧。

咏史三首

武安坑长平，威棱憺邻国。
任用本不轻，倏忽委沟壑。
应侯乃羁人，一言膺上爵。
四时退成功，瞬息羁人夺。
巷遇固有期，君臣贱卒合。
丸丸岩上松，戕之不遽落。
唾手得富贵，唾手可刀斫。

结客食客报，指屈田横首。
养士贵能死，不在列槐柳。
典州数十年，临难昧可否？

生死不能俱，智愧闺中妇。
守门辞赵壹，安能得朋友？
列食三千人，得力且鸡狗。

狗监列荐刿，扫门求一掾。
人生无片长，有长急自见。
乃至贵戚家，藉手琵琶献。
李广从长平，老不休征战。
回远走沙尘，未断封侯念。
不患不富贵，患不善贫贱。

登　楼

春深三月不登楼，景色俄惊一望收。
几处断云低槛日？万家残雪上帘钩。
披帷静挹高人致，作赋闲容楚客游。
肥马尘消街鼓寂，知非吾土亦淹留。

咏　燕

漂泊频年万里依，轻身谁道羽毛微？
偶从白玉堂前过①，原在乌衣巷里飞。
别院花深春信杳，旧巢泥落故人稀。
栖迟岂独江南好？王谢情多不忍归。

---

① 编者注：“白玉堂”，富贵人家邸宅也，语出唐诗，原误作“白王堂”，径改。

雨夜集田伯兄涵斋，同芥园先生兄子纮长分赋

只作故山聚，居然客是家。
乡音哗夜雨，心事掷天涯。
烂漫何人酒？飘零到处花。
开颜借春色，相对惜年华。

春　日

望中烟树影苍苍，春日春风欲断肠。
冀北草青人作客，江南花发雁还乡。
云山有意空留恨，诗酒无端且学狂。
何处戍楼催战鼓？将军铁甲度辽阳。

坐涵斋即事，用呈田伯兄

须识任安意，长平已式微。
扪心争世拙，掉臂愧人非。
楚国尊仍设，临邛客易归。
江河任流转，吾道岂依违？

荆州道中

舟泊平桥日已昏，柴桑溪上各成村。
捕鱼人卧风随舫，牧犊儿归月满门。
远近树阴分屋影，浅深草色护篱根。

生平虚作桃源想，头白比邻足瓦盆。

二贤祠

祀屈原、贾谊。

长沙地接汨罗阴，楚赋悲同汉策深。
国计未陈谗士口，君恩不断谪臣心。
草垂破庙兰丛泪，鸦噪寒原鹏鸟音。
寥落漫劳惆怅极，两京三户已荒岑。

步堤上

舍舟随意绕江坡，到眼风光引兴多。
沾路野花分曲径，唤人山鸟坐高柯。
馌耕田妇争携榼，泥饮渔翁醉卧蓑。
百丈翻嫌迟客步，几回小立待船过？

与毛会侯

耆英雒社旧登坛，四十归来早罢官。
赴召有谁谗季布？输租今已累儿宽。
休嫌华发功名薄，毕竟青山岁月难。
诗酒柴桑堪闭户，文章千古不凋残。

岭南咏物四首

白鹦鹉

顶有黄毛，见人则立起。

皦皦其如浊俗何？洁身飞渡海西波。
非关玉粒栖炎徼，偶负霜毫出大阿。
岭外天留黄发老，长安人识白衣多。
梁园雪尽江洲没，何处堪容尔啸歌？

槟　　榔

新者色青，去苞，裹以碧蒌叶，调以石灰，食之唇齿皆红。粤俗，客至必以相饷，不善啖者辄醉。

锦纹新剖碧莲胎，座上争持献客来。
拂案翠衣春色满，唾壶红雨醉颜开。
希仙妄说能餐叶，涤胃何人善饮灰？
赢得口脂交赠好①，不须恩赐出兰台。

扶桑花

名葩绝色有扶桑，一径丹霞醉夕阳。
菡萏花应分佛国，燕支山竟在蛮乡。
三更泪染啼鹃血，万里潮迎浴日光。
莫恃婉容须爱惜，近来风雨妒红妆。

① 编者按："赢"，原误作"羸"，径改。

木棉花

高数丈，色红，花尽叶生，结子成棉，服之能枯人血，不可以为衣。

春光烂漫木棉红，赤帝园林二月中。
火齐珠悬南海庙，珊瑚树绕越王宫。
枝高矗峙将枯影，色好虚无结实功。
飞絮漫令膏血尽，几人安燠护寒风？

肇庆太守王立庵，招同严藕渔、陆撰哉、杨接三、李华西、何汉章、刘沛然、华子千、夏宛来、聂瑱声游七星岩，分体拈韵，得一东

跳踱舞红尘，秋气横长空。
峭壁矗天际，镵削运神工。
探胜恣遨游，置身星斗崇。
金谷群彦集，追随入芳丛。
饮酒成高会，列坐依琳宫。
寺门秋水临，弥漫四望穷。
瓮牖开长廊，觌面孱颜雄。
怪石盘怒螭，狰狞虎豹攻。
万树埋断壁，崒嵂凌苍穹。
木杪见屋瓦，梵音响天中。
层磴危欲堕，路狭披蒙茸。
逡巡不敢登，储与心忡忡。
极目隔山瘴，洞口云朦胧。

阴崖十日雨，游筇不可通。
卬须掉小舟，伛偻俯崆峒。
山脚石门敞，窄径亘长虹。
入门水环路，波静气融融。
迂折穿峰背，危岩耸房栊。
石乳星象垂，衣冠列仙翁。
舞凤与蹲猱，巧形生物功。
吹石复击石，鼓角鸣边鸿。
大造胡太奇？此义费折衷。
出穴且数武，略彴渡亭东。
荒岸卧断碑，扪年无初终。
嗟哉废与兴，万古劳鸿蒙。
面崖高据几，平芜秋草丰。
山色堕杯底，长啸震宠岚。
醉舞磅礴呼，风檐落日红。
永和盛事传，将毋今古同？
贤哉二千石，尔雅追高风。
落落天涯人，良会何幸蒙。
抗手尽夙哲，酬和惭群公。
归装亦已束，嘉宴绊征鬃。
宗炳耽卧游，丹青敝簏充。
愿言图胜迹，行障随转蓬。

食　　肉

晚食求何易？肥甘遂满盂。
大官恩德共，壮士死生俱。

藜藿香仍在，酸咸味自殊。
百年粗粝惯，还我旧清癯。

同严藕渔、梁药亭、王文安、华子千登五层台

层楼迥峙欲凌空，百里河山一望中。
江水抱云龙洞绕，海潮浴日虎门通。
亭台竞染诗人画，士女争传汉上风。
目断夕阳游屐散，和歌天外送飞鸿。

彭艾庵招同陈元孝、梁药亭、徐道冲、冯鹤鸣、华子千珠江泛舟

琵琶洲口木兰桡，弦管声中落晚潮。
陶岘有船能载客，秦姬多病怯吹箫。
波光莽带林烟白，日影荒铺草色骄。
古寺中流余战垒，棹歌低接暮钟遥。

海幢寺

王廉使重修，僧阿字董其事。

琉璃宝地翠云铛，壮丽天南旧法场。
留后归时龙象圮，远公没后虎蹊荒。
江风贝叶飘经席，秋雨昙花冷石床。
翚革几年尘碧瓦，兴衰曾不贯空王？

泊端州，同费风山、陈元孝、梁药亭、王文安、刘沛然、华子千夜饮严藕渔舟中

元孝主酒令，以“夕夕多良会”属偶，盖“夕夕”相成多字也。余对以“人人从夜游”，诸君称善。率用二语，作起句，得五十韵。

夕夕多良会，人人从夜游。
西园新宴集，北海旧风流。
岭表三冬客，天涯一叶舟。
暖云渭北树，明月武昌楼①。
令甲严觞政，诗歌代酒筹。
篷窗听落雁，萍梗聚浮鸥。
夙哲多吴楚，高贤半越瓯。
经纶推费祎，潇洒属王猷。
鸿不因人热，遵能取辖投。
词传公幹老，才谢子鱼遒。
正则三湘赋，严陵五月裘。
高文今日彦，硕德古人俦。
威凤翔千尺，犹龙卧一丘。
典坟穷脉望，钟鼎眡蛑蝤。
合志唯朋好，高怀借酒酬。
往来频不忌，磊落志何尤。
且尽杯中物，同纾局外忧。

① 原注：时泊端州阅江楼下，有大榕树，荫可数亩。

旗枪争借箸，疆界互藏钩①。
太守酒泉郡，将军曲逆侯②。
威尤凛獬豸，气更肃貔貅。
暂假西台法，居然爽氏秋。
纠弹无辗转，斟酌已绸缪。
醉尉骢应避，仙人蚁共浮。
不思鲈脍好，何用豹胎求？
石蚬调羹汁，嘉鱼佐鼎馐。
分香蠔白腻，凝色蛎黄稠。
佳味新南武，炎方异朔州。
连宵华玉箸，费日倒金卣。
惭我无珠玉，逢人只蒯缑。
酒嫌蕉叶醉，诗逊柏梁讴。
举世何青眼，思乡欲白头。
飞毋悲斥鷃，步岂骋骅骝。
一剑光芒在，千门道路悠。
劳生谙旅况，守拙鲜良谋。
严武真知己，方干愧素修。
错刀投未已，玉案报难收。
感逐诸君后，多为十日留。
樽罍馋吻放，韵字渴肠搜。
磅礴忘今古，谨卮浑乐愁。
新谈清且纵，佳兴逸还幽。
量中圣贤别，枰分主客优。

① 原注：以箸巡酒。
② 原注：以酒署官，故云。

荐文人似马，作赋客依刘。
踪迹谁能定？平生莫自由。
风题难吕驾，雁字虑殷邮。
五岳分蓑笠，三都起传辅。
江云思企足，海月望凝眸。
好会应难再，良宵莫易休。
泮洞波蚀岸，锦石雨盈湫。
灰烬炉添火，更深座拥裯。
风尘重握手，灯火忆芳洲。

经　　声

户逼瞿昙座，经声晓暮过。
梵高尘耳肃，客久道心多。
舍卫艰馀食，恒河隐大波。
自来慈筏广，佛力近如何？

偶　　步

秋林深处几人家？停棹过从坐浅沙。
看客儿童猜杖履，逢年父老话桑麻。
群山短笛听归犊，一树寒松落晚鸦。
景物累移时序眼，萍蓬双鬓逐天涯。

戴念庭招饮衙斋，月夜分赋得刀字

秋思天涯寄浊醪，冰衙凉夜坐无嚣。

温言直与杯同暖，古道应偕月并高。
礼法暂宽吾辈在，功名尤著使君劳。
为扶残醉江干立，闲听居民说卖刀。

庞老四首

往事沧桑不可论，老兵犹述故侯恩。
一回长叹一回哭，明月满楼人闭门。

四望烽烟杀气收，貂蝉无复出兜鍪。
宝刀旧值三千贯，昨日才携换敝裘。

月满雕弓匹马飞，少年曾解白登围。
斑斑皓发垂双鬓，血冷床头旧战衣。

数亩荒园屋数椽，经营将作首丘田。
江湖何地堪回首？容易风尘四十年。

端州采砚行

紫云砚采端州畔，端州城峙牂牁岸。
峡束羚羊复北趋，十里青山耸天半。
山腰有穴仅容人，山脚端溪流湃湃。
溪源暗与穴凹通，积水灌中泥不暵。
瓠罂往汲如传杯，水枯石出寒云散。
豚膏燃纸匍匐行，旭日无光晓不旦。
俯身直入中渐宽，东西中洞三途判。

西洞望之皆却足，劖凿伤崖崖欲断。
中洞东洞半里穿，岩壁嶙峋起玉案。
上岩石质艳且纯，马肝色比朝霞灿。
质润色青分中岩，不及下岩居其冠。
微白冉冉淡秋光，抚手摩之生石汗。
石髓精华结渊底，生成独与水为伴。
七晕九晕鸲鹆睛，微尘细藻秋花乱①。
欲散不散氤氲生，亘虹气聚黄龙贯②。
蕉叶凝脂鳣血红，雀点斑斑洒墨翰③。
细粟丹砂玉带长，绿匀翡翠苔花曼④。
奔为火捺聚金钱，绛云割取分霄汉⑤。
水冲石蚀虫啮余，黄金细缕添宫线⑥。
三岩辨色色不同，璺瑕无掩莹光面。
朝天岩产阿婆滩，碶砢易紊玫瑰炫⑦。
西坑北岭屏风山，披离败锦松纹见⑧。

---

① 原注：鸜眼或五晕，或七晕、九晕，晕数有奇而无偶。有晕无睛者谓之死眼，有睛若溃者谓之泪眼，黄白色者鸦眼，长者象眼，圆而绿者鸜眼也。置水中，若蘋藻浮动其内，曰青花。二者唯下岩砚备之，余皆无。

② 原注：石纹有黄而长亘其上者曰黄龙。

③ 原注：白而润者曰蕉叶，白旁色赭者曰鳣血，边点墨瘢相比者曰雀斑。

④ 原注：红若粟者曰朱砂，斑白凝于绿纤而长者曰玉带，凝绿若洒汁者曰翡翠。

⑤ 原注：紫气奔而散者曰火捺，纹聚而圆若轮者曰金钱。

⑥ 原注：石阙盘旋若墨池者曰虫蛀纹，黄龙之细若缕曰金线。

⑦ 原注：朝天岩、阿婆滩皆产石，亦佳，易与水岩混。

⑧ 原注：西坑、北岭、屏风，背皆有石，或红白模糊如败锦，或间道如松纹，下品也。

宣崖虎患采者稀，坑远梅花质尤贱①。
什袭琉璃百砚充，不及水岩余一片。
香山宰相② 粤制府③，前后开岩相继武。
钩索不惜捐千金，尺寸蓝田杂砌砮。
日役黄冈数十人④，胥吏督程运斤斧。
匿好献丑工师情，荆璞由来能预剖。
迂性生平有砚癖，操舟三泊黄冈浦。
比户千家琢石声，村民恃此充饔釜。
购得下岩六寸余，五星灼耀东南聚。
色和容暖融春膏，昭仪臂滑罗襦舞。
莹洁神凝太液冰，生气濛濛时欲雨。
缇缗十重等鸿宝，磨砻搜辑心良苦。
产者无多购者多，山灵侧耳听我歌：
砚兮砚兮慎所择，须向石渠虎观挥毫，
驰骋帝王侧。
否则穷深山游大泽，枕图书而倚岩阿，
供高人文士淋漓纷葩之笔墨。
毋入富豪丛，毋使市儿窃，
终古风尘埋玉玦。
砚兮砚兮生莫竭，常使霄汉之间饶奇物。
待我他年此地续旧游，买船载石，

---

① 原注：宣德崖在屏风山半，宣德年所开，品居朝天岩上而不及水岩。梅花坑去端溪四十里，产石，多鸦眼，至数十百，光滑而易裂，石之最下者也。

② 原注：何吾驺。

③ 原注：吴伯成。

④ 原注：黄冈去端州十里，村人以取砚为生，此砚薮也。

神术移山向吴越。

陈元孝以《独漉堂诗》见赠，赋答

侠气难除恨未消，秋风纸上亦萧萧。
字融北海枯枝泪，韵叶吴门乞食箫。
天地文章归孝友，山川歌咏属渔樵。
罗浮已足浔阳隐，甲子非关再拟陶。

始　　解

始解尊唯养拙居，署门空费翟公书。
绨袍似是知张禄，鱼服何缘罪豫且？
五术交游堪涕泪，重城甲第几丘墟。
荒迷梁窦坟前草，未见鸡鸣接轸车。

守岁黄畏斋家

何地今何夕？异乡亲故门。
江山忘岁月，风俗见家园。
驻梦留更永，寒心听雨翻。
天南逢叔度，灯火客情温。

人日梁药亭招饮

狼藉春盘细菜馨，彩蛾新结画鸡屏。
天涯汗漫逢人日，地主殷勤聚客星。

暖入荼蘼花倍早，香留柏叶酒仍青。
喧阗醉耳笙歌近，灯火邻家夜满庭。

猛兽行

南州有兽猛食人，食人不使皮骨存。
爪牙石裂怒海翻，白日惨淡风云昏。
饕餮岂肯遗犬豚，猰貐倚昵麒麟奔。
夸张竭力媚鬼神，鬼神不斥纵飞吞。
短腋小首自视尊，腾饱恣意行山樊。
乌号胶折铦矛髡，穹苍不复生孟贲。

飞来寺

底事却飞来？巍然翠殿开。
何天非净土？兹地少尘埃。
石乳沾庭树，山云护瓦苔。
年年英峡水，波撼梵王台。

九峰中顶

万仞千山顶，人家倚石峦。
丰茸麋鹿迹，清瘦蕨薇餐。
檐起雨声急，铿生岚气寒。
云中有鸡犬，不必待刘安。

罗　　渡

此地亦兵火，桃源岂避秦。

蹊深能堕鸟，径狭不容人。
茅屋焚余草，山田刈后榛。
野人惊客面，欲问转逡巡。

望南岳三首

七十二峰列，祝融峰最尊。
炎乡崇赤帝，叠嶂拥朱幡。
俎豆明禋护，风雷太古存。
几时凌绝顶？石磬听云根。

岳麓势才尽，根源回雁峰。
盘旋八百里，起伏一千重。
旭日亏林莽，高天齿剑锋。
潇湘波九曲，面面出芙蓉。

天与水无色，色分山面光。
玄黄割昏晓，绀碧画沧浪。
星极琳台拱，江声玉洞藏。
乘槎银汉落，倒影压层冈。

再过长沙

两年湘水客重回，人事纷惊岁月催。
田窦既归裘马散，吉罗才去网钳开。

红楼北院移禅碣，碧瓦南山护讲台①。
独有郑庄贤且老，至今乘驿故人来。

洞庭曲

洞庭波静碧云轻，四望天铺水面平。
双桨未停明月上，满湖秋入鹧鸪声。

布拂子

飙风乍起尘满床，飞麈吞吐沉日黄。
百计驱除作短帚，断缯细裂垂丝长。
枲绳约束柔且劲，折蒿为柄生微香。
一拂再拂心眼净，方缘楚楚衣裳光。
旧者才除新复生，洁秽顷刻争微茫。
麈尾当年属王谢，银丝玉柄珊瑚价。
此物毋亦出乌衣，胡乃简朴居其下？
薄陋虽然称客贫，丈夫扫除岂一身。
安得持尔尽拂元规尘？不使元规之尘能污人。

寓斋欲圮，因而移榻

容膝不易安，人生苦迁徙。
精构非客心，但使无倾圮。
寄庑屋半间，香炉杂书史。

① 原注：时新葺菩提寺、岳麓书院。

南窗冬可暄，布被拥短笫。
土壁夜作声，宋桷忽欲委。
欹斜势压床，中宵凡数起。
挺然大木支，工师有良技。
危者半以安，补壁强笼纸。
岩墙不终栖，解榻西偏倚。
锦石架脚低，呼奴抱绵枲。
故乡有茅屋，败坏不及此。
仲宣悲吾土，况复非信美。
半世嗟转蓬，斗室无宁止。
天地固蘧庐，吾生一寄耳。
今日安眠乡，宿昔长荆杞。
焉知来日过，此地不荒址？
朱甍瓦砾场，绿芜起雕绮。
去住亦何常，傥荡泯悲喜。
床安瓦不颓，稳睡从兹始。

几　　窄

断木不盈尺，公叨几席名。
炉烟煨砚暖，瓶蕊落书轻。
习礼惊横肘，持躬赖倚衡。
寸心无广狭，浩荡自生平。

暮　　雨

雨入秋偏细，空阶滴沥鸣。

冷云飞不起，湿雁去无声。
避漏衣传桁，依光药就铛。
坐听还起望，愁绪最分明。

夜雨不寐

秋雨不肯歇，淋漓苦到明。
闭开终夜眼，断续五更声。
虫冷床栖响，风强屋受鸣。
百忧丛莫展，检点愧吾生。

晚　晴

阴翳亦终散，欣然见晚晴。
作霜斜日淡，过雨宿泥轻。
气迴心同豁，天空眼渐明。
夕阳负鸦背，一一向南征。

小病夜坐，迟钱于岐、王东白、解臣赤、陈子翼、邱二周不至，却柬

不应忘寂寞，岂是怯冲泥。
竟杳东墙屐，空闻隔屋鸡。
病疑眠客早，月转望人低。
昨夜余灯火，来宵莫厌携。

买　裘

秋气中客心，秋风吹客袖。
一裘早备寒，不复择美陋。
袪宽稳称身，狐貉等温厚。
两河霜雪多，客久争新旧。
远道且随人，泥途冲马瘦。
腐儒谢轻肥，应时贱锦绣。
白盐青羔裘，古人为友寿。
遐哉裴施州，高风邈莫觏。

冥坐二首

夜火不相续，侯门绝炬烟。
传经谙守黑，继晷恨穷年。
终古归荒落，多生已嗒然。
极知冥坐好，万事寂寥天。

钻木诚多事，羲车何不常？
测圭终炯炯，焚柮岂琅琅？
人昧流年老，天输转柄忙。
骄阳同爝火，两失夜来光。

曝　日

袖薄冷长怯，巡檐负日微。

足移暄就背，风定影欹帏。
暖德私寒骨，深仁信落晖。
当年频鼓铗，曾不及无衣。

删瓶内残花

花有败群虑，删除眼太明。
影疏留独艳，色老弃何轻？
漫下衰残泪，权甘薄行名。
人情自分别，只尔见枯荣。

仆　　病

客苦时防病，宽心恃健扶。
呻吟翻出尔，汗漫益愁吾。
望日家千里，依床药半炉。
所亲唯汝我，强起慰穷途。

纪　　游

仍岁以来，由郯之燕之楚，之粤之梁，足迹所经远矣。寓斋无事，篝火营思，撮其山川土俗古迹之入见闻者，约略纪之，得一百二十韵。

载笔三年过，扶筇万里强。
平陂行李历，悲喜性情尝。
游愧相如倦，饥驱杜甫狂。

别离随处惯，江海此生忙。
芳草不相放，浮萍殊自伤。
流光惊瞥眼，往事溯回肠。
坐忆辞家日，行携载道粮。
筳篿安利涉，羽翮引高翔。
白岸沙蹄阔，青山客袖长。
河宽晓渡月，漳突夜奔艎。
薛甲双鸣锷，衡阳独佩箱。
裾牵襄子国，屐曳贺兰冈①。
任昉亲槐柳，张衡美棣棠②。
解推沾玉屑，啸咏浥琼浆。
秀色河山古，雄图割据荒。
西陵霏暮雨，铜雀冷骄旸。
红豆歌魂艳，青榛舞径芳。
九军颓邺郡，七子忆陈王。
到眼供凭吊，游心寄瀇洋。
蒲荒乘八月，果下勒重缰。
学步邯郸道，悲歌燕赵疆。
丛台留剩碣，古庙熟炊粱。
秋草迤皇路，书生入帝乡。
丹城迷蛱蝶，黄阁卧鸳鸯。
淑景凝宣曲，卿云接未央。
侯门开画戟，兰若倚雕宲。
支遁留遗法，昙摩福盛唐。

① 原注：磁州山名。
② 原注：谓任鹤峰外舅、张子大兄弟。

开元酒肆曲，贞观宴楼觞。
贡入熙朝廓，恩分旷典张。
箫韶笼月殿，帷幕敞霓裳。
南院传灯火，春郊踏骥骧。
风威宣鼓角，鸟语杂笙簧。
禁柳乘舆拂，宫花复道藏。
欢尫秦女辈，调笑霍奴行。
芍药丰台墅，葡萄珠市筐。
金虚埋骏地，粟费斗鸡坊。
朘路奔腾满，迷空坑堁飏。
碎琴谁问价？击筑古罹殃。
空恋长安日，难亲上苑光。
桑乾重厉水，蓟北已飞霜。
兄弟沾襟别①，风雷入路防。
片帆轻五两，半刺重三湘。
鹤去江楼迥②，鱼名泽国良。
苇飞城作对，薪错汉能方。
大别輶欙迹，晴川烟火障。
轻囊狎群盗，短缆逐欹樯。
波撼君山脚，湖明垒石旁。
蛟螭呼聶聶，冰雪激汤汤。
日月归冥漠，乾坤了混茫。
鹧鸪芦月冷，鸿雁浦云凉。
屈贾文成浪，英娥泪渍篁。

---

① 原注：田伯彦博。
② 原注：黄鹤楼。

故人缄札远，开府建牙昂。
酷吏逢来俊，招贤适郑庄①。
禹碑垂赑屃②，楚屋架筼筜。
筑观民存骨，燃磷国有殇。
霸王悲石电，父老说刀枪。
投简哀词伯，为文吊战场。
仲宣楼在望，严武币相将。
青草滩声恶，红花套水香③。
总戎旄节贵，游子芰荷忘。
庭卧绿沈棘，筵高白玉粻。
素罗低浅黛，轻韵漾深房。
莺燕娇鱼鸟，貔貅落凤凰。
地蟠巴峡转，天断蜀山当。
沉日千崖底，悬峰万刃芒。
物情怡粔籹，里俗幸粔糖④。
淹迹夔翁似，依人刘牧亡。
洎秋犹过夏，溯汉复经襄。
冷铗移羲驭，扁舟别武昌。
歧途增彳亍，胜境释彷徨。
赤壁将军垒，黄州刺史堂。
艨艟群贇斗，社稷卧龙匡。

① 原注：谓赵叔文。

② 原注：长沙岳麓山岣嵝碑。

③ 原注：皆彝陵地名。

④ 原注：杜少陵《客夔州》有“粔糖幸一拌，粔籹作人情”之句，彝陵与夔接壤，俗颇近之。

地以文章重，人多真赝商①。
避关新榷吏，听曲旧亭枋②。
倒影匡庐紫，奔霾彭蠡苍。
南州虚榻倚③，高阁入灰僵④。
十八滩头路，七千里外航。
盘涡驱石沸，柔橹敌风刚。
树耸梅销岭，金空陆贾装。
登龙容父执，泛鹢感须卬⑤。
摛藻酬三杰⑥，论交属二彭⑦。
笙歌夜船月，灯火晓云铛。
擘荔丹霞染，栖榕白露瀼。
星岩联嶕嶢⑧，珠海喷沧浪⑨。
翻贝钟偏近⑩，看梅帽欲妨。
伊蒲供馎饦，落叶煮头纲。
扑翠苔侵面，濡红蕊溅裆。
瘴微除薏苡，霰细嘿桄榔。
梨板瑶民屋，珊瑚蜑女珰。

① 原注：赤壁在蒲圻而非黄州，前人多辩之。
② 原注：琵琶亭旧址。
③ 原注：徐孺子宅。
④ 原注：滕王阁为火所焚。
⑤ 原注：谓孙尧表先生。
⑥ 原注：梁药亭诸君。
⑦ 原注：彭艾奄、拜尧。
⑧ 原注：端州七星岩。
⑨ 原注：广州珠江。
⑩ 原注：海幢寺。

朝天台矗矗[1]，浴日庙琅琅[2]。
割砚崖分壁，垂钩绠钓璜。
参军悲格磔，校尉泣寻常。
羡有蛮音乐，难凭酒债偿。
异乡饶笑舞，回首倏飞颃。
客应夷门召，帆从锦石扬。
士衡还赴洛，枚乘再游梁。
趋道由衡岳，随槎出汉阳。
山明曾过眼，水觅旧栖塘。
岂必芙蓉幕，聊移薜荔床。
劳生憩息暂，良友琢磨臧。
六月鹏抟旷，双丸驹隙皇。
去来真忽忽，南北苦伥伥。
肮脏嗟潘鬓，仳离涩贺囊。
检书羞命鹤，挟册并亡羊。
叔子氄毵翅，杨朱涕泪眶。
飘萧身欲老，顿踬志难戕。
叩帝贤愚理，将车雅颂章。
况兼焚榾柮，犹可载缣缃。
学赋裁鹦鹉，披裘典鹔鹴。
谈惊他日座，目短古人墙。
菟苑苍筤竹，龙潭朱雀桁。
华堂凌础桷，主宾僻柴桑。
开径临玄圃，垂门绕绿杨。

① 原注：尉佗拜汉台。
② 原注：南海庙有浴日亭。

静心朝习槿，碍步短牵薔。
篱断寻云补，楼高借雾妆。
蜗枯磨剑石，蠹避曝书廊。
何得归期定？毋教魂梦望。
蓬宁嗤斥鷃？丸自转蜣蜋。
心绕牵车路，劳输掷笔郎。
匪骄贫且贱，唯乐寿而康。
高枕南窗下，竿头落日黄。

百泉书院杂诗十二首

不谓风尘迹，驰驱作快游。
地开河洛胜，天压太行秋。
今古归残碣，溪山入画楼。
只拼王粲眼，日倚翠微浮。

天外一峰紫，环檐万壑苍。
微茫栖宿雾，容易落斜阳。
坠叶低岩寺，荒云冷石房。
楹深频启户，袍袖挹岚光。

衰草寒塘阔，泉声喷玉骄。
细生沙面雨，轻落岸棱潮。
夜月开银幔，秋阴接板桥。
渔舟容载酒，宜向小亭招。

戎戎凉气薄，万木破朝晖。

鸟迹霜残瓦，岩光日漏衣。
放衙呼吏早，趋市逐人稀。
野水柴篱静，高眠自掩扉。

溪静归云滞，楼高暮色深。
暗村丛木角，明水夕阳心。
容著峰能幻，声依雁欲沉。
飘摇长客感，独立晚来侵。

老树风疑雨，横塘月带星。
音寒吹面湿，辉迥入楼青。
响谷传鸣柝，清钟失远亭。
不眠贪徙倚，沾幔欲泠泠。

古寺临墙短，空林佛火悬。
门吹波影阔，山落磬音圆。
萝薜高清梵，松楸宿断烟。
浮生瞻寂寞，幽意拂林泉。

亭以贤名立，登临益所思。
荒哉兴废眼，渺矣去来时。
竹润青含屋，苔深绿卧碑。
坐吟沾石屑，寥落古人期①。

吾道自终古，前贤安在哉？

① 原注：思贤亭。

江河文不丧，嵩洛绪重开。
淑气和风雨，忧心托草莱。
庙门惭肃立，雪尽有余哀①。

岂是耽高隐？名传安乐窝。
几先融理数，事外谢风波。
冰炭何年释？乾坤一画多。
敢持经世意，牢落问如何②？

眼破穷途哭，心怜狱底歌。
是非兹地少，荣辱此生讹。
有啸留天地，无言寄薜萝。
岁时知自负，不敢怨蹉跎③。

肯筑桥东屋，春深碧水涯。
古藤牵盖瓦，独木自成槎。
仲蔚芟因草，夔州买为花。
劳生供啸傲，愿恐白头赊。

汝阳道中

黯黯车音古道催，长林晓结苍云堆。
揽帷细听雨初阔，仰面乍迎山欲来。

---

① 原注：院有二程祠。
② 原注：安乐窝。
③ 原注：啸台。

路草披离夜气湿，人家零落荒烟开。
望中客子有深思，汝水东流流不回。

星砚斋存稿

方登峄

书　　怀

有客故乡来，触我故乡思。
思回方山麓，复在枞水湄。
男儿志万里，难释屺岵悲。
松楸夜瑟瑟，白石阴离离。
登高不可望，中夜梦见之。
飞飞南去乌，伫立影渐移。
落日黯歧路，霜露沾裳衣。

河　　月

二更河霁月，欲堕恰临门。
水侧微风面，篱明宿雨痕。
艰难成独立，浩荡仰高骞。
云路真寒迥，姮娥问九阍。

同郝中美、王元燮、薄聿修、汪文升、黄昆圃出西郊，道过诸名刹二首

因出渐成游，招提逐处留。

雨余车路净，云带石痕流。
碑蚀前朝字，山凉隔院楼。
老僧频引杖，粥鼓接墙头。

易代一坏土①，累累葬宦官。
馀恩市瓶钵，旧毒在衣冠。
树接宫云散，钟敲佛火残。
东京乔固冢，鬼哭北邙寒②。

移居四首

谁云卜室羡渠渠？耳目贪新亦觉舒。
雕垩几曾非传舍，扫除何必不吾庐？
抱书防蠹添高格，趁雨移花觅断锄。
去住莫嘲行李惯，转蓬踪迹是安居。

酱瓿茶铛响露车，邻邻牵挽过街斜。
劳携妻子终如客，稳著琴尊即是家。
旋室蜗牛容眼阔，缭垣野马任风遮。
行藏自笑诚何事？却说官闲早放衙。

瓦作檐棱石作阶，更无丹雘费安排。
新蒲截柱青云槛，素纸笼墙碧玉斋。
何处烟霞迷世路？自来风雨属吾侪。

① 编者按："坏"，读作 pēi，土丘也，与好坏之"坏"异。
② 原注：摩诃庵后为明诸阉寺葬地。

买山翻觉生涯拙，白板朱扉土木骸。

只作柴门便可关，九衢车马任忙闲。
朝迟入市防蝇逐，暮缓垂帘待燕还。
绛刺邻疑新客姓，苍髯梦绕旧时颜①。
篝灯记得十年事，古寺孤吟屋半间。

瓶花二首

小剪庭花带碧痕，胆瓶新艳绮窗翻。
风烟谢绝凡丛老，雨露滋深旧日恩。
借润岂真凭勺水，向荣何必定高原？
芳姿斟酌横斜好，画阁春阴几席繁。

拈来随地礼优昙，何处全林许借探？
一代繁华枝叶想，三生根蒂有无参。
寻香蝶暗栖珠箔，破影灯移上玉函。
折露和烟春市卖，几回幽梦绕江南？

题曹希文《赠行图》二首

春明折柳

望里轻阴拂小韶，东门人散酒旗招。
春风一样青青陌，偏惹游人恼灞桥。

---

① 原注：谓旧寓寺中古松也。

野店听莺

不是山村便水村，流莺宛转益销魂。
五更杨柳风初定，月在床头马在门。

咏白桃花，步陈广陵韵二首

素艳秾华各一村，移来天上别分根。
溪边有路云为影，观里无人月作魂。
不藉晓风翻锦浪，好凭流水净泥痕。
园林自植波斯种，枉叩神山玉洞门。

谁言赜面不逢时，却向华林托异姿。
春沁西池和露蕊，雪留上巳隔墙枝。
榆花易共层霄路，柳絮难同轻薄儿。
淡荡风流颜色好，绿微红碎莫题诗。

前题，和赵丽青韵，禁用桃花故实

晴烘絮苑隔帘眸，顾影潜遭一水勾。
艳入蛾眉终是淡，暖持玉斝未成秋。
素心自结青春侣，白眼休看紫陌游。
珠箔银床无限好，任他冷落肯多愁。

久不作诗，王赤抒传广陵丽青《白桃花诗》，率尔步韵，赋此以志

砚久思焚笔懒操，忽因花事又拈毫。

思如春茧理还乱，兴比秋云冷渐高。
须断数茎知避苦，掌开一字亦称豪。
使臣不识罗昭谏，空负银山白马涛。

姚华曾、履若、君山、别峰、张随斋、任戴仁、蘅皋、吴石城、刘北固、家兄东来，小集寓斋分赋

位次都忘主客宜，小庭丛语昼闲时。
浮云世事王郎酒，淡水交情白傅诗。
帘影坐莺当树午，棋声惊燕落泥迟①。
红尘队里逍遥兴，鞍马笼街恐不知。

同薄聿修、李恭次、黄叔威，由南郊至丰台柳林四首

野草绿上衣，野树香在叶。
暖力迫新晴，大道游轸接。
麦秀高垄齐，村妇乐田馌。
左泽右林皋，屐齿云影涉。
细风掠清辉，尘定豁眉睫。
仰面受天宽，俯首看犄辙。
好我两三人，容与散步屧。

步出南西门，道旁瞻古寺。

① 编者按：《存目》本此诗之“午”、“迟”二字缺，而“棋声”作“几声”，与此本异。

鸳鸯曜锦甍，琬琰日中肆。
五陵豪贵儿，丹毂引珠辔。
手挟金弹丸，佩响青玉璲。
娈彼车中人，尺五高髲鬄。
葡萄覆额黄，茱萸称袯翠。
堕影在浅茵，香艳拾遗坠。
兔罝杂乌髻，角觝等儿戏。
太史走輶车，风俗溯何自？

看花惜花残，繁艳辞故枝。
碧叶满十亩，畦畛平清池。
城南厂别墅，摇落独后期。
乃知丞相泽，恩在草木滋。
驰怀瞩阑际，烂漫及纷披。
置身烟霄外，缅彼云锦时。
繁华顿消歇，盛事往莫追。
人生贵及时，毋令事后悲。

曜灵倏移晷，遐光堕林表。
远山如停云，沈阁青木杪。
靸履向广陌①，垂杨覆清沼。
游鱼吹细浪，轻阴合苇蓼。
殷雷大壑鸣，颓晻失清皎。
还车结远埃，逼侧碍骙褭。
风入丛树乱，翠滴衣衫绕。

① 编者按："靸履"，《存目》本作"极履"，误。

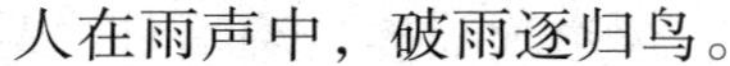

人在雨声中，破雨逐归鸟。

同十四兄出郊

雨过野如洗，碧阴清漾天。
远林凉气外，荒草湿风前。
望地青临壑，看云白到川。
偶偕游兴惬，不惜屐泥穿。

吴岩臣表弟至四首

别记儿时面，来惊老客容。
入门询所自，絮语不知重。
零落衣襟泪，艰难道路筇。
回头二十载，岂止惜离踪？

见尔思吾母，伤哉地下心。
若令今日在，怜更昔年深。

雨落荒田草，霜凄夜月林。
江天同一望，目断故山岑。

片纸袖中出，衰年舅氏书。
细行枯老眼，清泪溢征车。
病失年华久，情深旧梦余。
伶仃辛苦事，宛转说当初。

不是真饥迫，知应守故庐。
丈夫谙世早，浮俗异生初。
同饱一盂饭，空驱五市车。
他乡来表弟，愁破瀼西居。

送狄立人太史假归里门二首

凤阁人归乳燕村，水边林下有高园。
花分玉苑彤云影，树老槐厅绿雨痕。
江上渔灯新酒伴，阁中藜火旧名根。
青山堆里春明梦，容易容君早闭门。

红尘原趁少年游，得意偏多失意愁。
霜坠桃根金屋冷，风翻柿叶画楼秋①。
志和忽办浮家具，陶岘多留载客舟。
到处春帆花信早，等闲心事狎轻鸥②。

七夕，赵天羽招辇下诸同人集寄园，集字限韵，排律十二句

抱拙贪言巧，缘时误订顽。
招寻丛客鬓，谈笑妒仙鬟。
移幄秋萤逐，填津暮鹊还。
蕉天收墨彩，槐雨覆篱斑。

---

① 原注：立人悼亡复悼姬。
② 原注：立人有《五舫图》。

阶对苍茫夕，杯娱缱绻颜。
晓余骖鹤别，艳馥绮纨间。

寓斋即事，示刘北固二首

独卧芸窗篆影迟，偶然剥啄亦随时。
贫常醉客拼赊酒，懒不敲枰好设棋。
一径落花春后雨，五更残月梦中诗。
置身直向苍茫里，红药翻阶任好枝。

文签诗架自成林，门外车声门内吟。
偶访旧书思贾客，不谈时事爱乡音。
性疏未敢嫌人密，情浅翻缘入世深。
落拓刘郎同调客，淡交知我十年心。

寓古二首

错古成篇，效义山体。

歌残白纻妓楼空，谁赋梁园旧竹丛？
不是鱼肠休说剑，本无蛇足莫怜风。
悲留逆旅韩娥去，语厌蛮乡郝老工。
客到信陵门已散，枉劳车辙问西东。

骑牛口授五千字，盘马痴藏三十年。
数卷东皋嗟白发，几人湘水问青天？
汉庭痛哭诚多事，燕市悲歌亦偶然。
绮角未坚高卧稳，商山芝尽不成仙。

古意六首

明月渡海水，白云宿山樊。
可望不可挹，迥绝成孤骞。
拳局世路中，汩汩卑且喧。
对人无所求，自觉意气尊。
所以范莱芜，尘甑无复言。

鸟鸣和其侣，比翼翔高原。
麋鹿各有群，遨游秋草根。
眠啄不相妨，故能同朝昏。
一人足知己，志小卑虞翻。
阅历感其难，古人无妄言。

春申自健者，豪贵长楚国。
仓卒棘门中，杀身乃软弱。
奇祸中所轻，善交戒忽略。
狰狞可畏人，岂必在六驳？

豨膏转方轮，涸溪回吴榜。
苦力将安施？贲育不能强。
缅彼乞食箫，英雄甘垂颡。
咄咄佁儗人，皓首青天仰。
达士守其安，游心在空广。
蓬莱千丈波，三度看消长。

拔刀截流水，流水不断绝。
挥刀斫石根，石缺刀亦缺。
宝物非其宜，用之等顽铁。
涂以鹛鹈膏，养以髑髅血。
裹以锦绣缎①，藏以白玉箧。
毋使中夜鸣，壮士眼眦裂。
酹酒要离坟，落日青草白。

善书搠败颖，乐志羡藜藿。
异士强自鸣，圣贤贱矫托。
情欲与至道，二者分而合。
但使随遇安，无令胸臆恶。
谁欤达天人？名窝曰安乐。

题吴生《竹庄图》

潇潇尺幅满庭幽，十亩琅玕翠欲浮。
薄影倚残寒日暮，淡阴横绝晚天秋。
穿岚鸟过斜窥径，听雨人来直上楼。
观里珮声林下酒，此君无地不风流。

梦作诗

借梦开思径，参心识旧根。

① 编者按：“缎”，原作“叚”，《汉语大词典》收此字，但三种释义均与本诗句不合，疑为“缎”之讹，径改。

笑无成呓语，不信有诗魂。
韵脚模糊稳，吟声宛转存。
蓬莱何顾盼？误引到宫门①。

田纶霞少司寇招同苏济夫、王赤抒、钱韶三饮集，用呈二首

不从簪绂见繁华，绣轴吟签拥绛纱。
绿雨帘前奇字酒，紫云檐外古藤花。
萧斋芸老蟫衣脱，委巷风清雀语哗。
朝退若非驺吏过，邻人忘却侍郎家。

平津高宴总虚名，大雅风颓不可争。
百尺门墙容后辈，一时椎拂在先生。
论诗律比爰书细，好客厨忘却布清。
商曲琵琶今日调，元和留得古琴声②。

夜　　坐

岂是耽深坐？多愁怯早眠。
悔偏生事后，虑且积几先。
开闭终宵眼，浮沉入世年。
未能资酒力，孤火对残编。

---

① 原注：用张俞事。
② 原注：座客有弹琵琶作琴声者。

镊白

髪是几时白？今年白到鬚。
态何增老易，术本卫生无。
历历蹉跎悔，营营汗漫图。
自伤飞动意，暗与旧时殊。

中秋病起

病久惊佳节，人扶看月明。
市偏街鼓寂，檐静药炉鸣。
京国分蟾影，江天入雁声。
关山儿女意，未免一萦情。

汴梁旅病

妄念闲愁一概删，颓然三月卧柴关。
心摹老衲栖禅久，天贯劳人借病闲。
沸药枕喧清夜火，凝霜鬓益早秋斑。
明朝强试晴檐步，负日支筇□往还。

重九前一日，邢伟人招同张平倩、沈辞立、周虎溪、范隆吉、家兄复斋、砚钵登吹台，谒禹庙

爽趁良时结胜游，病扶出郭强登楼。

凉云地阔平台敞，野树风清古道秋。
禋祀□□崇玉鼎[①]，光华日月动银钩[②]。
凭高预挈茱萸酒，步屧斜阳曲槛留。

病起三首

病起转思病，矜言步履新。
眼中前日态，意外此时人。
参术宁移命？萍蓬且剩身。
留生经卤莽，犹未了风尘。

卫疾弥增懒，缄关百不为。
衣冠嫌负戴，诗酒费支持。
砚傍炉烟暖，经翻花影披。
半生闲日月，得向此时私。

骨瘦衣增重，头蓬爪代梳。
看人欢博塞，课仆扫阶除。
雨宿枫庭晚，霜清菊径初。
畏言筋力健，秋尽又驱车。

菱　　菊

买菱人带菊花归，为道菱肥菊不肥。

① 编者按：□□，第二字据其残笔，当为“山”字。
② 原注：御书楼。

草草篱边著秋色，对花趺坐剥菱衣。

晏　　起

晏起偿宵坐，劳生略养淳。
三更诗课雨，一枕梦留人。
细律经营字，甜乡自在身。
早秋风力健，布被敌寒新。

张处冲下第过汴，喜晤成诗

好友五年重握手，异乡踪迹亦何奇。
江云陇树怀人梦，秋雨篱花见面期。
每惜轻肥犹累尔，肯将名字学趋时？
夷门公子销沉后，吊古能无慷慨思。

得儿济桐城家书

颇诧游踪久，心知不易归。
数行书乍见，终夜梦相依。
鸿远江乡路，霜严客子衣。
本无贫病泪，念尔一时挥。

得兄子士表书，将与儿济同至汴

征车凝望久生疑，书到欣闻出有期。
千里船呼儿子共，半肩装恋老亲迟。

鸦声江树寒扉远，雁影河桥晚棹移。
行李计程酤酒待，东篱好趁菊花卮。

喜闻严荪友选庶常

子以文章重，人言科第荣。
半生唯作客，五十始成名。
视草亲丹地，看花出锦城。
禁中燃宿火，依旧读书声。

途次壁间见孙恺似《雪夜见怀》之作，追忆却寄

题壁故人诗念我，短亭坐忆不胜情。
和成似挹须眉色，歌罢犹闻雨雪声。
去后刘郎甘作客，馀生张俭益知名。
传来道左闻天语，细律雄文独老成①。

寒夜有怀苏济夫、舒屺怀、王赤抒、赵丽青、陆默成、钱韶三诸旧僚

晓钟羸马迎霜雪，西掖同披紫玉函。
互写新诗呵冻笔，坐听寒漏理朝衫。
秋风天上三年梦，明月关中数纸缄。
贫客转怜贫宦在，五花犹是旧头衔。

① 原注：恺似迎銮山左，上顾左右曰：“此孙致弥也。诗文绝佳。”

晚　窗

晚窗深黑爱炉红，端坐焚香斗室空。
闲置一心眠醒半，静生多观有无中。
蒲帘暗滴濛濛雨，纸窦潜鸣淅淅风。
抱湿栖寒闻见泯，暮钟邻火在墙东。

林祁师赠木瓜赋谢

盘瓜香自静中生，披拂微风入坐清。
好友乞邻携袖底，闲窗玩物长诗情。
色分篱卉黄云艳，气袭炉烟碧篆轻。
霜树晚芳垂橘柚，与君乡思动江城。

寄怀王山史二首

结屋华山下，桥通曲径盘。
烟容静高阁，石色老危栏。
白发衣冠古，青松日月寒。
床头蹄颖乱，知是著书残。

共蜡游山屐，翛然八十强。
园林留硕果，身世问柴桑。
满袖看花雨，盈颠采菊霜。
几时重载酒？岩畔坐斜阳。

得家书

冬寒雪欲飞，绳床卧缃帙。
羸病幸馀生①，不暇问家室。
有仆长安来，到门形蹋踤。
囊底出素书，方寸转井繘。
病妻惊我病，千里询凶吉。
摹眼读竟幅，意纷语不悉。
但言逆旅中，勉强卫痌疾。
无复内顾忧，持门健有术。
明知远饰词，使我心志一。
癯骨虑寒飙，寄裘从库质。
脱珥易参蓍，封固字画密。
饴饧儿女手，瘦吻旨且溢。
客病累家人，情境乌可述。
少壮走四方，巾箱载纸笔。
不恤刀环悲，茧足类奔轶。
薄禄供铺糜，举案冀康逸。
岂知萍无根，又复劳车驲。
丈夫囊橐贫，踪迹莫自必。
去住萦病怀，中夜如有失。
断云摇长天，朔风吹冻日。
安得瓦盆欢，白头聚蓬荜？

① 编者按："幸"，《存目》本作"有"。

忆　　游

寓斋寒夜，偶话旧游，风景山川，宛然在目，随语所及，赋以志之。

杏花村接石塘东，游侣常邀载酒同。
十里湖光渔唱里，一春山色屐声中。
水香莲叶才过雨，野暗松梢忽到风。
回首郄家甥馆日，廿年须鬓欲成翁。

蒲帆曾向越溪悬，风过梅花落满船。
断续人家墙傍水，寒香客枕月横天。
烹泉瓮抱春潭雨，晒网篱收古渡烟。
选胜息肩虚作想，卜邻兹地结茅椽。

舆穿绝涧路攀松，山界郴江立万重。
处处岭崖红树隐，家家门户白云封。
焙茶烟起趋朝火，落叶风高急幕春。
鸡犬淮南天上见，悔无仙骨驻游筇。

芙蓉波静渡三湘，碧水丹崖岸草黄。
寒酒市边鸣野角，疏钟林杪落斜阳。
桨摇宿雁沙头雾，帆挂啼猿峡里霜。
苦竹丛西行不得，鹧鸪声入楚天长。

冷　　月

冷月白如冻，孤光凛凛悬。

三更霜满屋，万里水沉天。
沙雁咽寒阵，墙鸡误晓传。
此时有羁客，独立不曾眠。

夜坐听人谈长生术

白浪桑田自古今，神仙不用买山深。
玄言坐听轻凡骨，世路经过长道心。
敢借紫芝还绿鬓，却嗟丹灶亦黄金。
弹棋侣伴吹箫客，瑶岛应非寂寞林。

晚　步

偶为看山出，因成向夕归。
天光在鸦背，石色上人衣。
过雨云痕湿，留风麦浪微。
几家桑柘影，绿傍短墙肥。

闲　昼

眠茶醒药懒相宜，静看长檐白日移。
观想忽教成梦境，劳生翻讶得闲时。
帘垂壁窦栖云幕，花乞邻园插露枝。
却喜闭门人不到，炉烟树影结心知。

村　北

野旷朝霭清，峰高日半规。

远风吹水气，澹林结幽姿。
策蹇访故人，村北路逶迤。
涧澄沙岸净，蒲蓼交披离。
碧阴漾千亩，凉露沁心脾。
获麦走田父，妇子相追随。
累累积场圃，剪穗双肩垂。
老翁欣饱食，回头戏其儿。
大儿束麦把，小儿抱豆枝。
歌笑偕邻叟，饮濯清湍湄。
留连缓去路，寓目情志怡。
田间有真乐，车马胡以为？

寓斋二首

故曲门前径，重回屋外廊。
谢人眠枕熟，延月到衣凉。
树引秋声近，笫移暮色长。
小窗丛碧里，高置读书床。

荒土藉为峦，分披竹数竿。
雨青疑霭合，风翠落阴宽。
帘卷花横座，渠通水过栏。
秦淮茅屋影，只作旧河干。

立秋日雨寒二首

一雨乍寒生，风为万木声。

气随天意肃，秋入客心惊。
今古炎凉易，关河岁月轻。
故驱乡思远，留取梦魂清。

六月挟重纩①，寒暄何所凭？
始知先事虑，不若待时乘。
箧扇弃才展，檐花开复凝。
泠泠朝暮眼，一衲静如僧。

检得杜于皇前辈旧赠诗扇

楚国真名士，钟山老布衣。
无家诗里住，有泪字中挥。
遗立吟坛旧，群知晚律稀。
箧中珍短箑，秋老尚依依。

客　枕

秋月白无赖，幽窗的的明。
儿书来隔日，客枕醒三更。
身世从馀悔，关河莽去程。
百思供辗转，不只扰归情。

雨　夜

隔水夜闻歌，寒灯滴秋雨。

① 编者按："重"，《存目》本作"上"，误。

雨歇复歌残，更有蛩音补。

望　中

渡水水生波，登山山径小。
世间无限情，只是望中好。

过扬州晤许荔生，因追忆其尊人眉右

记与尔翁聚，酣吟渌水园。
江河重鼓棹，风雨独招魂。
令子光前业，奚童识旧门。
死生交谊在，清泪溢郊原。

舟　雨

细雨忽因风，风声入雨中。
到衣寒淰淰，过水碧濛濛。
烟重栖高柳，云流抱短篷。
河边双燕子，著意舞长空。

过锡山悼严荪友

卓哉严太史，黑发赋归欤？
笔墨师乡井，文章启直庐。
交深庾岭月，情重蓟门书。
今日清江泪，襄阳感旧鱼。

悼华子千

死别垂六年，今日过君里。
思君不可见，衔泪问妻子。
弱子死后生，丱角娴拜起。
饥驱远行役，伯也东西轨。
少妾不辞房，耿耿誓天只。
扪兹濩落悲，葛帔交游耻。
寂寞负生平，身后乃如此。
梅花岭上春，曩昔订交始。
丈人厚且真，感激长安市。
松石百年心，岂知竟客死？
宿草礼不哭，抱痛意靡已。
晨风吹我衣，泪洒忽在纸。
城阴雨萧萧，黄云咽流水。

顾有常、汉鱼、侠君同招饮秀野草堂

濡迹吴趋里，孤翮倦翱翔。
游子非吾庐，亦曰还故乡。
二十五年前，操舟泛河梁。
喜当全盛时，身世各辉光。
二曜递流景，濩落风与霜。
重过访故旧，登陟君子堂。
顾君磊落姿，矫矫文酒场。
兴言念暌晤，感激歧路伤。

尘壥改颜色，国门春草芳。
之子乃奋飞，雍雍鸣高冈[1]。
秀野两兄弟，风雅谁肩行？
延声鲍谢间，摛藻成七襄。
有神亦有道，志谊慨以慷。
执手述先人，往事摧肝肠。
结爱投夙分，华子列壶觞[2]。
雨声润歌管，氍毹夜未央。
离合不可计，蓬转清风扬。
容与乐昏昼，注德深且良。
行将驱车去，落日桑乾黄。
绸缪二三子，芳讯何时将？
荡潏震泽波，上有浮云苍。
迢遥千里心，矫首永相望。

汪大武曹、薄大聿修、钱四亮功，同榜成进士，授翰林，喜而有作，并怀文升、安公两兄弟

置身苦逼侧，得意望故人。
岂遂割荣朊？亦足慰邅迍。
汪氏两兄弟，丹地称亲臣。
伯也徐庾才，次第陟通津。
钱子与薄子，并翮摩苍旻。
鞭心古突奥，抱华迈群伦。

---

① 原注：有常于别后成进士。

② 编者按：“华子”，原作“华予”，殆为“子”之误，盖华子当指前文之华子千，径改。

塌翼二十载，跼步伤荆榛。
馆下揖博士，戒荒及鸣晨。
薄也老孝廉，憔悴弥难陈。
维时旅食偕，交契均所亲。
短檠悲秋堂，颇颔同风尘。
奋身凌天衢，锵珮依羲轮。
夺袍金门下，曙色熏花茵。
齐辔沾奉引，袚濯润簪绅。
事业岂究竟？霄汉志已伸。
人生窒贫贱，倏焉终其身。
青山贱朱绂，此意谁能真？
富贵本糠秕，科名亦具文。
斟酌别用舍，鬼物何劳勤？
德不侔圣贤，安能等浮云？
所司文史贵，笔墨垂奇勋。
之子各勉旃，初终永令闻。
嗟余走四野，戢鳞江水渍。
岂复笺虫鱼？石砚甘弃焚。
眊矂匪自艾，倒极悲离群。
怃然念畴昔，羁怀纷感欣。
临风写纡郁，行歌咏五君。

移　榻

移榻避热水亭中，水亭四面来微风。
老树覆屋露气入，冷菰隔岸云影通。
枕横扇落睡半稳，鱼跳月明声满空。

几时大雨彻昏晓，烦襟尽洗炎威穷？

秀野草堂纳凉歌

秀野堂中书满屋，触手纷纷看不足。
秀野堂中暑不入，前种梧桐后修竹。
十丈垂杨覆沼清，菡萏浮香吹绮縠。
主人爱客客频来，客到主欢容可掬。
入门狂叫急解衣，赤脚踏地头颇秃。
雪藕沉瓜没井新，冰碗光凝寒水玉。
头纲有癖渴未消，琉璃瓮抱春泉绿。
梅花蕊沁峒山秋，碧露溶溶齿牙馥。
诵赋音探屈宋扉，论诗跫响阴何谷。
倦持书落忽成眠，高在绳床低石隩。
鸣蝉乍歇浓阴里，疏棂寂静澄秋水。
一阵荷风刚透帘，笛声悄逗歌声起。
儿女娇痴魂梦香，壮士萧条剑光死。
应是开元法调传，技尽秦青倾万耳。
夕阳有客挈壶觞，痛饮移床就树底。
瞪目支颐百盏雄，流霞飞泻金鲸驶。
蕉叶无缘兴颇豪，楚军壁上诸侯垒。
馀酣尽作婆娑舞，贺老琵琶正平鼓。
主人度曲客吹箫，繁弦甲语潇湘谱。
坐深林月淡如烟，星河荡漾半吞吐。
亭童夜色拂衣衫，澒洞凉阴堕眉宇。
接䍦倒著碧筒倾，何必今人不如古？
人生快事曾几许？且复蘧蘧更栩栩。

谁作宾朋谁是主？嗒焉天地忘寒暑。

雨

当门芦叶更阑雨，隔水人家夜半灯。
独立危亭搔短鬓，明朝知有二毛增。

六月二十四日荷花荡口号

六月荷花荡，笙歌拥画桡。
吴侬真好事，草木有生朝①。

种花绕河干，河窄香浮水。
循香舟屡移，花在垂杨底。

摘花莫摘叶，摘叶伤莲根。
朝朝掘新藕，换米到阊门。

隔水呼郎语，当窗窈窕歌。
曲终明月上，柔橹不惊波。

山塘送别

秋色漫天惨别容，轻烟小艇碧溶溶。
半轮落月数声橹，摇过山塘寺后松。

① 原注：吴俗以是日为荷花生日。

檐　卧

野色中宵静，生涯一榻闲。
钟声上明月，客况倚秋山。
敢问天寥廓？自看云往还。
萧萧形影外，种种鬓毛间。

即　事

河桥水浸石栏斜，画舸当门泊浅沙。
灯静客窗虫语歇，丝丝秋雨听琵琶。

朝　睡

古祠门闭稳朝眠，老桂吹香满榻前。
残梦乍惊闻剥啄，隔墙人索卖花钱。

斟酌桥

飒沓秋风欲暮天，官河杨柳半塘烟。
移来斟酌桥边住，日日门前系酒船。

《落花诗》次韵二首

何用飘零怨落晖？繁华景色已全非。
枝头渐见堂堂去，陌上谁歌缓缓归？

蝶粉梦留孤翠馆，燕泥香入旧朱扉。
生憎柳絮轻狂甚，乱搅红英一样飞。

践蹋应同径草微，卷帘犹惜旧光辉。
难消恶雨何辞妒①？自绾游丝不放飞。
著意寻春寒食泪，伤心无客故人扉。
灵泉酿药供多病②，且逗银床汲水归。

雨宿虞山钱氏别业，有怀严宝臣、孙巨禾诸友

细响鸣秋谷，池塘晚渐闻。
树悬千尺雨，风约一楼云。
远浦沉渔火，寒沙落雁群。
故人如湿叶，飘荡总纷纷。

仰苏楼二首

径曲禅房静，楼高塔影垂。
古人不见我，我忆古人时。

插花香浸屋，吹笛月当门。
最爱僧衣上，时时有酒痕。

① 编者按：“消”，《存目》本作“淌”，误。
② 编者按：“多”，《存目》本作“炙”，误。

老少年

砌草亦争妍，红深菊影边。
不花偏烂漫，近石倚蹁跹。
自诩娇无赖，谁能老少年？
莫夸颜色好，毕竟是霜天。

秋怀九首

秋日日以短，秋夜夜以长。
晨起望原野，归燕东西翔。
上下差其羽，依依君子堂。
森气束山骨，坚静颜色苍。
霜清陨路草，顿觉履迹荒。
闭门倏昏暮，短檠烁膏芒。
把卷送残角，远抱古昔伤。
前路不可烛，终古同茫茫。
忧人不惜日，轻掷奔流光。
寒欺客易侵，悄拂衣与裳。
树鸣动栖鸟，迢迢漏未央。

西风吹不断，一雨乃十日。
十日不出户，积水阶石碧。
卧木生树鸡，蜗牛战颓壁。
修烛翳不光，隐隐秋气逼。
寒蛩床下啼，催我就枕席。

夜半走崩雷，蛟龙斗孔亟。
昨闻楼船高，黑风吹海立。
群盗挟狂涛，贾胡相对泣。
较此殊晏安，哀厥辛苦力。
檐声吊孤火，残梦游四极。

棠棣著秋花，朝开暮零落。
瞩兹一日中，颜色姿绰约。
开落不自知，怡然托化龠。
得意非其时，繁华等萧索。
丸丸岩下松，斧斤亦时斸。
斸之不大伤，枝叶且沃若。
霜露均天心，从谁竞厚薄？
谢尔亭亭姿，居然老林壑。

羲娥不还顾，恣意驱今古。
輾然嗤微躯，伴此寒与暑。
少小闻神仙，因循误尘土。
学道资黄金，饶窭非所取。
寸田尺宅中，收拾性命府。
杳杳白玉京，云袿而霞组。
毛铢较山崖，得丧不相补。
岂待闻夜呼，始知人事苦？
凝智摅清神，但作臞儒侣。

古人良有言，忽忽冀高脱。
是非付闲人，绝尘弃哀乐。

结束老陬维，斯语亦空托。
凉阴歒白日，萧兰萎墙角。
颜色不再好，百虑苦煎铄。
未遇修月人，琼屑谁能斫。
何异昆山傍，乃以玉抵鹊？
高门聒笙芋，绳枢厌糟粕。
勃磎无终期，天游安六凿。

业白缚禅寂，桑下戒三宿。
岂陨爱恋思，岁月苦飘忽。
长空响落叶，商音鼓断续。
明月在中天，隔江照茅屋。
江边十亩田，今年秋稻熟。
瓦盆昧良期，梦饱虚角斛。
鸰原荒草披，况复萦心曲。
滰凄关陇云，呜咽幽燕筑。
安得魏帝药，肃羽举黄鹄？
习习轻风生，崇朝遍川隩。

食草遗驱蛩，假足蟨奔附。
相爱岂必真，相资已不负。
龆龀到白头，直如一朝暮。
胡不永且坚？守兹百年素。
毋宁逢恶宾，抱言伤怀愫。
念彼君子交，终身莽回互。
罔复惜郫泥，何流不可渡？

扪杵疑象骨，谁谓尔能瞭？
牛斗惑蚁声，自许且了了。
智愚各有途，安之能自好。
渺矣淳朴风，孰拙复孰巧？
逛口揽杞菊，说食无所饱。
唫喁浊波中，分命乞群小。
悠然识物情，屏迹存吾道。

孤云游太虚，天风吹缕缕。
有怀郁不舒，行吟秋河渚。
秋水自浩浩，幽怀终不吐。
臧谷均亡羊，得失将焉取？
逝波不可挽，跬步蹋重坎。
藉糟非爱醉，冶锻岂真懒？
行且乞龙湫，汲归洗双眼。
除我眼界花，使我履道坦。

饮陆然叔斋头赋赠

为倚秋风一醉吟，篱花香落酒杯深。
感君意气还如旧，愧我牢骚直到今。
万里湖山羁客梦，终宵灯火故人心。
尊前忽漫思钱起，鹤去云归不可寻①。

① 原注：然叔与钱孝修同订交京师，今孝修没矣。

史翁送瓶菊

秋深不见菊，忆菊坐幽室。
邻翁持短枝，狼藉带霜撷。
踏雨石桥东，叩扉赠芳苾。
高下相所宜，砚北注瓶溢。
悠然两三花，自觉媚纸笔。
为言今年秋，颇嫌风雨密。
载花船不来，几令花事毕。
投爱舒客情，薄物感亲昵。
沽酒沃翁颜，秋檐曝晚日。

过蔡九霞

门巷无车马，先生迥自如。
庭陈前代器，壁满旧人书。
别梦青山阔，秋风白发疏。
草玄犹未毕，老不废三余。

除　荄

朝响逼秋寒，日瘦气不敌。
风力搏微光，出没白云隙。
驱暖向长空，牵冷纳衣帻。
石径卉草枯，次第剪除辟。
豁然眼界清，转爱阶如涤。
忆彼繁艳初，颜色烂朝夕。

雨露岂不深？衰残甘弃掷。
锄叶莫锄根，留待东风碧。
荣落本自然，伤此寒燠迫。
天时爱憎随，群生会有役。

买屋未归，儿济夜话甚悉

庭径分明口角中，动人归兴引秋风。
衣含燕赵青霜远，梦绕秦淮碧水通。
敞院短篱延石脚，高楼曲槛倚花栊。
安眠此日犹嫌晚，况复劳劳西又东。

题　画

板桥茅屋可为家，门倚枫林石径斜。
秋色满天人迹少，江风吹雨上芦花。

归　棹

久客居停便唤家，半塘归棹及昏鸦。
桥西刚转门前路，一树丹枫衬落霞。

有怀汤潜庵

百寮诗句感新传，韦丈情深杜甫贤。

千里燕云看不薄，五年关月别来圆[1]。
书沉旅雁江天外，人老秋山暮雨边。
闻道赋成天子赏，几时相见诵甘泉？

李苍存以诗集见示赋赠

别君不十年，裒诗忽千首。
卢骆与阴何，瓮贮无不有。
冰雪濯清姿，明月照高柳。
奔放逸蛟螭，石壁千松吼。
忆昔订交初，韫玉未见剖。
岂陋井里颜？巧匠姑袖手。
吴门风雨秋，游筇值先后。
执手故旧欢，投我以琼玖。
蹑屩关陇间，乌乌击瓦缶。
耳目倏华滋，刮瘢涤尘垢。
流转丸在指，甘润醇在口。
天公怪双鸟，遇合君不偶。
鸾凤听谁歌？载笔东西走。
我本不羁人，蹭蹬亦已久。
三疾攻熨难，刻画无盐丑。
愿君十日留，论文叩玄牡。
尺五墙东路，可共残更守。
蕉饮同不胜，云腴沃清浏。
推将帜诗坛，备兵罢酒友。

① 原注：戊寅秦中与潜庵别。

秋　尽

布衾轻冷压衣重，古寺声传细雨钟。
秋尽旅怀增辗转，夜长归梦喜从容。
寒灯照屋黄花瘦，乱石横阶落叶封。
尝稻破甘无一是，不随多事变方冬。

舟中寄示儿济

百里且拳拳，宁徒去住怜？
时艰思意外，别苦计从前。
寂寞诗书境，飘摇霜雪天。
分阴随地惜，一溉喻汤年。

顾云美塔影园旧址

园废名仍在，追寻碧水阴。
断墙随处路，野竹自然林。
杖履邻翁口，云烟处士心。
苍茫凭吊意，泯泯溯交深①。

河　干

天风落木残，岁晚尚河干。

① 原注：云美与余家为三世交。

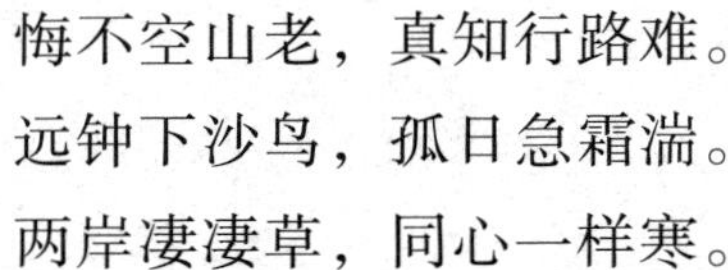

悔不空山老，真知行路难。
远钟下沙鸟，孤日急霜湍。
两岸凄凄草，同心一样寒。

晓　窗

窗启山房白，霜明湛晓天。
层峰衔日迥，脱叶舞风圆。
幽僻门无市，清深榻近禅。
晨炊传宿火，密树几家烟？

雨

寒雨不可听，况复客在路。
断续三日声，檐溜滴如诉。
晨起爱岩姿，云薄旭日露。
杲杲庭中暄，曝我衣与屦。
农伴熟占天，筑场反愁顾。
牵茅盖新谷，说雨不到暮。
亭午山气昏，天光匿深雾。
大风水面来，击瓦侧倾注。
飞鹭没远洲，归鸟失近树。
始知较量真，田家无舛误。
好景戒急得，阴翳善回互。
浊霖影萧萧，映此毛发素。
谁能令灌坛，政肃雨师怖？
曜灵长满空，泥滓不相污。

唐解元墓

千古才长累亦长，几人醴酒谢宗王？
知几独比青莲早，不遣招魂向夜郎。

同人泛舟晚归

屐齿昏愁折，鼓声寒不高。
山城灯暗屋，泥岸雨濡篙。
好客征良会，狂歌欲反骚。
自伤疲苶甚，飞动已忘劳。

将去虞山题寓馆壁

依山墙带石，傍水屋如船。
户外橹声月，树中灯影天。
馆从长者适，袍畏故人怜。
合向风尘老，幽居别惘然。

题李曰坚园亭三首

二亩墙东地，悠然敞小亭。
繁花收径曲，高树破天青。
水阔朝开镜，云留晚作屏。
只疑共小艇，烟树泊沙汀。

爱客宁辞客？园林只暂开。
幽居知有意，时俗莫相猜。
赋养相如渴，诗传杜老醅。
惭非求仲侣，一日一回来。

纸障垂明月，芒鞋曲径游。
地兼人并好，心与梦俱幽。
客久应妨俗，悲多觉易秋。
闻君有新句，为我释羁愁①。

九日樊书山同登西城，限韵分赋

呼我登高一上城，知君凭眺有深情。
佳时地减游人迹，故垒风悲旧炮声②。
桥带水光欹树晚，云连峰影过江横。
望中景物尊前酒，且对黄花落照明。

检　诗

墙短邻灯过，山寒夜鹊呼。
检诗知客久，听雨觉秋孤。
世事轻时序，生涯足道途。
坐吟清响发，落叶和笙竽。

---

① 原注：萧征乂言："曰坚有喜余过园亭诗。"

② 原注：西城炮台也。

垢砚吟

方登峄

述　　怀

侧身宇宙间，万树缀一叶。
生理本狭隘，况乃冰霜折。
我生及祸枢，忧患忽然得。
愀愀一室中，风雨鸣贯铁。
眈眈狱吏尊，陵厉到琐屑。
婉颜对童仆，触语防眦裂。
背灼六月暄，衣揾三冬雪。
夜雀等哀猿，寒膏半明灭。
魂飞汤火深，悠然念古哲。
身世昧蓍龟，虫鱼堕缧绁。
闻鬼鬼为邻，呼天天雨血。

见　　雁

霜雁去何之？高天历历飞。
江南家已破，塞北尔言归。
关吏行相待，乡书望总违。

侣行成点画，莫更触危机。

望南信不到

不见儿书至，应知下笔难。
有心慰衰白，无计说平安。
关塞寒云早，门庭落叶残。
且期生集聚，便作室家完。

雨　　寒

气冷发如梳，雾沉天影坠。
三日雨不歇，夜响自朝至。
狂飙受满屋，缩手交两臂。
裘质纩无完，画地何由避?
怪彼祝融令，俨触霜天吹。
噂沓过朱门，气暖熏如醉。
万古欻寒暄，因时见人事。
薄躬委泥滓，屋瓦任倾弃。
天运宜有常，白日讵终秘?
寒焰照中霄，感深不成寐。

留别张研斋、陆松厓、陈诚斋、张茹英、得天父子

张荀订死交，李杜惜生别。
古人且寥寥，时俗矧薄劣。

交游二三辈，远我如淄涅。
但闻叹息声，已足感亲切。
眷言数君子，心向古人接。
怜惜摧心肝，忧蹙寄眉睫。
鸟鸣塞云高，草萋关月白。
道在古今俱，谊重生死结。

缝　被

雨气侵衾湿，缝从败絮轻。
老贪深束暖，心剩独眠清。
半拥温残梦，斜披失坠声。
晓窗慵不起，呼仆问阴晴。

垫　枕

岂是无忧地？还求一枕高。
心纷颠倒易，身托短长操。
待晓双眸倚，书空半臂搔。
尽知眠不稳，圆警亦徒劳。

和七兄韵

老大才知万念虚，况经忧患益蘧蘧。
模糊恩怨三生眼，潦草兴亡几卷书。
壮志渐消才本拙，生涯难问计原疏。
回头多少惊心事，一日浮生一日馀。

七兄偶病作诗，和韵以慰

无复问寒暑，愁躯病易侵。
强支衰老骨，难驻往来心。
牵触何非恨？艰虞已至今。
寄身齐物理，空旷托情深。

夜　读

老眼读书难，矧兹困炎夏。
何地更何时？咏歌向深夜。
汗逼灯火红，气蒸眉睫罅。
强索丹铅工，笔摇双影射。
骨痛坐不坚，徒倚臂如卸。
忧患催短景，形骸半凋谢。
两年成衰翁，几作蟫衣化？
业匪名山求，字岂神仙藉？
性耽习不捐，展卷释悲诧。
心血惜今人，愿向古人泻。

家　书

书到妻孥在，将期集聚真。
无家偏入梦，望远益伤神。
绪乱迷良策，身危听别人。
早来辛苦共，不用惜风尘。

闻兄子世庄将至四首

爱尔才华盛，青春泣所遭。
命能安老朽，祸竟及儿曹。
碧月家山杳，黄云古塞高。
最怜携弱弟，远侍白头劳。

闻道南舟发，亲情许共操。
零丁依骨肉，慰藉失风涛。
野炬焚林阔，惊弦择木劳。
形骸同日月，中外主恩高。

白下儿书报，吾庐得暂过①。
血心沾墓草，泪眼入江波。
行李经相约，间关虑转多。
雁行同铩羽，次第渡秋河。

万事宽年少，前途岁月多。
岂真才束命，聊用哭为歌。
身待同行辙，心回不定波。
殊方儿侄共，集聚慰蹉跎。

和七兄韵，蔬误和疏，再依韵叠之

梦境虚无觉亦虚，那分栩栩与蘧蘧。

① 原注：庄取道金陵。

何曾覆鹿真留野，同是亡羊笑挟书。
生世已拼前逝水，临餐莫忆故园蔬。
黄沙白草经栖地，只作空山养性馀。

婿崇如以荷花作瓶供

瓶荷朝开夕萎，无隔日者。

土室占生气，瓶荷三日开。
从容娱老眼，清净养愁胎。
敢望花为筏，谁令叶作杯？
耆尼池上渡，香妙碧云台。

鹊　声

晓风干鹊鸣音送，闻者相传欢意动。
天机岂遽托羽虫，苍茫理数嗤愚懵。
吉征气感或有之，古人垂语今人诵。
尔却高飞我网罗，圜扉聒耳锒铛共。
报远江南人不来，人来增我伤心重。
夜雨灯啼屋上乌，朝云鼓击竿头凤。
可是声传一样听，绕檐休只惊残梦。

狂　波

狂波犹不定，又逐野风来。
已判身如叶，还令心作灰。
屋号檐际雨，天坼夜深雷。

万事漂摇极，江南不用哀。

月

月明积雨后，斜彻短墙分。
湿影摇残雾，孤光碎乱云。
啼乌何处宿？归雁自成群。
绝塞他时照，悲歌笛里闻。

梦入水部公廨，与诸僚友诵杜句“为郎从白首，卧病数秋天”，觉而感赋

诵诗诗入梦，因梦梦成诗。
白首悲何极？秋天夜未移。
故人歌忽共，往事说原痴。
画省三年壁，留题和者谁？

夜大雨

暮雨莽不收，倒注入夜半。
响发万弩齐，风力挟之乱。
浩呼汹波涛，震荡倾霄汉。
仓卒土室破，淋漓及枕幔。
屡移榻不支，避地类奔窜。
闭门不敢视，气夺膏芒散。
号童击石火，涉水声过骭。

颓塌在在闻，似触崩崖断。
屋摇墙有声，孤舟江海畔。
形骸归土木，生死须臾判。
古人重畏压，捧身埒珪瓒。
抚兹九死馀，当之何萦绊。
太虚齐物理，嗒焉付空观。
安此素位心，可以释严惮。
隐几半成寐，优游待明旦。

除　土

墙颓土塞户，除治动老友。
揎袖伸两臂，负雨锄在手。
积块倏不高，渠通散淤垢。
靸履视须臾，一径忽然有。
坦途十步内，光净见瓮牖。
为言去有期，此地岂常守?
脚涩眼不舒，一日亦云久。
吾友古君子，谊比时流厚。
三年急难情，洒泪向杯酒。
悲我远别离，许我共车肘。
不惜筋骨劳，霜雪间关走。
感深涕不禁，慰藉翻充口。
丈夫生世间，何事历非偶?
穷边土可耕，亦足安衰朽。

荷戈复荷锄，相期共南亩①。

立　秋

惨澹金风乍入帷，圜扉两见岁华移。
身随日去何须惜？心苦秋多不用悲。
玉露几曾惊叶落？银河一样近人垂。
凉云空阔凭呼雁，尔是南征入塞时。

次答谈景郯，用少陵《观画马图引》韵见赠之作

楚水汤汤怜屈贾，杜陵郁郁悲卢王。
千古才人失魂魄，犹怜唇吻供雌黄。
谁为守黑谁知白？到处狂风兼霹雳。
结绳以前万事无，一画初呈尚萧索。
谈君载笔久不归，鼓翼欲向龙楼飞。

翠华南御选髦俊，珊瑚碧玉陈光辉。
骅骝一出惊群弱，凌云给札笔吐花。
虎观鸿儒随出入，书生遭遇人咨嗟。
青云一掷忽堕地，谁为使者称黄沙？
绝交论广交不绝，邹阳字洒梁园血。
我亦无端婴网罗，呼囚八九名同列。

---

① 原注：观永谨案："老友谓牛玉恒，山西泽州人，患难相从，垂二十年，卒于卜魁，今葬江宁。"

君才骨是黄金骏，摛词染翰矜工稳。
倡和题襟在若卢，知希迹似山林遁。
识君不在长杨宫，识君不在招贤东。
忽从患难订交好，人生梦寐将毋同。
此生岂复谈儒宗，荒边老朽渔樵中。
天子怜才君得释，一行归雁傅春风。

纪　梦

愁郁易堕昏，眠醒昧时节。
亲故入梦频，纷纷觌颜色。
骨肉与交游，十年半存灭。
坟荒宿草深，室远风雨隔。
魂兮谁招来？迢递度阡陌。
历历生平人，次第歌哭接。
所致不一词，记忆失颠末。
忆昔闾党中，情话亲戚悦。
巾杖随白头，提携行辈列。
出门歌嘤鸣，四海宾徒结。
论心欹榻灯，把手垂檐月。
一一已如梦，梦真如再得。
风雷塞上阴，魂弱道路怯。
棘土尚中华，都来话离别。
我亦梦中身，忧患付寥泬。
起视青天高，回首浮云白。

和七兄《遣闷》五首

少壮志霄汉，老大焉能逞？
长风堕羽翰，岂恃用力猛。
双丸走无端，寒燠递相永。
群生哀乐纷，在心不在境。
丛木临深潭，高下自成影。
逸豫终其身，人事乏深省。
猥言贤哲生，藉以忧虞儆。
华屋与山丘，百年同一顷。
望望穹苍高，愚智何所领？

清飙飏流火，百汇游商声。
秋鸟不知处，秋虫不知名。
飞鸣宇宙间，各自炫灵精。
桓桓谁家郎？挟弹上高城。
杀念岂终逞，意已伤生成。
白虹中夜光，常使壮士惊。
卓哉汉廷尉，矫矫称人英。
书马辩四五，逶迤保其荣。
毛铢较山崖，岂无重与轻？

蛰龙歌老桧，设词何敢谩？
松漠弃其书，言不及治乱。

往矣欲何之？青命著易象[①]。
树鸣山动摇，风入江河漫。
长缨与短缨，倚伏茫前算。
寒云一夕高，炎景倏朝窜。
谁言旷达怀，了不界冰炭？
黑白叩瞿昙，慧业劳分判。
负疚苟一身，直作无生观。

溯厥太古初，万有归象罔。
局促了浮生，天地一罗网。
瞩彼道路人，亦各为亲党。
爱恋不可捐，动生直与枉。
须知朝所营，暮视即为往。
昔人歌舞乡，何处不荆莽？
五沟有不树，耕之得沃壤。
雁烹木不斤，材不材相仿。
触时随所遭，用意本无两。

凉月白无赖，照人何太苦。
抱虑萦清光，同明思故土。
故土无可思，悬槥隔州府。
啾啾松柏阴，草深狐兔伍。
泪血迸江天，筑心如筑堵。
遣愤付流泉，独兹重凄楚。

① 编者按："青"，当为"眚"之讹，详见《东北流人文库》所收《浮云集·拙政园诗馀·拙政园诗集》第30页。

我生何崎岖，一步不成武。
结患匪自致，百身亦奚补？
悲声从何来？秋风中夜鼓。

闭　门

畏触凄凉只闭门，欹床破砚一炉温。
草摇孤客秋风影，花泣残篱宿雨痕。
往事游尘疑隔世，无人剪纸自招魂。
老僧枯坐蒲团上，聚散悲欢一概论。

与高婿崇如

陟险藉杖引，方舟翼波坠。
身危重骨肉，况萦儿女思。
嗟子急难真，辛苦千里至。
流滞逾两稔，百务尽屏置。
饘橐节寒暄，检括到巾屣。
怜我齿发衰，不忍遽相弃。
邮书昨日来，吾女情悲挚。
啧啧说缇萦，转使忧魂悸。
遄归语吾女，孝行匪一致。
义在审所处，勉旃慎托寄。
南山有荒坟，霜露念所自。
代我酹椒浆，只此属专记。
凝冰结路草，万里揽征辔。
茫茫后会期，迴溢荒天泪。

扫　地

豁棂达秋曙，清景凌绳床。
晨兴亲敝帚，洒扫如弗遑。
闭户尺五地，秽浊远衣裳。
汉阴息危机，士行凛逸康。
劳役藉勤动，衰骨令自强。
扫除匪一室，迥志在四方。
短篲将安施？氛垢岂有常。
千里万里道，过眼尘茫茫。

七兄复斋有昔年《和姚羹湖先生春山八咏》，因题取义，颇况今兹，藉以寄怀，亦得八首

烧后草

劫灰已付赤云天，又结王孙再世缘。
湘水石边垂蔓蔓，咸阳陵畔旧芊芊。
根留九死青霜种，叶染三春碧雨烟。
却怪燎原前日势，不分萧艾与兰荃。

接活树

绮枝争看叶云翻，谁入园林识旧根？
同是寄生依树母，俨然夺舍附花魂。
高凭幹吐分成势[①]，巧借泥封合有痕。

① 编者按："幹"，殆为"榦"之讹。

幻相直从人事见，难将荣瘁问真源。

分丛竹

横斜随径曲篱栽，露笋移根自箨胎。
夜月垂青犹共影，晓风浮翠各成堆。
千茎潇洒心原直，几处平安信总猜。
莫向诸孙堂外过①，蕃枝霜压已同摧。

初插柳

分行根长暖膏时，细细条融旭日迟。
踏醉路寻高士眼，倚妆人待画楼眉。
偏添灞水桥边影，才吐灵和殿上丝。
何处一声明月笛？玉关横吹折新枝。

病愈鹤

梳翎初试抖霜衣，梦想仙山饮啄违。
瘦影琼枝还独立，馀生华表莫思归。
阴将待子鸣犹和，声不闻天力已微。
自顾羽毛未零落，云霞侧眼欲高飞。

寻巢燕

迟回故故引风斜，飞逐帘栊语伴哗。
碧社几时人忽散？朱门何处径还差？
重檐暮晃清宵树，香吻泥残旧日花。
空向秦淮河畔绕，江南王谢已无家。

① 原注：用少陵句。

脱钩鱼

顿觉洋洋大壑清，几贪香饵误吾生。
欣濡稚子针头沫，免脍通侯座上羹。
掉尾骇波经处惯，暴鳃回浪过来轻。
盈车笑底临渊想，不贯垂荆剖粒情。

放生麑

微躯竟自罻罗全，纵得生还亦偶然。
绿雨顾鸣崖径草，青霞重卧洞门烟。
驭随仙隐身常聚，车载维摩骨未坚。
毛角长栖千仞顶，变从苍白任年年。

谈半村过话

剥啄来良友，茶供宿水添。
倚床淹倦骨，坐日短秋檐。
境苦情难写，诗狂韵各拈。
沸心汤火里，歌哭与君兼。

南　舟

骨肉平安到，寻常乐思生。
乍闻心战栗，不觉泪纵横。
百事从何问？千悲益自惊。
南来妻子棹，又隔几朝程？

秋日杂诗十首

黧垢安时久，荼甘素位功。
髭鬖双鬓日，狼藉九秋风。
寄想江乡外，全生沸鼎中。
三年霜露色，土室映寒空。

俨是团瓢破，残僧坐一灯。
心依寒影孑，目浸夜光澄。
我相原无著，前因解未能。
人间寥阒地，暮寝复朝兴。

老觉伤心易，疑从破胆添。
仰看天漠漠，独立语谵谵。
杜甫惊风耳，严遵落日帘。
怕闻焉用卜？身已任炉钳。

畏答旁人问，嫌闻远信来。
平安心不望，恩怨语难裁。
家散惊风雨，身轻付草莱。
好言都是泪，幽寂养寒灰。

秋昼何曾短？人言秋夜长。
愁嫌更漏永，老愿隙驹忙。
远树淹霞暮，低檐接露光。
晷痕书卷上，画字送斜阳。

墙高唯见草，耳窄不闻砧。
寂寞一圭地，漂摇千里心。
寒风应满路，清露忽沾襟。
阵阵归巢鸟，飞栖有故林。

南舟何处泊？沙冷大河堤。
难解飘零故，真成道路迷。
危身千态变，尽室万行啼。
不是干戈里，心同愧老妻[①]。

田庐原不问，故物孰无悲？
鞔徙怜三叶，簪亡泣一枝。
柴门开问主，霜圃筑从谁？
入世沧桑眼，身经半百时。

揽月垂盈手，呼云托寄音。
尽知虚结想，亦搅静时心。
世境纷疑似，人情各浅深。
瞬移成昨日，种种祝从今。

噩梦何时醒？朝昏又一过。
日怜衣袖薄，月见泪痕多。
歌哭无常节，乾坤有逝波。
衔思向天末，寥廓谢蹉跎。

① 原注：用少陵语。

侄庄携《何陋居集》、《甦庵集》诗，读之感赋

五十年前罹祸日，征车行后我生时。
岂知今日投荒眼，又读先人出塞诗？
久远孙谋文字累，苍茫天意始终疑。
携来笑尔非无意，似此生还亦有期。

中　　秋

秋月无私影，人欢今夕嘉。
两年明此地，一样照谁家？
白浸泥床枕，寒凝玉塞笳。
清光赊万里，北寺且中华。

三 鸟 诗

昌黎怪双鸟，我歌三鸟诗。
北山有鸟大且痴，十年饮啄沧江湄。
鷽斯斥鷃飞控地，大鸟力能生死之。
有时自作鸾凤鸣，和风吹日声迟迟。
有时风雨忽骤至，鼓翼伸喙等鸢鸱。
属耳靡所适，闻者行趦趄。
天公收之去，遂令众鸟哀号觅食安雄雌。
更闻两鸟生共巢，一鸟振翮翔天墀。
置身直在鹓鹊观，自矜毛羽非凡佳。

砰雷夜半拔大木，巢倾树死无完枝。
皇皇啄屋复食肉，俨如鸩脑流琼卮。
饮者辄必死，人死鸟欢怡。
虞夫激矢中两目，颈血溅地不自知。
伏身蒿径一小鸟，同婴罗毕魂迷离。
可怜惊弦弱翅难久活，十日堕赴重泉期。
吁嗟乎！二月风，六月雨。
八月西山秋树凋，一年三鸟同黄土。
君不见，白鹤去，青鸾杳，良音啼彻蓬莱岛。
又不见，九头沥血洒平芜，淋漓积秽膏腐草。
微物有死生，恩怨归幽渺。
莲花世界宽，恒河沙一扫。
胡不逍遥于无何有之乡？
顾与贸贸之群生，共此天荒而地老。

序

故友皀宗方先生之孙，今制府宜田，奉其王父诗造余曰：“先王父笃学致行，晚益勤纯，虽处绝塞寒天，手一编，终日忘其身之在难也。喜为诗，积之盈笥，又尝检存少作，及官京师诗十之三。阅今二十六年矣，乃克编次成帙。先人执友唯公也存，乞公为序之。”

余既受以卒业，念始得交于先生时，刘君北固、狄君立人、汪君文升，皆能诗有声，春秋佳日，登西山，寻郊墅，并辔联吟，先生诗出，辄惊一座人。辛卯冬，先生坐乡人累，谪迁东北塞外，而子中翰君先卒，悲忧穷蹙，一发于诗，诗益工。是时宜田甫成童，与其伯兄勤营菽水，更迭出侍塞上，归则橐先生诗以质于交游。余每读之，未尝不惨凄颜变，且叹先生身虽穷，而所以处困者不失也。雍正十一年，宜田以辟召起家中书舍人，七迁而为御史大夫，秉节畿辅，政安人和，乃编校遗诗，授梓人而刊布焉。使读其集者，人人如见先生，先生亦可以无憾矣。韩子曰：“秋冬之闭冻也不固，则春夏之长养草木也不茂。”先生父子，怀才坎坷，婴难蒙垢，不忘忠爱，而宜田兄弟少历险艰，备危苦，能曲达其孝思，此其所以既跌而复振与？抑吾闻古之君子，不以己之得于外者为亲荣。今畿辅所辖，地方数千里，宜田为天子重臣，内可以造辟而言，下可以振达幽隐，必恢宏其先志，立德立功，比迹汉唐名贤，则后世推本于所生，而先生之诗益称重焉。呜呼！吾老矣，六十年间，亲见其父、祖、子孙三世，故因序先生诗，

陈古义以相勖。先生诗取法少陵，情思刻至，音节朗厉，而一归于和雅，不以颠沛失性情之正，观者宜自得之。

乾隆十八年仲秋之月北平黄叔琳。

葆素斋集

方登峄

至卜魁城，葺屋落成，率赋十首

覆草编茅屋数楹，羁栖绝塞此经营。
千间谁稳绸缪计？一木如胜堂构情。
墙短邻园鸡犬路，风高沙碛马牛声。
蘧庐岂复分华陋？安堵飘蓬共此生。

荒城烟火散篱根，寂寂檐茅落落村。
岂有羊求容扫径，不因风雨亦关门。
苟安心忆来时险，坚坐身知独处尊。
为访野僧郊寺近，芒鞋沙上往来痕。

种种看从难后轻，惊涛旧梦怵纵横。
避人踪迹骄人想，入世衣冠出世情。
灯火妻孥谈往事，茶瓜兄弟话馀生。
已成意外团圞相，休问萧萧白发明。

盆花乞向先来客，畦菜遗从旧住人。
除蔓荷锄斜日暖，护枝编席早霜新。

瓶供小摘窗生艳，薪剩亲携爨不贫。
冷落秋风关塞梦，暂教眼带故园春。

樗朽材凭拙匠能，乌皮名目俨相仍。
牙签影缀著筒静，银叶烟煨墨碗凝。
高坐短窗舒病骨，横分明月伴书灯。
侧身天地何曾稳？断木攲斜日日凭。

茶烟晓共厨烟起，手汲清泉露索凝。
阶粒扫留驯雀食，夜膏增湛饭牛灯。
闲愁觉借忙差解，鄙事真知贱始能。
懒习少年筋力惯，悔无农圃事担簦。

暮风何怒撼西郊，屋角声喧夜卷茅。
窗纸尽捋飘蛱蝶，梁泥如簸下蟏蛸。
控飞自哂蜩无地，颠覆何争鹊有巢。
锦水破庐非绝域，悲歌不解少陵嘲。

宁甘不出长蒿莱，倚杖攲垣类凿坏①。
猎骑马前牵犬过，柴车江上卖鱼来。
懵腾塞俗迷嗔喜，逼侧人情耐往回。
侪侣岂真无揖让，肯宽礼数恕慵颓？

四壁空寒日影移，土床温恋起来迟。

① 编者按：“坏”，不读“huài”。同“坯”，音 pī。“凿坯”，隐居不仕也。

风鸣旷野非从树，草蔽通衢不藉篱。
出槛便为瓯脱地，举头犹当瓦全时。
落成笑顾儿曹语，歌哭休言两在斯。

强驱乡思慰边愁，景色荒庭觉倍幽。
几朵野花人影静，数行征雁夕阳秋。
书遮老眼披衣坐，月引吟筇出户游。
憩止直如舟暂泊，莫教波浪忆从头。

构小室成，适乩降，题以诗，并颜之曰葆素斋

何地求精舍？茅椽结构新。
一间天外屋，千劫梦中身。
静对诗书老，闲留面目真。
塞尘吹不入，闭户即桃津。

扫径儿锄草，编篱手种花。
砌繁春到眼，地净月流沙。
听浪渔人枕，凌风燕子家。
本来无一定，抱膝送年华。

筑土前贤室，藏身十八年。
竟能容避世，且不是穷边。
坐冷笳声雨，行萦戍火烟。
巡檐时仰面，犹戴故园天。

好我蓬瀛侣，青天碧海波。
卫生坚道力，悯世托诗歌。
寥泬一圭隘，懵腾百事过。
本无出位想，素位定如何？

客言卜魁寒甚，答之

怕寒憎客说寒边，雪势霜威口角悬。
羁侣关心先我历，因人求热向谁怜？
生来冷骨何争地？拼得残躯且试天。
煴火尚留冰窖泪，不愁饥吻有遗毡。

移草芙蓉入盆

一名高丽菊，高三尺许，一茎四五花，黄色，深浅类菊，叶似柳，含苞递放不绝，但畏霜云。

绝塞花开花可怜，忍教憔悴泣霜天。
依人且伴房栊暖，注瓮何输雨露偏？
座拂黄云看欲积，岸临秋水惜空传。
浔阳篱落垂垂发，不谓穷荒眼更妍。

出郭移花二首

几度移花约未坚，游筇偏向乍寒天。
不嫌野屧风前路，转爱秋郊雨后烟。
毳帐衣冠翻讶客，沙田荑稗亦登年。
荷锄信步披残草，惊起牛羊断碛眠。

郊花秋老但移根，筐载分携补断垣。
长养得毋怀旧土，栽培绝胜弃荒原。
青霜艳冷萧晨眼，绿雨香浮明岁尊。
只作雅游归兴晚，短辕斜碾夕阳痕。

暮　立

门横暮色短藜闲，幽僻城隅土一湾。
野日苍凉如浸水，远云层叠当看山。
笳声风曳鸣鸿去，草影沙喧牧马还。
不是邻人争晚汲，先生久已闭柴关。

古诗二十首

嗣宗《咏怀》，文通《杂拟》，子昂《感遇》，太白《古风》，皆多感愤之辞，颇得骚人之旨。荒塞无聊，吟咏过日，率成二十首，或古或今，或赋或比，信笔成辞，聊庸写志，非敢效颦。

南山挺高木，寒雾宿繁枝。
雾深不可见，失此亭亭姿。
丈夫耻牖下，入世多忧危。
忧来鲜预画，顺逆各有时。
心怜白发黑，情戾艳色媸。
应侯辱且死，未殊且溺之。
饮酒诬盗璧，视舌悲张仪。
投身涉纷扰，亨困宁自持？

闭门谢群迹，秋雨鸣阶墀。
雨寒不润物，草木同披离。
畏人复自伤，伤我容鬓衰。
容鬓何足道？落日西山陲。
倏忽念故乡，骨肉各分驰。
前路既已短，耿耿欢会期。
起来当户立，罔两靡支持。
悠然送远目，曳杖登高埤。
明知无所睹，希一望见之。
归来对灯火，幽默心自嗤。

万事归无言，无言悲乃极。
寒日照我衣，寒虫鸣我侧。
淡漠人语憎，幽渺天意匿。
啼鸟将何之？仰羡高飞翼。
百卉委繁霜，不为天所惜。
扣舌伫立长，云影在四壁。

少壮风过目，岁月如一扫。
家人猬缩眠，怪我起常早。
昔闻丈人言，独醒天不晓。
阅历忽及兹，情境逼衰老。
寒云拥茅屋，露光沐残草。
忧来自彷徨，四顾知者少。

执心各有愿，弛志泣颓鬓。

逆愿天所嗔，良愿天所靳。
立德垂其名，古人有厚幸。
身非金石姿，甘与时命徇。
月旦从人移，慷慨守时信。
一息未肯捐，勉怀有馀愤。

明月出高岫，清光一何远。
林风挟云游，亏蔽落层巘。
寄言谢明月，风静夜已晚。
乌鹊丛灌鸣，曙影天如浣。
忧患爱恋轻，老大志意短。
引领振长襟，心悲衣带缓。
冷栈落霜华，起来看牛饭。

松根长桑条，结毓灵山阿。
柔桑化为松，焉能辨枝柯？
托命既已永，霜雪凌蹉跎。
厉风折长枝，零落飘江河。
去去离本根，不知茑与萝。
白云罩青松，泪雨如滂沱。

人生百年期，语约举成算。
醒寐各有时，日夜且相半。
衰病与童蒙，狼藉废昏旦。
所余曾几何？束缚弗自逭。
不甘牖下死，走寻车马伴。
纠纷恩怨中，填胸结冰炭。

草草昧终期，水流人易散。
况复倚伏深，重之以忧患。
淼渺沧海波，扁舟不到岸。
中夜起看天，睒睒明星烂。

有客西方来，能述西方教。
其国有君臣，民物俨封隩。
释迦一高贤，遗世笃孤操。
岧峣灵鹫巅，律悟阐宗奥。
匪尽断灭心，言颇及忠孝。
昧惑自中原，幽怪失旨要。
雕琢珠玉炫，结构云霞峭。
逞逐荒幻词，祸福竞施报。
生死理有常，甘受凭愚诮。

零繻纫夜火，寄君边上衣。
家已在穷边，那更万里驰？
秋霜压屋草，只雁鸣凄凄。
八月得君书，书来春尽时。
把书问来客，模糊无定辞。
但言军事秘，何能识归期？
壁上弓与刀，去日君所遗。
对之不忍见，挥泪向罗帷。
泪痕入线脚，渍血成红丝。

晨起坐窗下，霜气凄已肃。
掉臂迎朝暾，披衣借温燠。

读书无次第，忧心纷卷轴。
岂爱博奥名，藉以遮老目。
常见古人中，遭际多仿佛。
掩卷长太息，坎坷匪我独。
稗饭炊湿薪，今朝又果腹。

终古阏天机，灾福靳先露。
人如涉险崖，苍茫走迷雾。
京睦彻经理，转为杀身具。
朗朗郭弘农，身命不自顾。
圣贤垂趋避，趋避何所据？
持此问苍旻，愿言烛前路。

危枝倒长风，其势安能久？
清潭写鸟影，过目即乌有。
矧兹傀儡场，恩怨等敝帚。
止水鉴衣冠，对人鉴可否。
如何戈剑锋，在口不在手？
伤哉灌仲孺，杀身只杯酒。

古人身后名，重名轻一死。
七十老侯嬴，刎颈送公子。
荆卿本儿戏，函首歌易水。
明知去不返，空令发上指。
聂政污其尸，姓名传阿姊。
当否皆无论，湮没乃深耻。
寸土不埋骨，所见终榛杞。

豪气凌青云，萧条检故纸。

坤轴势下趋，江河无返水。
我心思古人，古人长往矣。
夐哉鲁仲连，排难聊城矢。
白璧与千金，成功等敝屣。
德色形一室，怒言入廛市。
吐辞偶益人，终身挂牙齿。

五术叹交游，不自刘君始。
论著绝交篇，朱穆良有以。
贫贱无一可，屏迹来垢耻。
周旋混野俗，罔知何者是。
崚崚白石坚，皛皛西流驶。
安得范巨卿，可以托生死？

射堂憾鹅炙，千金酬一饭。
口腹岂累人，施恩持左券。
卓哉古英雄，饮食且恩怨。
富贵何足言，乃皆在贫贱。

钟鼎飨爰居，养鸟鸟则否。
猿狙不裂裳，周公服已久。
万事昧从来，安之若固有。
桂蠹与蓼虫，甘苦各在口。
在口不能言，焉能泯好丑？

写水入大河[1]，焉知污与洌？
辨毛不辨骨，驽骥共一绁。
蟪蛄沧春秋，松柏贞霜雪。
芃芃茂草骄，岂期寒露折？
延伫语樵车，爱此兰蕙洁。

罔效步兵哭，应比云间笑。
有时笑亦哭，不在音与貌。
达人观元始，志士侈高蹈。
茫茫缅古今，心境两相导。
钟鼓可以哀，长歌可以吊。

韦端已有“长年方悟少年非”之句，儿侄辈以韦诗不畅所言，请余赋之，即用作起句

长年方悟少年非，虚掷流光夙志违。
几处笙歌容易散，半生湖海不曾归。
名山书负蟫衣老，春亩犁荒犊雨肥。
铸错便教从买铁，鲁戈空说返斜晖。

十五侄世庄贻花作瓶供

折花贻我胆瓶双，注水披衣急晓窗。
艳色似从寒后减，高怀不为难余降。
香繁旧圃情如梦，老护残枝意满腔。

① 编者按：“写”，音 xiè，倾泻也。

永漏寂寥呼尔共，参差影落碧油缸。

病坐披裘

披裘犹八月，骨冷不因边。
病入衰年易，寒期成客先。
无医茶代药，借暖木生烟。
安燠何由羡？艰危本自然。

儿济、侄庄礼斗

斋坐闻声凛自持，云霄响彻夜阑时。
都含绝域青天泪，各有高堂白发悲。
法火光垂怜孝友，瓣香烟肃起威仪。
九崖杳霭元君座，呼吸曾邀鉴在兹。

儿济有《草芙蓉》诗，乘兴咏之

花映东篱发，名传江国生。
根枝怜异土，草木艳虚声。
秋水何年影？严霜此日情。
黄金重颜色，冷落护柴荆。

九月二日夜雪

迎秋边雪意中期，九月飞花转讶迟。
暖律天怜人迹远，寒心风鼓夜声危。

更荒断续明孤火，雾隐高低压破篱。
昨日总戎呼猎马，皑皑何地卧旌旗？

雪霁，儿侄辈东郊野眺，侄庄归而呈诗，和之

东郊即前日移花处。

雪色郊光口角悬，出从东郭望无边。
寻花落日同游地，埋草连云一抹天。
更欲踏荒身试老，喜闻冲冷骨尤坚。
经行寂寞寒原上，回首孤城莫怆然。

《秋雪》和图逸叟韵

冷雪不分区，荒城夜色涂。
云裁飞鹤羽，风冻落鲛珠。
茅屋迷高下，琼楼望有无。
与君追旧梦，寒漏听宫壶。

《雪霁》和七兄复斋韵

争道雪晴易，天心竟有常。
暖无分异土，寒不吝朝阳。
饱睡窗阴度，迟餐爨火荒。
白头歌倚杖，交臂炙余光。

居定后和乱韵

且系狂澜定后舟，安闲茅屋老荒丘。

晒书呼妇同驱蠹，倚杖看儿学饭牛。
青瘴人曾沧海去①，白云谁许旧山留？
苍茫望古斜阳立，一片笳声咽戍楼。

七兄小病

老病吾无让，兄多十四年。
饥寒衰后骨，岁月梦中天。
架乱诗筒纸，床飘茶灶烟。
岂徒成结习？大药即陶佺②。

儿济收花种

塞花不待霜，花落种已实。
人言霜后收，寒凝厚厥质。
天地生意深，乃寓肃杀日。
晨兴儿抱荄，狼藉种在室。
揽撷一盈掬，弆以纸什袭。
避风庋木高，护冻缄箧密。
边方嘉卉穷，野英等爱惜。
预审砌土宜，高下无剩隙。
怜尔珍重心，老眼慰岑寂。
灿灿明年花，袅袅东风碧。

① 原注：乱语。
② 原注：兄有吟诗、啜茗之癖。

侄世康为其尊人补敝袍，感赋示之

男儿亲妇工，心苦情可泣。
七十衰亲衣，不忍不完缉。
矧兹霜雪深，绽漏寒气入。
火青针鼻纤，眼冻线脚涩。
黾勉事勤劬，居然整襟褶。
弱冠志诗书，贱技岂素习。
颠连迫孝思，琐屑极子职。
怜惜重致词，补衮藉他日。
丈夫少壮年，通塞安可必?
故乡儿女手，衣裳聚一室。
扶老陟崇冈，揎袖南山石。

听儿侄夜读

隔院分灯夜读书，颠连犹自惜三余。
誉儿癖笑王家叟，群从诗传谢氏庐。
未到忘情游鹿豕，聊应俯首事虫鱼。
他年食得神仙字，共乐名山志不虚。

九日出郭报谒，归途值友人索饮

不因佳节启柴关，访客郊原一往还。
短发冲寒如落帽，平沙望远当登山。
马驰人负斜风疾，鸟散云遮古寺闲。

送酒末闻闻索酒，羁愁同醉晚篱间。

塞　阅

都尉专城重护羌，穷边犹不属要荒。
腾戈特控咽喉地，耀日常明甲胄光。
画角一声秋草白，雕弧几队塞云黄。
荷衣忽漫亲鱼鸟，搔首长歌对夕阳。

盆　菊

瘦菊分邻圃，窗明影亦疏。
催香暄照里，审色蕊含初。
草草秋篱眼，荒荒野塞庐。
南山何处见？飘泊命相於。

菊　绽

菊绽渐舒红，萧斋点缀工。
色香分笔砚，生长托帘栊。
莫作千山外，依然三径中。
残根留不死，春雨待秋风。

九月十三夜，儿辈就友人饮，归而称说。读宫詹公《何陋居集》，亦有此题，日月既同，情景绝似，感而赋诗，敬步原韵

戍鼓声寒茅屋秋，月明归述一朝游。

人邀逆旅灯前酒，梦引清风江上楼。
岁月泪同今昔感，啸歌心避雪霜愁。
丹经白发依稀想，往事儿曹话不休①。

与七兄夜话

朝市迷消息，安然淡漠天。
本无荣辱想，不恨见闻偏。
凤阁风云动，蟾轮河汉悬。
纷纷棋局里，谁后亦谁先？

菊放甚小，式济作诗，依韵赋之

种花祝花蕃，花放惜花小。
但说菊能开，秋绽枝头好。
晨起对花坐，色带中原晓。
溯根何处来？岁月昧稽考。
年年茁瘦枝，偏爱寒风早。
得天各有资，羸硕岂终保？
悠然淡我心，心淡寄秋草。

附式济原诗

盆菊瘦亦花，尺径缀钱小。
荒地苦栽培，强说颜色好。

① 原注：公诗有“白发丹经坐未休”之句。

忆从邻圃移，南阶溉昏晓。
八月藏户牖，方法费询考。
怪挟傲霜姿，翻畏寒霜早。
煦育伴书帷，荣落愿长保。
艳艳故园枝，忍性随边草。

和七兄论诗二绝句

老大浮名孰有无？偶然云气湿髭须。
腾腾日影吟窗过，才报朝阳已夕晡[①]。

两地光芒万丈骞，瀼西流落夜郎冤。
功名便使同燕许，一样长留纸上痕。

《夜读》和侄庄韵

虫鹤变随人，琴书邻虎豹。
扢雅惑投谗，读爻凛荷校。
短檠侧修矛，竖儒甘一笑。
神官六字哦，诘盘脚不掉。
麴糵乃诗书，酸咸殊嗜好。
守黑岂不知，兀兀中心悼。
秋声从何来？孤火影相吊。

① 原注：齐已诗“苦吟云气湿髭须”。

烧　炕

昨夜月在窗，今夜月在屋。
偃卧迟早分，土床视冷燠。
悍仆匿不火，深坐形影肃。
勉就铁衾裂，醒眼横冻骨。
儿闻急抱薪，焦吻炊冰窟。
手足所未经，情迫事仓猝。
老妻怜拙为，力止呼声突。
服劳心口甘，把火坚相续。
皓魄落墙角，烂漫稳肢腹。
晏起及朝餐，抚儿笑语渎。
通籍不燃藜，乃应长鬚役。
学礼习冬温，养亲岂在禄。
朱门绣作茵，白板肌生粟。
就兹一夕安，乐我天伦笃。
遐方风雪多，侧耳听黄竹。

儿侄侍坐小酌

残宵灯适聚，借酒坐延深。
烂漫柴桑语，懵腾醉醒心。
瘦花骄烛影，戍鼓短霜音。
清兴羡年少，凌寒启户吟。

侄康生朝，七兄示以诗，依韵和之

故土不相见，异域共时岁。
欢娱不相见，忧患共悲涕。
踪迹岂人谋，前算茫占筮。
汝生廿一年，升沉几变计。
瓠落亦寻常，伤哉王谢裔。
眼前儿子曹，汝年称弱弟。
而翁与痴叔，齿发互凌替。
初见到今朝，又复三年逝。
杖履随衰亲，未见晨昏离。
和粹率秉彝，少长情不戾。
只作里闬居，亲爱足维系。
青春岁月长，汲绠修轮继。
居易固圣贤，匪为命所制。
抱此英敏姿，前途莽自励。
塞酒对残花，且强羁愁贳。
霜风四面高，鸽火晃檐际。
吟啸纵诗书，苦海长生偈。
阴晴鄙蠡测，休咎征逆惠。
以此问天心，高阍有默契。

病

夜深骨痛卷双脚，年华不许人虚托。
今年顿比去年衰，岂止头童牙齿落？

黎光醒眼自初更，纷纷幻想心魂错。
九天羽翼九渊身，胡然上下神奔跃？
或曰忧深或曰劳，是非我亦无斟酌。
人生好日本无多，勃窣天游伤六凿。
养生道不胜戕生，撄悲摄感弥煎铄。
出离火宅杳三乘，车前谁挽车头索？
万象凭虚孰有无？玄灵光堕篱根薄。
冷眼家人卫疾忙，妻炊铺糜儿赊药。

朝雪侄庄过话成诗

苇箔朝开落正浓，朔风摇影冻云重。
盈头飘处惊离鬓，拂面吹来洗病容。
地绝岂闻冲冷屐？仆顽难问晓餐舂。
非缘小阮墙东入，一径冰痕日午封。

七兄作长歌，有“又送遐荒一日天”之句，寂感同情，用作起调

又送遐荒一日天，如痴如醉亦如颠。
片时事过即成梦，万念心灰不是禅。
卧日藉茵低箔影，压灯炊稗野蒿烟。
蟪蛄别有长生乐，亥字无劳说大年。

触感二首

风铦刮耳雪粘天，键户炉煨榾柮烟。

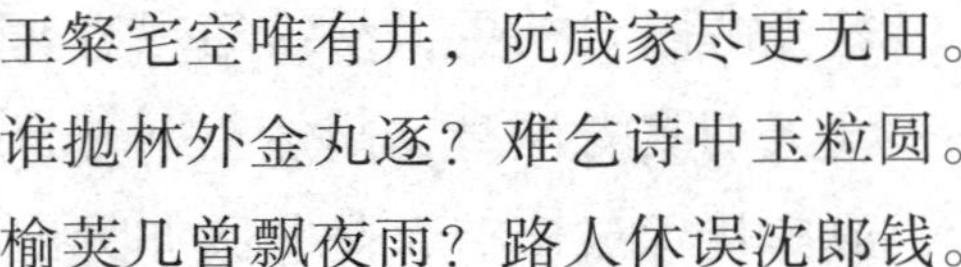

王粲宅空唯有井，阮咸家尽更无田。
谁抛林外金丸逐？难乞诗中玉粒圆。
榆荚几曾飘夜雨？路人休误沈郎钱。

太冲娇女义山儿，舐犊情深宴乐时。
肺石缇萦天路杳，珠崖苏过海涛危。
迢遥系雁啼痕字，老钝扶鸠和韵诗。
塞北江南各相望，苦离欢聚总成悲。

友人生日

风雪横门塞上天，书床药笼伴炉烟。
漫教集感来今日，且喜馀生是少年。
碧海桑田人世界，白云茅屋古神仙。
知君自有还丹诀，万境浮沉一醉眠。

柬陆松原

数行书寄感情深，况复缄分冷署金。
举室竟为温饱计，论交真见雪霜心。
鹓班日丽天门路，羝队冰沾土窖襟。
回首五年多难后，故人恩重到于今。

七兄以诗慰病，和答二首

形骸百炼后，心事五更中。
苦海终无岸，愁城岂易攻？

道危迷老马，边远失归鸿。
谁谓青天阔？微云亦碍空。

生死无劳计，浮沉醉梦中。
骨兼心共碎，衰引病同攻。
风雨号山鹿，冰霜下泽鸿。
残躯归咄咄，何事不书空？

示世康

犹子义比儿，矧复同颠踬。
千里一室心，矧复同兴寐。
难重义更深，身亲心益挚。
绝塞随衰亲，寝膳勤所事。
溯厥诸父行，维我居其季。
竭蹶事亲余，及我情无二。
老妻衰且病，不惮晨昏侍。
夙世孝友传，赋性征和粹。
祖德弗凉薄，吾宗岂终坠。
顾遈子弟驯，振起知有寄。
济也鲁而厚，差不愧同气。
松柏龙眠山，花柳鸡鸣寺。
生还共结茅，终我团圞志。
白发两衰翁，扶杖慰憔悴。
叔母同所生，殷勤偕抚字。
敬守纯良资，持此回天意。

观永赴京师

万里重闱两月欢，不辞风雪向长安。
年衰真恋儿孙好，心苦知忘道路难。
白发羁魂黄口累，青山归梦碧云寒。
九天雨露沾来近，早托良音寄羽翰。

九月廿三日雪晡霁，同七兄作

两见边庭雪，秋深九月时。
岂嫌阴律早，讶比去年迟。
积压沙痕合，飘陵草色衰。
纸窗欣霁景，榻就暮光移。

夜大风忆观永

寒逼风狂夜火青，披衣欹枕坐来听。
只身千里昨朝去，羸马双轮何处停？
弱骨岂堪行旅伴，老怀难遣梦魂宁。
最怜临别翻宽我，少壮艰辛说惯经。

儿辈用唐人题，吟咏竞爽，偶成《宫人入道》一首

敢道君恩雨露稀？红颜命已悟玄机。
梳抛风髻余残鬓，目断羊车静落晖。

清磬响疑宫漏近，妙香烟袅御炉非。
五铢称体新来好，不问昭阳旧舞衣。

九月二十八日霜降

霜岂今朝降？名因历候存。
殊方迷定节，暖力逼朝暾。
旗卷风鸣甲，沙枯火烧村。
长歌送残日，曳杖掩柴门。

湿　　雪

湿雪不成片，昏腾压冻云。
檐颓随地入，窗动逆风闻。
望远知谁记？忧时及夜分。
近传空碛外，书剑有从军。

送秋口号

菊瘦虫悲雪渐稠，清天爽气惜难留。
痴人到底繁华重，只送春归不送秋。

听讷拙庵谈禅理，即述其语成诗

昨日即前生，明日如来世。
云飞不堕影，了彻三生谛。
梵呗何多音？声轮亦疣赘。

火宅挽牛车，黑白见明慧。
万古尘澜中，天光有时闭。
灵境豁素心，心境两无滞。

咏怀八首

圆灵杳难问，终古靡真诠。
卤莽大块中，颠倒佞与贤。
西山有饿夫，陋巷无永年。
泽畔行吟子，憔悴沉深渊。
殊非佑善理，赋命各有天。
执理论其常，感应亦偶然。

忧坐结孤影，岑寂自徙倚。
愿言诵有客，相对破荒鄙。
留客筹盘飧，橐涩乏蓄旨。
虽非惊座谈，沓哈移日晷。
侧闻薄俗殊，吻颊生荆杞。
检画避语阱，惕心蹈群趾。
不如返寥泬，秋阴闭篱枳。
发咏蒙叟篇，缅怀凿坏子。

驾言出户游，逍遥冀俄顷。
郊荒市复喧，闻见益悲哽。
族戾人面疑，沙响凄风警。
马鸣四野空，哀角堕城景。
化士握玄机，心轶万象屏。

愧我非其伦，噫仰青天迥。

挽水灌秋花，秋花岂常好？
缄户避风侵，朝檐温旭杲。
人力振馀芬，未忍迫枯槁。
譬如半百过，容发不自保。
促景驶流尘，徂谢安足道。
谁假扶衰功，留年待终老？

朱门铁作枢，主易枢不朽。
溯厥始营时，恻恻念长久。
石椁成三年，云母盈尺厚。
玉鱼复金蚕，终入巨盗手。
华屋邻山丘，随遇安所受。
一日不可料，何为计身后？

经生昧古今，援引空义例。
因革史旧文，周正继殷祀。
用律戒周内，陈言宽忌讳。
曾参诬杀人，乃误同名字。
皋陶不呈谟，孤负重华帝。
濛濛太古初，无乱亦无治。
胡为易结绳？多此虫鸟累。

穷居夙哲安，骄志抗微尚。
虽多贫贱悲，未殚饥寒况。
出门乞食歌，酣饮饱邻饷。

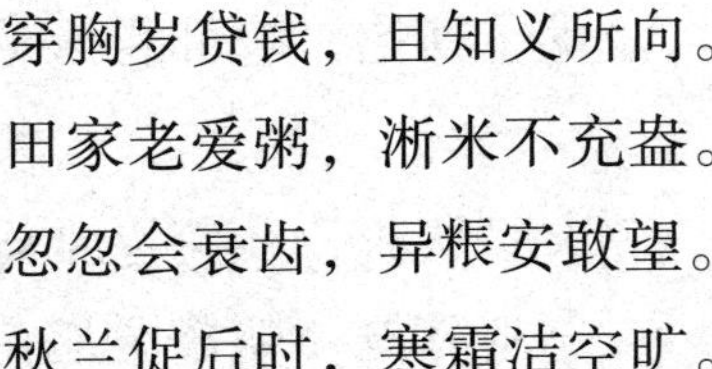

穿胸岁贷钱，且知义所向。
田家老爱粥，淅米不充盎。
忽忽会衰齿，异粻安敢望。
秋兰促后时，寒霜洁空旷。

小少习章句，手足百事遗。
二十读书史，心志古人期。
温饱耻自计，飞动张须眉。
常恐同草木，腐形委阶泥。
投珠盼光衢，孤云游天陲。
结客文酒场，意气颇怡怡。
旂常非幸获，祖德念扬徽。
荏苒阅寒暑，白首罹忧危。
世事与身事，蹉跎两失之。
此生长寂寞，已矣复何悲？

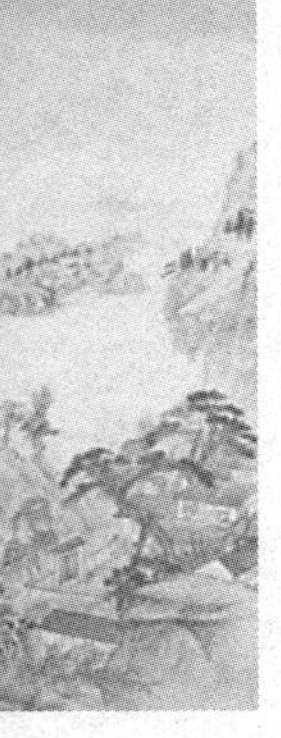

冒雨谒客，望讷拙庵寓斋不得过

穷老废周旋，畏人踪迹屏。
借马晓冲泥，殊非意所逞。
君庐矗马首，望望道路梗。
眷兹风雨深，十日匿阳景。
乱水澜中衢，淤淖坠墙阱。
坐湿悲怆纷，气逼心魄冷。
咫尺良晤艰，聚散悟人境。
思君不能忘，土床栖夜永。

菊苞尽为风折，感惜成吟

野菊宁关命？翻因爱惜摧。
盆移烘日蕊，篱舞折风荄。
悔不蒿莱侣，应成烂漫开。
分苗到摇落，几许费栽培？

微　阴

塞暖唯凭日，轻云便作寒。
裘遮多病骨，帘缀倚风阑。
待炭江冰薄①，驮薪马力残。
本无卒岁计，翻任客心宽。

儿济属友人寻药

忧病兼忧死，不言儿子心。
地荒谋药早，囊涩望人深。
分已甘填壑，衰宁尚惜阴？
沾沾怜尔意，强自涤烦襟。

讷拙庵雪后招集同人，斋头观菊分赋，以“孤舟一系故园心”为韵，得系字

羸骖脱毂门前系，西风剪雪微云霁。

① 原注：炭车待冰坚乃渡。

六朝裙屐聚高斋，卧酒吞花罗毳罽。
傲霜朵向雪中看，冰扉暖惜秋容闭。
情恬意静菊如人，几枝疏放萧晨丽？
盘餐好客借花开，揞颐炙砚题诗偈。
红螺压手玻璃飞，紫鳞白鱷青蔬细。
稷下谈奇茗碗深，推棂雪射寒光砌。
人生良会本无多，况复荒边踔危厉。
暂时歌笑胜于愁，毡庐岁月伤陵替。
昵情被肘行复留，烛龙烟袅帘栊缀。
夜鼓城头画角残，寒沙碎玉车声曳。

晓　色

晓色谁能辨晦明？朦胧天地入风声。
只无苦雪何嫌冷，但有微云不算晴。
虎魄旧松怜去日，马蹄陆草寄浮生。
羲车早借扶桑照，莫逐杨朱路上行。

儿妇四十初度请诗

忆汝初拜堂前日，转盼年光称四十。
四十虽非少小同，日月舒徐开后秩。
一雏乳哺两雏飞，生儿颇具岐嶷质。
十年纴绩助书声，科名夫婿通天籍。
六珈正拟灿霞衣，崩崖忽断无完石。
云卷蓬飘四散风，遐荒万里情何极。
二老堂前病且衰，来省晨昏佐子职。

儿割青蔬妇作羹，聂切手向行厨得。
承颜委曲不辞劳，冰霜怜尔何曾历？
莫嗟藿茀意中虚，但言井臼由来习。
莫动荒天流落悲，但作茅檐聚家室。
吾与尔翁龆龀交，而翁故国悬消息。
江皋得返旧巢枝，交头拄杖双鸠立。
愿留老眼看汝老，兹辰岁岁乡园集。
白头妇奉白头姑，乌口鸿眉递相及。
回念艰难不匮心，语汝儿孙作标的。

《盆菊》和侄康韵

隔岁留根今又开，终年矜惜雨风摧。
秋花作艳宜人老，掬土含香就日栽。
枝叶影横新洗砚，帘栊暖护旧生苔。
谁言塞屋无三径？一样陶潜篱下荄。

不　合

不合服为鱼，何因罪豫且？
世情甘汩汩，吾道自蘧蘧。
眼白霜盈路，囊寒雪映庐。
邻墙惊夜犬，只觉吠声虚。

题友人读书楼

层木便为楼，登临耳目幽。

庋堆书送日，枕藉屋如舟。
旷野瞻云阔，空檐听雨秋。
未须高百尺，兴已足林丘。

静不关禅寂，居非好学仙。
抱深贤圣理，眼破混濛天。
墨润研朝露，窗深锁暮烟。
与君多难后，滋味只残编。

读《晋书》

典午贻谋绝古今，一门如寇戟如林。
析圭本重维藩计，兴甲谁非问鼎心？
手抚御床知可惜，帏分宫帐恨尤深。
中原误责王夷甫，谈笑何由致陆沉？

闭　门

莫讶闭门久，开门何所之？
杯纷蛇影动，人幻马头疑。
径草湮残雪，原沙隐断埤。
知稀兼地僻，事事懒相宜。

偶阅姚合《武功县中诗》，音调清越，节响自然，爱而拟之，并次原韵

半世轻奔走，垂衰入塞尘。

几时还故我？到处不如人。
耳目惊新局，风霜损旧神。
自嫌霄壤内，多此有无身。

履危无善策，常讶昔贤疏。
世远空持论，身亲不在书。
落花埋玉麈，宿草泣金鱼。
老信沙门语，人间事事虚。

冷落成闲旷，朝昏兀兀过。
地荒生气涩，天迥夕阳多。
香叶炉分火，畦蔬手界窠。
借端消日月，闭户长青莎。

老去无他望，悲欢岂足论。
也知来绝地，只作住孤村。
孙种花盈圃，儿扶杖到门。
高吟成五字，自命一家言。

讷拙庵见过

柴门昼闭静如山，驴背斜阳客叩关。
宿雨气留沙径冷，沸茶烟逗纸窗闲。
语深渐觉羁情惬，履险同悲世路艰。
莫话九天身过事，萧萧残梦鬓毛斑。

仲孙至卜魁二首

知尔难来喜尔来，颠连踪迹费徘徊。
贫装孑影因人到，羸马残春冻雨催。
拜起凝眸惊老瘦，坐牵依膝拂尘埃。
重闱望眼三年泪，怀抱今时得暂开。

几回书信沈阳来，急欲看还不忍开。
孩稚竟多经历语，艰难堪炼老成材。
病怜药饵从谁得？心恋庭闱入梦催。
且把征衣作莱舞，团圞强慰雪风堆。

仲孙持花作瓶供

野花绽绽媚颜色，娇孙乞向樵车得。
几枝珍重护残红，倒掩斜阳衣袖侧。
入门笑语欢容掬，持供萧斋慰幽独。
沙寒四月不知春，忘却郊原芳草绿。
瓷罂注水笔床西，悠然生意含茅屋。
塞草边花不问名，偏翻几上游风馥。
且养浮生草木年，孩提心志衰残目。

同讷拙庵出郊移芍药次韵

漫从丹砌忆芳辰，逸兴何妨接塞尘？
好友约锄三径雨，野香分载一车春。

平原艳雪风翻浪，归路斜阳蝶趁人。
幽赏愿同词赋客，调高迟和谢卢纶[1]。

移花归途书所见，用柬拙庵

半日羸骖作往还，路穿人在野花间。
欹风燕雀凉云晚，卧草牛羊落照闲。
毡幕一家依水屋，沙堆五尺傍城山。
他时再订寻芳约，羁恨偕君且共删。

闻水部郎中陆松原从军，忆之

几时暂别含香署？塞马长嘶春草风。
此日辕门应载笔，愧无诗送陆郎中[2]。

雨二首

猛雨忽连朝，冲阶隐暮潮。
门通平野阔，天入断云遥。
炊稗迟邻火，装棉急夜飙。
更闻短墙外，乱水马萧萧。

食力耕无地，关心岁有天。
烧畬沾野足，饱饭冀残年。

① 原注：卢纶《赏花》诗有“愿同词赋客”之句。
② 原注：钱起有《送陆郎中》诗：“粉署含香别，辕门载笔过。”

雨止云光湿，烟深鹊语悬。
晨兴营菜圃，倚杖短锄边。

讷拙庵示《苦热诗》，次答

暖云不到塞，马骨冻寒陆。
魂慑塞上篇，殚岁歌黄竹。
骄阳忽恣威，暑气凌短屋。
无阴憩宇宙，寸心燃槁木。
结念青溪乡，碧林过雨沐。
残莺曳暮凉，晓露带风谡。
黄沙万里烁，跂足伤远目。
冷暖只自知，已甘抱影独。
诗客响清音，如闻远山瀑。
候虫促商飙，怯寒愿长燠。

立秋前一日过讷拙庵

思君过君庐，晓露覆茅苣。
门里绕青蔬，门前横野水。
嚾嚾鹅鸭群，寂寂柴桑里。
下车不寒暄，颜色各欢喜。
斗室清且静，草绿上窗纸。
移来昨日花，枝枝缀新蕊。
坐我剪园葵，煮米罗芳旨。
借枕午梦酣，豁目移半晷。
叩门更谁来？同难二三子。

纵谈无古今，悔吝叩易理。
买酒看倾觞，往事纷如指。
古来迁谪地，寒陋不及此。
凉云势欲雨，曜灵堕西趾。
幽栖且任时，明日秋风起。

立　　秋

边城秋易到，物象已森森。
但觉萧条气，先归濩落心。
天容含日淡，野色度风阴。
永夜从兹始，三年冷梦深。

游胡氏庄

游人今日园，昔日戎官墓。
白板敞平原，寂历短墙树。
席地坐凉阴，柳蔓绿成路。
门前水一湾，淅淅清波渡。
采菱独木舟，深入蓼花处。
水光荡云影，高下互吞吐。
望中蒲叶香，摇曳晚风住。
凭吊亦萧然，幽旷随所遇。
岂称名胜游，聊涉烟水趣。
三年羁旅悲，翳眼饱尘雾。

种麻诗

悲风吹白杨，古人叹荒裔。
兹地鲜寸木，野绿贵幽砌。
种麻短墙下，非为农桑计。
十枝五枝高，叶叶自蓊翳。
竹影千竿摇，梧阴百尺坠。
虽非梧竹姿，仿佛得其意。
细雨响疏帘，风入秋声邃。
掩映翻朝光，能令白日翠。
穷老无所为，培植耳目寄。
蓬生况满眼，迥直爱标异。
凋落贯穹苍，且缓寒霜坠。

夕　阳

万里荒荒白，高城鼓角喧。
有天归大海，无地避黄昏。
野水寒沙影，秋风古道痕。
来朝知已近，不用恋余暄。

晓　枕

老眼晓难合，幽窗景渐移。
钟残他日梦，韵改昨宵诗。
鹊语喧低幕，车音响破篱。

瓮虚知米贵，不敢问朝炊。

雨

雁叫孤城烟罩楼，黄沙堆上白云浮。
萧萧一夜西风雨，吹作边关满地秋。

斋　前

粉葵舒艳绿堆麻，秋叶翻红压露斜。
差胜西溪卢处士，满庭荞麦雨中花。

郊眺步入菜园

步出城南隅，旷野呈秋色。
乱水一天横，孤村独树直。
微风悬古埤，云影散广陌。
爱兹晚日暄，荡历郊原迹。
坦仄信所之，聊试衰脚力。
道逢灌园叟，坐我畦上席。
摘瓜抱蔓垂，儿童争手劈。
洗咽渴吻凉，香沁心脾液。
买蔬刈满筐，归压奚肩碧。

秋圃二首

我有一畛地，乞种分邻畴。

今年雨泽愆，早寒霜气遒。
瓜穷抱空蔓，菘根委道周。
奴悍芜不治，呼之如有求。
荷锄常自往，明月照白头。
既乏灌溉力，耰植鲜良筹。
始信老圃学，亦非汗漫谋。
骄惰悔夙习，青门且故侯。

摘豆除豆架，豆枯架先颓。
荒蒿满墙脚，野葵无完枝。
束之皆为薪，曝日供朝炊。
瞬眼空诸有，转与旷怀宜。
草木无成心，荣落随天机。
人世春与秋，阅历曾几时？
寒虫恋蓬根，鸣沙卷风堆。
落日下泥屋，坦径流余辉。

八月十八日雪

四溟扬同云，径冷人迹绝。
三年塞上人，三度塞上雪。
秋半已浮空，商飙鼓寒节。
玄阴淹且长，心悸来日月。
裘质不可披，谷贵爨不爇。
抱此饥寒骨，领受天意活。
琅琅越舄吟，歌声出店楔。

病　　枕

穷边人值穷冬夜，病枕萧萧夜漏声。
风动薄衾灯半灭，月明残雪鼓三更。
亲知有信频频死，弟侄无家荡荡生。
珍重枉劳馀息在，填胸情事日纵横。

仿赵嘏《十无诗》，得四绝句

蘧庐肝臂著微躯，草草年华过隙驹。
回首几多虚度事，半生残梦记来无？

月席吟床旧雨徒，几人霄汉几泥途？
闲将姓字书残纸，已是人间半有无。

牧马嘶风百草枯，黄沙堆里聚螌弧。
笳声冷月鸡声雨，添得羁人白发无？

螭陛香含画省炉，浮名槐国忆模糊。
笑留寂寞千秋事，何代诗名水部无？

葆素斋集古乐府

（五十八章）

方登峄

行路难

落日在野，白云在天。
嗟彼行役，历山与川。
山峻峻兮水淙淙，之子何适兮去故乡？
少年轻作客，离别等欢场。
靸履经异县，驿铎远相忘。
兰舟桂为楫，白马青丝缰。
所至无拘束，意气颇自扬。
悲哉远行子，执殳戍边疆，
边疆道路阻且长。
冰雪载我衣裳，豺虎伺我道旁。
昏昼绝伴侣，一食如弗遑。
行路难，路漫漫，荒荒白日西风寒。

妾薄命

莫谓妾嫁迟，盈盈十五如花时。
勿谓妾奁薄，珠玉明珰金错落。

记昔归宁父与母，父母千金为君寿，
丁宁白发长相守。
春意此时浓，春风时在口。
侍寝不暖席，恩谊岂云厚？
桃李盼芳菲，忽作霜中柳。
朝起揽衣裳，趣下君子堂。
君子堂前罗琴瑟，愿得闺中好颜色。
新人莫似旧人痴，年年燕婉萦君侧。

君子有所思

有所思，思无方。有所思，思未央。
东方未明，星斗弗光。
揽衣夜起，中心彷徨。
嗟我骨肉，托迹何乡？
嗟我丘墓，松柏不得成行。
云流雨散，哀鸟分翔。
属念曩昔，逝水汤汤。
西风未动青草黄，红颜未改白发长。
丈夫一生何草草，回头莫望长安道。

白头吟

握石击池水，水破天亦破。
青天过飞鸟，水底行影堕。
形影苦相依，百年亦易过。
所悲非弃捐，所伤在迟暮。

朔风吹杨枝，根蒂岂能固？
多少美人心，都被琴声误。
君心淡如月，妾意皎如雪。
万一揣君心，反复无断绝。
断绝复何言？憔悴那能说。

陇头水

陇水咽，行人别。陇水分，东西呜。
陇水去，不相顾。
望见陇头云，才知征戍远。
不历险与深，不知大道坦。
天卷霜海空，苍茫白日缅。
莫道不相思，相思如丸转。

独漉篇

夜夜闻水声，水声流不绝。
朝流日，暮流月。
日月有时穷，仇怨无时灭。
床头宝剑鸣，出匣光如雪，
舞向阶前两眦裂。
奋飞直欲上青天，掘地直欲及九泉。
九泉杳杳，长夜难晓。
青天不梯，无言悄悄。
南山虎，北山鸥，我欲从之非其时。
水声夜夜流不绝，风吹水纹化为血。

邯郸才人嫁为厮养卒妇

昔驾云中车，今为浊水鱼。
昔为兰上露，今为道旁刍。
邯郸佳丽地，妾家丛台隅。
父母及邻里，艳惜如明珠。
自侈金屋姿，鼓瑟终欢娱。
珊瑚缀宝髻，百合熏罗襦。
误上咸阳道，团扇长悲吁。
容色不可恃，恩怨徒区区。
劳役自所甘，冰雪湮泥途。
花落无回枝，水倾无反盂。
托身慎所往，寄言东家姝。

公无渡河

刳木不为舟，采石不为梁。
欲渡无终期，蓄眼空茫茫。
刳木必为舟，采石必为梁。
乱流不可渡，欲渡空自戕。
进退两相疑，洪涛险且长。
渡者长已矣，徒令见者伤。
急弦有断声，缓步无裂裳。
夜半弹箜篌，冷月天苍苍。

沐浴子

湘江之水碧且漪，爱此清流者为谁？
揽芳茝兮播江蓠，浴兰汤兮沐咸池。
清流日以远，浊流时复深。
沐发须沐手，浴身先浴心。
身洁心不洁，手污发益结。
谗口温而酷，斧斤劚玉屑。

战城南

月落日吐，城南鸣大鼓。
将军策马跃黄沙，十千甲士拔刀舞。
行逢道旁人，奔道敌如虎。
敌穴乌可近？前路正莽卤。
掘地不及泉，渴军无整伍。
嫖姚报主心，讵在辟疆土。
要以不世功，永御天骄侮。
男儿志膏原，宁复论辛苦？
唏哉古战场，犹馀骨未腐。
春草茸茸秋草寒，野犬吠风狐啸雨。

野田黄雀行

高不必岱华，深不必江河。
微沫且浩淼，片石殊嵯峨。

君子感心德，被恩不在多。
芃芃野田中，黄雀飞啄禾。
啄禾不饱腹，毁羽撄矰碆。
莫教馀息尽，归来勤抚摩。
虽为笼中身，饮啄犹婆娑。
待尔毛翮完，去去鸣高柯。
平时感且深，况经网与罗？

车遥遥

车遥遥，路多歧。
将何之？东游旸谷西咸池。
路长莫骋辔，辔急轮易摧。
前车不可挽，后车轩轩其来驰。
执靮语仆夫，尔何遑遑为？
后车翻笑前车拙，终古车声无断绝。
羊肠空诎屈，蚕丛匪嵽嵲。
坦坦大道中，多少覆车辙？

猛虎行

古猛虎行：饥不从猛虎食，寒不从野雀栖。

猛虎食人人杀虎，爪牙脱落缚如鼠。
食者为谁杀者谁？微茫倚伏更谁主？
野田阱，高山弩，适往逢之虎自取。
昨日食人骨未化，斑斑已作文茵藉。
寒林野雀游子骄，长鸣鼓翼东风下。

枯鱼过河泣

过河阴，河泥深。过河阳，河水狂。
泥深不掉尾，水狂鳞易伤。
水来驱我去，我去悲仓皇。
蛟龙且寂寞，安问鲤与鲂？
不丽于罶，不索于肆。
身在洪涛中，颠倒浑闲事。
醒目看河流，风波尔未休。

临高台

临高台，悲风吹我四面来。
我欲凌风直堕江之隈，身无羽翼心徘徊。
白云高，悲风飘。
我欲游心寄白云，风吹云去旌摇摇。
悲风尔何来？白云尔何去？
故人音信稀，蘼草塞霜路。
新情亦渺渺，昔爱结中愫。
黄尘满眼天一线，落日衔山看不见。
看不见，临高台，拍手乌乌歌且哀。

空城雀

有雀城中生，飞飞啄四野。
归来城上鸣，城中满残瓦。

冷月不照屋，锉断仓无粟。
夜风摇枯桑，飞向何枝宿？
谁家骨肉散如云？几处园亭卧麋鹿？
阿房一炬成丘墟，馆娃宫里无人居。
三尺蓬蒿春雨绿，啾啾莫向空城哭，
高山别有营巢木。

畴昔篇

蹙蹙念畴昔，畴昔君莫念。
畴昔有悲欢，畴昔有恩怨。
怨忘恩不忘，悲往欢难恋。
毛发顿成丝，岁月掣飞电。
事过即梦寐，寻之安可见？
只有悔心多，终身负夙愿。

乌夜啼

朔风吹雨雨不下，家家屋上乌啼夜。
啄屋莫弹乌，留乌声哑哑。
传道夜乌啼，明日君王赦。

行行且游猎

所志在晏乐，晏乐困精神。
所好在书史，书史能误人。
不如且游猎，骏马骋郊坰。

长弓张繁弱，大矢剪雕翎。
一发获泽雉，再发获山猿。
射石没其羽，桓桓李将军。
下马复上马，趫捷猱与猿。
夜旃聚俦侣，引酒气氤氲。
快志述所历，雪深野草燔。
有时事战斗，死别轻一言。
奔挽岂足道，万里如及门。
千古鼎俎中，脉望多游魂。
矫矫游猎子，一往志奇勋。

相逢行

车马日以喧，相逢不相识。
岂无相识人？道路苦逼侧。
车马鸣来音，风云杳去迹。
逍遥东南隅，耀景无颜色。
悢悢寒暑心，阅世等木石。
出门侈交游，息壤要旧德。
相识亦已浅，况比枘凿格。
人情乐相逢，相逢岂易得？

豫章行

松耶？柏耶？豫章之木高楂丫。
生何年？山之颠，青萝紫葛相缠绵。
缠绵岁月长，霜露郁以苍。

食地德，饮天光。
谁为匠伯？斧斤是戕。
枝叶不自保，随风各飘扬。
洛阳宫殿摩天阊，行将用尔为栋梁。
虽为栋梁，不如层冈。
虽在洛阳，不如豫章。
高处不如生处稳，况复征人忆乡井。

少 年 行

五陵豪贵多，锦衣双赤舄。
骐骥跃天衢，䲭膗列彝鬲。
翩翩美少年，口辩舌如戟。
自言卿相子，拜官逾常格。
入登白玉堂，出为二千石。
几上罗黄金，后门来狎客。
乡里驵侩儿，拾言如捧璧。
出门亲故逢，却顾如不识。
著意事君王，百事乌足惜。
人生富贵场，只计朝与夕。
何用问来朝？遑复说曩昔。

秦女休行

女报仇也。女秦人，名休。

一尺髻，三尺刀。仇人头，在女腰。
渭水深，华山高。血风腥，天冥冥，

手提髑髅上孤茔。
法吏执之告天子，女欲报仇先办死。
咚咚鸣赦鼓，多少男儿汗如雨。

东飞伯劳歌

东飞伯劳西飞燕，细雨飘云看不见。
杨花陌上送行人，行人西去车如电。
黄尘衣裹塞风归，十年冰雪妻儿面。
关山树，休回顾。
磨剑答君恩，老马能知路。
才得入边城，又出边城去。
早归来，春欲暮。
营巢燕子自西东，飞飞各有衔泥处。

折 杨 柳

杨柳枝，高复下。
昨日系人车，今日系人马，
客中送客泪盈把。
采采陌上花，春风吹到家。
足踏路旁草，青青成古道。
我折东南枝，寄我故乡思。
长揖向君前，作君手中鞭，
看君上马风旋旋。
风旋旋，千山路，臬娜河边春复秋，
长条不管人来去。

双行缠

新罗绣双缠，步步邀郎顾。
妾足不随郎，妾梦随郎去。
寒雪满天山，莫被封侯误。

作蚕丝

蜘蛛吐丝结罗网，春蚕吐丝织衣裳。
网罗结就百虫死，衣裳织成纨绮光。
蜘蛛饱食春蚕煮，桑叶青青时几许？
采桑女儿手络丝，丝丝缕缕皆辛苦。

自君之出矣

自君之出矣，春雨桃花片。
但恐君归来，不见桃花面。

自君之出矣，兰膏已减半。
但恐君归来，两鬓如丝乱。

巫山高

腰环环，上高山。
山下紫芝犹可采，山上白云不可攀。
攀云上天问消息，

虬龙百尺，虎豹九关。
吹笙掀笛，仙驭班班。
饮我沆瀣浆，碧碗雕琅玕。
与我订后期，慷慨赠以言。
但言雾深不藏日，雪积不匿山，
我行两足归蹒跚。
风吹衣裳动，恍惚梦寐间。
巫山高，何巑岏，端居想像巫山颠。

洛阳陌

洛阳陌上花，春色年年度。
劝君莫向陌上行，陌上春风留不住。
梁园金谷事须臾，多少繁华眼中雾。
歌何处？哭何处？
草似茵，人如骛，五更残月烟笼树。
君不见，
洛阳城外陌千条，条条都近邙山路？

青骢白马

青骢白马紫丝缰，太行北面夸其良。
良马岂易得？脂车出边疆。
驱马驾车糇与粮。
春草白，秋草苍，四蹄沙没行且僵。
但愿征人饱战饭，岂惜骨高尾秃乌啄疮。
征人道死枕马足，长弓大箭弃路旁。

功成名姓不可得，谁其录之奏明光？

前 溪 歌

溪前一片斜阳色，郎在溪南妾溪北。
春风吹水绿如膏，风急水长行不得。
岸边野鸟争啄鱼，惊起波心鱼拍拍。

夜 度 娘

欲度不度，郎心非故。
月落溪水昏，不识溪边路。
溪边杨柳飘如雪，侬心不与郎心绝。
愿郎珍重好时光，容易天涯芳草歇。

企喻歌辞

千山复万山，但行莫问路。
男儿不因人，慷慨只身去。

新买五尺刀，旧磨三尺剑。
报恩与报仇，何必旁人见？

歧路自悲歌，沙场听鬼泣。
岂不惜艰辛，功名须自立。

青山埋白骨，到处丘与坟。

男儿但富贵，到处乡与井。

雉子斑

凤何巢兮鹤不在阴，林木蓊兮谷草深。
矰缴布兮四野，藏不密兮罹俎砧。
雌雄群逝兮山之岑，将尔雏兮愔愔，
韬文彩兮身沉沉。
麦秀渐兮向虚壑，和鸣朝飞兮援素琴。
雏非其时兮鼎耳不可以升，
疏趾而自卫兮毋遗尔音。

采葛篇

种葛复采葛，葛丝细如缕。
织成絺绤衣，为王睦邻宇。
葛蔓青，雨淋淋。葛叶黄，风硠硠。
采葛不辞辛与苦，君王恻恻其念予。
吴江水接越江渚，会稽山前千万户，
还我君王之故土。
千人万人皆得所，采葛不辞辛与苦。

远如期

远如期，远不如期。
我之所思，山川阻之。
中心是悼，嗟生别离。

瞻彼鸿雁，南北纷飞。
惠我好音，事与心违。
人世阅历无几，奈何日月冉冉其双驰？
尔胡中道忘我？
为登高，望流水，仿佛西江湄。
我寄长相思，水流无尽时。

梅花落

不见梅花开，且唱梅花落。
花落想余芳，花开忆初萼。
开时只到落时已，朝朝暮暮寒光里。
纵有春风吹上枝，冰姿雪态无改时。
飘荡辞枝漾九陌，陌头踏作泥痕白。
花飞不识边山路，月光云影长河度。
一声长笛向风吹，送伊片片江城去。

艳歌何尝行

乐何尝，听我歌，人生忧患常苦多。
少年不省忧与乐，黄鸡白日相蹉跎。
几日烹羊沽美酒，几时佩玉鸣双珂？
华堂说剑邀侠客，秦筝赵瑟裁吴罗。
长吟广宴烧桦烛，清流意气高凌摩。
盛年不可再，良时何易过。
春荣之景乍消歇，长河之水无回波。
我心孔疚谁咨嗟，忧多乐少将如何？

棹歌行

江水漓漓湖水清，海波澎湃河水浑。
扬舲鼓楫上银汉，星斗倒垂日月翻。
蓬莱山头拾瑶草，更有神仙在三岛。
拚得风波无已时，棹歌声里烟蓑老。

破斧歌

夏后氏孔甲，田于萯山，大风晦冥，迷于民间。主人方乳，或曰："后来是良日也，必吉。"或曰："弗胜也，之子必有殃。"后乃携之以归，曰："以为余子，孰敢殃之?"子长成入幕，动折橑斧，斫斩其足。孔甲曰："呜呼！有疾命矣。"夫乃作《破斧》之歌。

赋命各骨肉，不能贷忧乐。
赋命同圣贤，帝王域其中。
命在天，苍苍者高孰与传?
命在我，今日不知来日可。
鱼潜渊底马食陆，乌不日黔鹄不浴。
萯山小儿居深宫，幕动折橑断两足。

于阗采花

朝采玉，暮采花。
采花饰容色，采玉琢香车。
主人爱花兼爱玉，云丝撒地春风绿。
玉有香，花有色，不问天南与地北。

花枝斜压玉人发，氍毹醉睡芙蓉月。

子夜四时歌

东风杏花雨，吹来春满树。
坐看双燕子，容易自来去。

湘簟印眉梢，微痕镜中见。
过午不疏头，倚床落团扇。

梧桐叶半飞，篱菊黄初绽。
关山千里心，寒塘一声雁。

泪结枕前冰，风响窗棂雪。
长夜照侬心，怕教红烛灭。

听 钟 鸣

听钟鸣，钟鸣听不了。
破寺荒城月照人，戍楼残月乌啼晓。
一一数钟声，钟声分外明。

听钟鸣，心逐钟鸣去。
十里长干塔火明，春江潮影春山树。
一一数钟声，钟声搅客情。

悲落叶

悲落叶，落叶去纷纷，风吹落叶如浮云。
浮云日日飞，落叶何时归?
飘零各不见，缭乱绕空帷。
悲落叶，落叶不胜悲，忆尔青丛稠叠时。
千枝百枝映高阁，沉沉碧雨春阴扩。

紫骝马

莫饮长城城畔水，水寒影堕层冰底。
莫啮天山山下草，风嘶声冻榆关道。
莫夸玉镫珊瑚鞭，长安轻薄多少年。
莫羡金羁仗前立，终日不鸣鸣便斥。
春风四野新刍绿，伏枥拳毛饱馀粟。
九皋且莫轻相顾，奇材多被虚名误。

昭君怨

憔悴甘心妾自悲，六宫犹自有蛾眉。
从今圣主须斟酌，莫似从前信画师。

鸡鸣歌

汉仪，有鸡鸣卫士，宫中舆台并不得畜鸡。五更未明，卫士于阙下起唱。

月闪闪，星点点，珠丝香抱芙蓉敛。

五更慢，何时旦？铜龙响彻红云散。
霜满台，环佩来，司马门前叠鼓催。
鸡声度，啼不住，城鸦飞上宫中树。

君马黄

君马黄，我马赤，下马相逢与君揖。
我马缓，君马急，仓卒追之不得及。
不得及，撄君怒，黄河遮断关山路。
关山路远去复来，西风吹雨鼓鼙哀。
铁骑一嘶双泪堕，报恩破家家又破。
几时齐唱凯歌回？武皇殿上千官贺。

幽州马客吟歌辞

马鸣大泽中，漫漫愁云暮。
草枯呼马归，草青放马去。

月照弦上圆，风鼓刀头荡。
镇日说弓刀，令人神气壮。

素丝染为缁，谁能变颜色？
盗跖饮廉泉，心志改不得。

鸟鸣高树颠，侧目树间路。
悠悠行路人，日日有新故。

吐怀结相知，不在新与旧。
健儿识良马，不在肥与瘦。

黄禾满地黄，有钱不满囊。
羸马有时起，作人难自强①。

地驱乐歌辞

错错愕愕，饮酒不乐。砗盘玉敦，陈彼藜藿。

撞钟擂鼓，杀狼与虎。虎来搏人，谁其助汝？

劳利劳利，长嘴短翅。尔之所欢，我之所弃。

采桑摘蓏，莫终弃我。郎唤我归，笑言如瑳。

墙上难为趋行

蜗角不为庐，蚁穴无乘车。
劝君敛双足，墙上难为趋。
墙根植桑条，墙头生蘼芜。
蔓草纠萦之，高下无分殊。
中林游鸡豚，落日下城隅。
淑景不自保，霜雪戒其途。
居卑不愿高，君子常自污。

① 原注：古乐府本辞："黄禾起羸马，有钱始作人。"

洗面歌

白日照面不照心，长河之水浑且深。
饮水洗心先洗面，日日与侬好相见。
春风系马垂杨口，马蹄泥薄杨花厚。
大堤女儿夜踏歌，三日不见将如何？

盘中诗

此题诸本皆不入乐府，意以为未被管弦也。然魏晋六朝，题载乐府而词不被管弦者甚多。是篇与《房中》、《大山（崔）〔?〕①》诸章，音调绝似，拟之而列乐府之一。

木刻鸠，纸剪马。飞山头，走山下。
露贯珠，纫为襦。云裁衣，烂光辉。
是耶非？孰辨之？六月桑，吐蚕丝。
冬之蕙，茁新枝。尔所思，非其时。
素者髮，丹者泪。心恻恻，老已至。
骨肉残，风雨驶。寸有长，尺有短。
双轮驰，不可挽。我所急，天所缓。
击瓦鼓，声乌乌。
白云满天歌且呼，歌周四角旋中区。

① 编者按：“大山崔”，疑误，无可查补，姑仍其旧。

少年时至衰老行

天不愿，参与商。地不愿，沧与桑。
不愿高堂系宝马，日日沽酒烹肥羊。
但愿少年至衰老，一生完好无悲伤。
少年意气中年休，齿牙渐落霜盈头。
衰年坐忆少年事，恍如梦寐难追求。
水中之萍东西流，白云出谷去不留，
古今上下空悠悠。

大道曲

谁来大道南？谁行大道北？
日日道上行，到底不相识。

懊恼曲

抱月满怀光不入，戽水满身骨不湿。
藕丝作线穿露珠，竹节心虚那得实？
邯郸女儿双明珰，玉川老妇舂黄粮。
魏其到死不相负，灌夫宗族横其乡。
海水黑立波涛狂，海船借风篷脚张。
茂陵烟雨青草长，头白不绾通侯章。
坠楼人去金谷荒，琵琶作语音琅琅。
世间恨事无不有，羌笛声声怨杨柳。
剑光三尺白于霜，千古恩仇一杯酒。

借米为炊饱升斗，昨日岂知今日有？
邻家杀羊沽美酒，明日得如今日否？
晨兴带露看花苗，昨日不如今日高。
春风二月千花娇，今日烂漫明日凋。
天时消息眼前事，谁能便作终身计？
著茵著溷落花风，花不怨风风无意。
鼠肝虫臂亦何为？但觉人间总儿戏。

江上之风清且寒，江中之水生波澜。
江风吹雨不到地，乃在片言杯酒间。
杯酒间，歌且欢。
恩如水，怨如山，劝君恩怨等闲看。
白日过午，天地漫漫。
青天不老，白发苦早。
侨肸交情生到头，张范交情死未了。

行路难

饿夫获珠玉，不如一饱藜藿。
渴者对粱肉，不如饮水一勺。
寒衣吴罗与越葛，不如败絮层层薄。
老遇神仙求大药，不如少壮时事事堪行乐。
吁嗟乎！
人生百年如行路，路边风雨何曾住？

葆素斋集今乐府

（三十章）

方登峄

系马东城隅

东城何嵯峨，参云烂朝光。
云中树如荠，宫阙金凤凰。
问君将何之？系马城门旁。
行行重行行，荷戈戍边方。
路旁有古寺，小立尘飞扬。
亲戚走相送，下车各彷徨。
白发把素手，稚子牵衣裳。
为我结鞘辔，为我理橐囊。
但言归计疾，不言去路长。
语好心益痛，衔泪罗酒浆。
意言两不尽，暮景横津梁。
攫彼甲士怒，聒耳嗔悲凉。
男儿自有志，慷慨万里行。
白发重把手，稚子复牵裳。
挥袖不延顾，驱车向斜阳。
回首望城阙，城上天苍苍。

长城行

天下一家久，长城亦何有？
何事城边白发翁，铄铄戈鋋犹在口？
祖龙筑怨空流血，转使儿孙守不得。
茫茫宇宙二千年，有此翻令成逼侧。
山海关前山海半，城立山头海接岸。
传闻万里自西戎，古来征戍何曾遍？
秦关汉月两无凭，西风吹落行云断。
飞鸿不觉往来难，衔芦岁岁行如线。
渺漠青烟天一概，山腰高下城横带。
车音辘辘马萧萧，一程初远长城外。

望大路

出门望大路，大路坦以长。
行人日夕过，渺渺尘飞扬。
不知行者谁，安问来去乡？
手中何所执？驽马名利缰。
足下何所践？绿草年年黄。
挥泪别亲戚，雨雪裹衣粮。
不辞久辛苦，牵牛服车箱。
沙风卷马毛，落日满大荒。
飞飞长天鸟，四海将安翔？

鹥鹥词

鹥鹥复鹥鹥，秋风吹黄鹄。
雄飞雌不飞，雄死雌影独。
饥不食邻巢谷，寒不借邻枝宿，
啼声夜夜寒更续。
声楚楚，啼何苦！
门前多少野鸳鸯，行行飞渡横塘雨？

迎神词

朝迎神，夜迎神，长歌短舞来玄灵。
主人百拜主妇跽，荧荧满堂灯烛青。
鼘鼘击鼓摇鸾铃，悬腰剪彩舞莫停。
磨刀霍霍豭哀鸣，肥腊具设酒碗盈。
冠袂列坐主与宾，筵床上下盘馀馨。
饱餐不谢出门去，巫前致祝欢盈庭。
牛羊蕃息马蹄健，行者归来居者宁。

礼斗词

仰晨宫兮六天，朗焜燿兮度躔。
握灵枢兮中宅，位坤仪兮德乾。
虬御兮孔盖，云旍兮霞軿。
熠羲娥兮同悬，好生兮缠绵。
拯万方兮九渊，嗟予生兮迍邅。

触中流兮罟筌，昧所从来兮懵颠。
撊指兮絭骿，块独内省兮緊余愆。
亭毒夐夐兮默且玄，有怀莫告兮仰瞻。
晞余发兮浴泉，掬辛茝兮宵燃。
吻呐呐兮心宣，治怙照兮续考官。
宜民正兮鉴且援，昭翔临兮声渊渊，
撰驼辔兮遄旋。

灯官曲

官乘马，吏拥烛，马来不许行人触。
昨日街头驵侩儿，今朝马上威仪肃。
灯政司门字大书，放衙人迹奔如鹿。
夜火南门三里红，行行虎侣声征逐。
官何除目吏何司？将军令酿边关俗。
月落灯残元夜过，不知官吏谁家宿？

葳瓠船

脑温江边葳瓠渡，江口行人日来去。
不闻江岸集乌樯，但向山中刳独树。
独树刳成似叶轻，长身窄腹波上行。
不帆不桨一篙水，破月飘烟纵复横。
有时纵横撒大网，网得大鱼供客饷。
有时并榜过轻车，车轮缚木篙徐徐。
朝朝暮暮涛声里，秋风吹雪江冰起。
几日江冰冻不开，曳君长卧枯蒿底？

斗鱼歌

大鱼个，小鱼斗，权衡不识渔人手。
四月江冰坼，十月江冰结。
冰坼网江心，冰结求鱼凿冰穴。
卖冰鱼，冰满车，冰鳞刺手红衣裾。
剪布提筐换一斗，恰值邻家馈我迎神酒。

塞春归

杨柳三月花，酴醾四月露。
不见有春来，何处送春去?
飞雪大如掌，风吹衰草路。

掘土窖

覆者草，负者木。
高如坟，深如谷，掘地十尺藏新谷。
温其中，曝其外，掘地五尺藏而薤。
烹而薤，煮而谷，雨雪三冬万事足。
劝尔莫藏谷，今年谷不熟，
道旁饥人悬釜哭。

舁茅泥

冠屋一尺茅，衣壁三重泥。

衣薄冠不高，寒气入中帷。
春茎茅，秋负土。土莫冰，茅莫雨。
秘我庭户，殚辛与苦。
谁为之？地所宜。谁其念？天致之。
天致之，乌可违？尔欲违之将安归？

苦霜歌

甜霜著花秋未老，苦霜著花日初杲。
如出汤镬委泥沙，寸绿微茎迹皆扫。
纤云不翳夜气清，传声霜兆明朝晓。
谁家别妇怨啼乌？何处行人踏衰草？
木樨山，芙蓉沼，梦中人唱江南好。

塞上月

塞月不照山，塞月不照水。
夜夜照黄沙，起落笳声里。
曾照几人还，曾照几人死？

寒号鸟

辽东千山有之。

千山有鸟，哀鸣夜悄。冻杀作窠，明朝起早。

瞻彼林杪，日出杲杲。得过且过，其音肆好。

明日明日，哀鸣以老。谁有羽毛，谁长温饱？

人生百年，水浮云杳。得过且过，人不如鸟。

王干哥

边山有鸟，每于夜半，辄呼王干哥，至千百声，哀切不忍闻。传昔有人入山，劚参相失，遂呼号死山中，化为鸟。当参盛处，则三匝悲啼，随声至其地，必见五叶焉。

王干哥，山之阿。王干哥，江之沱。
叫尔三更口流血，草长树密风雨多。
生同来，死同归。尔何依？我不忍先飞。
但愿世间朋友都似我，同生同死无不可。

打貂行

打貂须打生，用网不用箭。
用箭伤皮毛，用网绳如线。
犬逐貂，貂上树，打貂人立树边路。
摇树莫惊貂，貂落可生捕。
皮完脯肉供匕箸，索伦[1] 打貂三百户，
白狼苍鹿贶同赴。
九天阊阖上方裘，垂裳治仰蜼虫助。

① 原注：地名。

老枪来

俄罗斯国，即古大食。善用火枪，故又以其技名之。相传元世祖得其地，立弟为可汗镇之，至今国主犹元裔也。其边界泥扑处城与艾浑接，水陆道皆通。岁一至卜魁互市。其人性好斗，至则弁兵监之。

老枪来，江边滚滚飞尘埃。
七月维秋，鬻彼马牛。
马牛泽泽，易我布帛。
大车是将，爰集于疆。
来莫入城，俟天子命以行。
天子曰都！远人适馆饩以糈。
高颧眢目卷髭须，狐冠革履游中衢。
观者鼓掌相轩渠，岁以为期兮日月徂。
归去归去，豢尔牛马驹。

贪狼行

白狼贪饕下墙走，夜破鸭阑碎鸭首。
衔之过墙不知处，朝起主人空拍手。
鸭不唼池中萍，鸭不息大堤柳，
置身乃在豺狼薮。
安得强弓硬弩？射狼狼尽无肉腊。
金盘饮美酒，乐哉四座皆上寿。

犬狺狺

犬狺狺，惊碌碌，日走墙头夜上屋。

墙如平地屋如窠，卷毛掉尾争相逐。
不吠偷儿吠路人，路人颇有衣冠族。
兵家猎犬炕头眠，状比豺狼声似哭，
千群百群饲人粟。

霜迟乐

七月不落霜，卜魁城边糜子黄。
八月霜不落，千夫百夫下田割。
官田刈谷载满车，官兵急公先完租。
毳帐牛车十日路，驱向城中易茶布。
和茶煮谷布裁衣，卒岁不忧寒与饥。
人人尽乐霜迟好，荞麦沙田收更早。
但愿年年不出兵，官兵都作农夫老。

卖粮谣

密云压雨雨不飞，凉风吹动清江湄。
黍麦不熟牛羊肥，牛羊日饱官仓粟。
开仓卖粮三百斛，买粮不是绝粮人，
且喜卖粮金满簏。
酒如泉，弗贯肉。呼同心，夜秉烛。

木石谣

墨尔根、艾浑，深山老树，为风雨所摧，卧地数年，辄变为石，质色坚青，木理宛然，榆为上，柞次之，其皮不变，故可辨也。卜魁、墨尔根、艾浑皆无石，用以砺刀箭，甚利。

莫凿木，木已摧，笑尔面目非本来。

莫劚石，石不久，外面虽坚里面朽。
木耶石耶？伊谁之质耶？
莫辨莫辨，利尔刀箭。

悔莫追

悔莫追，悔莫追，人生百事与心违。
贫贱待富贵，少小需壮时。
壮时容易失，富贵不可期。
两两苦相待，遂令心志衰。
咎其在我将谁归？
白日易落黄云飞，夸父追之空尔为。

将军猎

霜落家家磨箭镞，争道将军猎平陆。
几回骑马复骑归，野外风晴寒不酷。
伫眸十月雪弥天，冻草蒙头冰结腹。
此时跃策驰林冈，苍鹰翅硬韩卢突。
冰洗刀锋雪擦手，夜深人抱羝羊宿。
平明上马五更饭，毳帐火红千点簇。
黄羊雉鹿积如山，弁卒驱车西入关。
关吏记名捡毛角，尚方匕箸陈琱盘。
黑云罩地黄沙飞，八百甲士同时归。
鞍上带禽衣带血，苍白不辨须与眉。
腐儒扑灰煨两足，败絮围腰如猬缩。

废花吟

种花花满地，花发主人弃。
弃屋不弃花，人去花事废。
驱车昔过门，下车揖主人。
主人导客行花圃，花光扑人露如雨。
启窗坐窗下，繁艳塞篱罅。
汲水花在掬，茗碗清阴泻。
种麻比竹袅风清，秋鸟啄麻篱上鸣。
日落客坐不肯去，铮铮花外闻棋声。
驱车再过门前路，烟起谁家闭朝暮？
墙头乱草墙下沙，一沟残土篱痕故。
三间茅屋有沧桑，千年陵谷谁回顾？

妇猎词

背负儿，手挽弓，骑马上山打飞虫。
飞虫落手揕其胸，掬血饮儿儿口红。
儿翁割草牛车卸，归来同饱毡庐下。

打鹰歌

冬鹰复春鹰，多少打鹰手？
负网入空山，蒙皮卧林薮。
草暖捕鹰雏，草冷捉鹰母。
鸿鹄高飞六翮厚，白鹤梳翎入云阜。

矫矫搏击才，伴结乌龙走平芜。
洒血逞雄姿，绦韝到死悬人肘。

糜子米

糜子谷，粒碎黄金粟。
边人匹布换一斛，挽输城外车音续。
糜子生，糜子熟。
炕头压席焙新粮，妇子横陈粮上宿。
夏云罩地雨如注，播种不耰人尽去。
毡帏木栅秋霜白，草根细软牛羊陌。
今年锄地向城南，明年移家种城北。

打草歌

四月草青八月枯，平沙百里如云铺。
四月草青饲牛马，八月草枯束成把。
厨红炕暖青烟续，朝急盘飧夜茵褥。
比户终年日日需，土门城外轮蹄逐。
农歉边儿就食艰，争向人家受钱谷。
四郊草立长于人，腰镰掣手冰融肉。
朝驾羸犍落日归，邻家百尺堆如屋。

如是斋集

方登峄

葺旧室为斋，赋长句落之

半颓茅屋强为斋，素纸笼墙土实阶。
曲户避风炉篆直，断棂浮日墨花排。
闲摹旧帖舒愁眼，静检方书养病骸。
自是幽栖宜褊性，不关踪迹与时乖。

墙隅曾结小茅斋，儿子鸠材手筑阶。
几榻再移悲宛转，琴书失故费安排。
千行老泪三年眼，万事浮云七尺骸。
苟且馀生容闭户，任教人说世情乖。

曳杖兄过旧葺斋，肩扶小阮步楹阶。
啼残绿树鹁枝坠，行断青天雁字排。
雪冷夜灯吟剩句，月明荒塞泪遗骸。
家山草墅年年约，偕隐真教夙志乖。

青溪水曲忆萧斋，花树丛檐竹映阶。
邀客径边红雨落，望山楼外碧云排。

江枫冷梦林泉兴，陆草全生土木骸。
纵使陶家松菊尽，白头归思未全乖①。

颜室曰“如是斋”，取作如是观之义，戏题长句，自以为效香山体，更以为似棒喝语也，一哂

谁教如是俨名斋？如是怡情亦复佳。
低炕颇煨山木暖，高门长见野蒿埋。
诗虽得句何曾琢，字偶成行不用排。
草草万端如是想，青天长挂白云厓。

讷拙庵招集同人欢饮竟夜

折柬扶筇踏雪过，白头清兴亦婆娑。
感君好我频来往，知己虞翻不羡多。

如此欢场岂易多？坐深遑问夜如何？
银筝桦烛氍毹暖，不许寒风入醉歌。

杏雨含烟柳带丝，踏青儿女暮归迟。

① 原注：先大夫卒于康熙丁酉二月，三年之内，先王父未尝为诗，迄于庚子春，始葺书室，名“如是斋”，故有“千行老泪三年眼”之句，有哭先大夫五言长短古诗二十章，又《塞居》诗十首。观永兄弟先后离卜魁，有借录者，家人忘其人，遂至阙轶。呜呼！永兄弟之罪，为不可逭矣。第三首起二句，兄谓复斋从祖，小阮谓星厓从叔。观永谨记。

谁人编入春风调？画出江南二月时。

何处芙蓉江上楼？雁沙芦岸泊渔舟。
秋风秋月秋花好，怕听词中字字秋。

绿水青山梦已遥，管弦声里塞云飘。
坐中肠断西湖客，驴背诗成忆段桥。

阄争拇战引杯长，狂醉看人乐事忙。
欢笑莫嫌蕉叶饮，次公原是醒能狂。

人日拙庵招饮赋谢

衰老尚为人，冰天日又春。
情偏深好友，欢不负良辰。
杯暖浮花动，盘香细菜新①。
见闻归卤莽，斟酌斗闲身。

复次韵拙庵《人日招饮》诗

胜里金花巧自宜，荒凉塞俗少人知。
草堂谁复题诗句？蓬鬓君偏饫酒卮。
世事参差频检□，岁华狼藉又移时。
江湖兴引春风路，莫问东西南北期②。

---

① 原注：地无春菜，拙庵隔岁蓄之如新。
② 原注：用杜少陵、高常侍《人日》诗中语。

偶　成

却怪遐荒地，居然有见闻。
建牙空紫塞，战血散黄云。
授钺新推将，提戈旧驻军。
关心定何事？短榻卧斜曛。

落　日

落日满柴门，春苏冻路痕。
沙明野水动，风定乱云屯。
饮马争邻井，归鸦识旧村。
江天同一照，独立向黄昏。

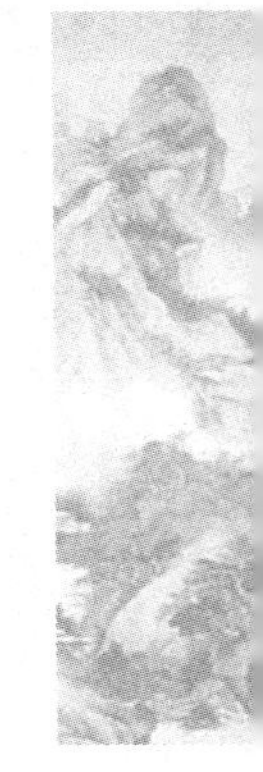

风

忽经都市忽山林，冷暖移时各有音。
莫向贫家拔茅屋，好从深院扫花阴。
三更吼彻蛟龙窟，万里吹开江海心。
我欲御空凭借力，九天高响碧沉沉。

云

汗漫无心出岫飞，浮沉苍白幻相依。
飘来湘浦情何极，过去巫山梦已非。
底事酿霜还酿雪，无端为鬟复为衣。

深山自有藏身处，莫只随风不放归。

月

衔山濯水自清宵，几许人看叹寂寥。
野寺钟残鸡喔喔，长城风定马萧萧。
眼明银汉三千里，肠断扬州廿四桥。
绣阁秋砧敲不落，十年征戍望中遥。

露

玄圃秋林夜气增，采囊珠玉目光澄。
休嫌苦竹丛边滴，曾向仙人掌上凝。
高处爱从蝉吻洁，坠时犹透蝶衣层。
未央宫树甘如许，渴病相如待茂陵。

悔

难言过去事，难问未来心。
岁月何知惜，端倪岂再寻？
梦随忧乐幻，泪入死生深。
铸铁曾无补，蹉跎乃至今。

夜灯行

夜风吹灯灯影残，欲眠不眠春气寒。
强摊书卷花未落，眼昏骨痛皮肉干。

灭灯理衾伸两足，百忧辗转来无端。
茅檐射月白悄悄，城上鼓声敲未阑。

贫　老

境过知才拙，时危益计疏。
贫怜百事废，老信一生虚。
歌哭迷幽谷，亲朋绝报书。
所经都隔世，安分静吾庐。

借马行

有马借人乘，有愿朋友共。
讶兹煦煦惠，视之何太重。
读书不历人事艰，罔识圣贤心所用。
我来荒徼寂寞居，闭门枯坐形如冻。
筋力衰残步屧难，藜杖虽扶足亦痛。
卷帘忽爱风日清，欲向人家破齑瓮。
呼奴借马遍知交，几回虚拟青丝控。
吁嗟乎！往事君莫记，人生几日能快意？
邯郸花柳绕垂鞭，朝天晓月笼珠辔。
南游楚越北燕秦，银鞍乱扑云山翠。
老乏驾驭才，更无驰骋志。
昨日有马羸且饥，易炭驱寒甘弃置。
风雪明朝又若何？懵惛午梦今朝睡。
君不见？
五陵豪贵自乘肥，杜陵野老遭颠坠。

又不见？
三千甲士赏战马，辨色分棚选骐骥。
憔悴龙沙鹤发翁，徒步蹒跚安素位。

薪尽二首

薪尽朝炊废，眠深午日黄。
邻餐奔寓客，袖手立厨娘。
悔不樵为业，遑言老异粻。
乐饥难妇孺，宛转益苍凉。

举室欢倾耳，柴车响及扉。
半墙堆野草，三月典春衣。
腹且今朝果，愁从落日挥。
笑无燃蜡代，一样晚烟霏。

饭友人家，晚归途次

一饭淹归路，因人策马迟。
天围野烧合，城压夕阳攲。
来燕几时到，行云何所之？
浮生飘泊理，一样杳前期。

触　感

水石不改色，草木无变状。
忘情宇宙间，终古同一相。

问俗非素习，嗔喜昧专向。
宛如逆水鱼，时时惊骇浪。
厚薄不永朝，用之随得丧。
旭日何离离，长风何荡荡。
瞿然白发翁，看天时一仰。

眠早

岂是眠贪早，膏残不继焚。
枕明檐月上，骨冷夜风闻。
诗社分更烛，歌筵接曙云。
闭开终夕眼，旧绪触纷纷。

卖鱼歌

前年四月江冰坼，卖鱼车上飞残雪。
去年江冰三月开，大车小车如云来。
大鱼三尺小径寸，小者弃去同尘埃。
今年时节逼上巳，邻人告我鱼入市。
落日柴门卖有声，值昂不与当年似。
欲买不买叉手看，吻馋未动尝羹指。
穷边别有农书目，鸡占以外增鱼卜。
米鱼贵贱互乘除，鱼多岂是居民福？
前年四月不雨至，七月寒霜早压沙皮白。
去年糜子花开实未成，风吹四野波涛鸣。
万钱籴米不盈篚，两年水旱如珠玉。
家家戛釜切银丝，渔人拍手农夫哭。

今年鱼贵米或贱，侯鲭客铗毋徒羡。
一犁春雨驾沙田，十里清风网江面。
但愿鱼多谷亦多，饱抄穄粒腥盘荐。

大　风

风吹大地行人伏，屋草上天沙上屋。
横空陡发落晨星，昏黄鼓荡摇坤轴。
纸窗乍碎爪指痕，毡帷自卷阴霾扑。
裘质衣单拥被眠，春寒气更秋寒肃。

偶　感

借马岂能频，难辞疏节嗔。
泥沙欺老步，礼法贱闲身。
烹雁鸣堪惜，呼龙性未驯。
雨云纷薄俗，不敢论交亲。

风　雪

雪势挟风力，风狂雪亦狂。
春难白到地，晚更冷侵床。
旋舞天光乱，惊摇日影荒。
莫教轻出户，步屧恐茫茫。

讷拙庵惠果

拙庵令嗣寄奉甘旨者。

非时果贵长安市，解橐分携雪映笼。

万里封题怜孝子，频年珍重及衰翁。
橘垂秋水莲花白，枣扑清霜柿叶红。
乡味穷边如异获，浓香情沁齿牙中。

门为风所坏，遂不再设

门倾地敞路纵横，饱睡中宵稳不惊。
客橐久贫人共弃，遗毡长在盗多情。
牛归邻月穿蹄迹，犬误墙风警吠声。
率尔坦途忘剥啄，年年多事掩柴荆。

寄讷山仪二首

重译车书万国遥，年年簪笔耳箫韶。
朝烟饱袖开金钥，夜月垂鞭出玉桥。
富贵致身乘绿鬓，辛勤世业倚丹霄①。
五云高处劳相忆，频达遐音慰寂寥。

殊方常共阿翁游，纯孝如君岂易求？
万里艰难供菽水，三冬栗烈典衣裘。
青春爱日心原苦，绿雨垂天泽并流。
患难友朋同骨肉，且凭鱼雁托绸缪。

夏　寒

入夏炉犹火，边风鼓太阴。

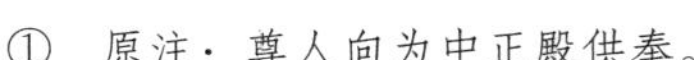

① 原注：尊人向为中正殿供奉。

序乖荒徼日，寒结固穷心。
骨强思衣软，头童扻帽深。
看人凉燠眼，颠倒说从今。

东坡有《谪居三适》诗，用其题，并效其体三首

旦起理发

发短安可梳，爬搔用两手。
临风十甲弹，飕飕落尘垢。
旦日照我面，光泽已非旧。
旦日照我身，影屈露双肘。
西墙次第光，倏忽及瓮牖。
晓霜在茅屋，宛如戴白首。
笑语问家人，摩顶诚何有？
既无白玉簪，合作薅颀友。
不栉亦不冠，咄咄头童叟。

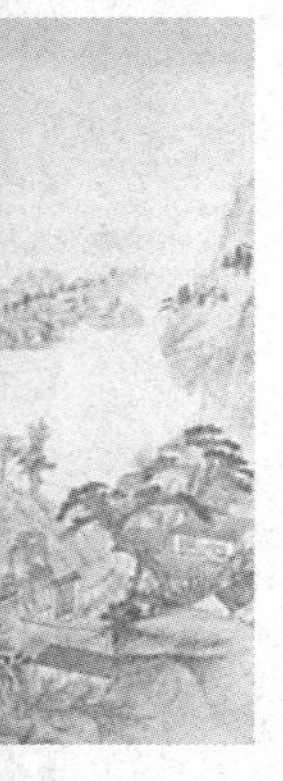

午窗坐睡

少年贪朝眠，午睡独宜老。
何褥复何茵？团絮结如草。
踟趺倚木壁，百虑时一扫。
不知心所在，安问心所了？
悠哉游物初，混沌乾坤小。
醒且醉梦中，好梦醒已早。
禅定明镜光，息静长生道。
仙佛两无因，扪鼻齁声饱。
鸡啼白日移，暮突邻烟袅。

夜卧濯足

我足何所经？泥滓与冰雪。
我足何所有？茧重复胝结。
踏衾无完绵，伸缩每如铁。
人言却病方，滋燠养泉穴。
汲水不获薪，偶尔釜一爇。
木盘浅且久，惜水惧漏裂。
一濯骭力舒，再濯顽垢洁。
沧浪不用歌，修绠绵井渫。
晨起杖及门，徐温在双屦。

病 二 首

衰矣何堪病复增，翛然臞骨益棱棱。
无医药藉良朋稳，有命权归大造能。
忧患年华翻自惜，艰危人事苦相仍。
健如黄犊怜他日，珍重巡檐一杖凭。

鸡笼鱼筌置此身，敢言龙马较精神。
参耆妄说能扶老，血肉何曾不累人。
在足在心浑莫辨，非贫非病岂相因。
青囊别有尊生术，潇洒长留烂漫真。

扫积阶土层叠之若山然

丘壑情深愿已悭，忽从檐际见孱颜。

青疑霭合穿风影，绿待苔匀积雨斑。
眼底有天皆大漠，意中无地不名山。
三年尘壤埋如许，一扫峰峦指顾间。

顾之而乐，再成一绝

亦有山根亦有峰，高低层叠夕阳中。
儿童拍手为山易，九仞原从撮土功。

观承向樵车乞得杏花一枝，作瓶供

春尽冰天不见花，偶逢门外过樵车。
几枝红杏柴边插，一片夕阳牛背斜。
茅屋艳分闲处得，蒲团香坐静中赊。
娇孙娱老添诗思，待蝶期莺亦并夸。

触　　感

触景俄生旧事哀，涔涔老泪落花荄。
三年记得亡儿手，一样樵车乞得来。

纪事四首

囊虽名智谷名愚，浆饮求甘蔗亦荼。
俗是怀砖偏彳亍，怨多飘瓦尚模糊。
山人自侈田生玉，泉客何曾泪有珠？
空遣前狐夸导引，至今人自笑於菟。

一夜长风鼓大炉，几株林木折平芜。
处堂自忘梁间燕，曳路争夸辕下驹。
塞雨休官添别泪，江云逐客失归途。
堪嗤袜线幺麽吏，也抱残冠泣向隅。

丹书一骑碧云驰，红雨刀头血作丝。
野烬衣冠封马鬣，招魂歌舞笑蛾眉。
草埋金穴黄尘暗，花坠珠楼白日移。
可惜齐奴太懵懂，利吾财到死时知。

郎当声里泣于鬞，肃肃中林忝国材。
揭箧盗先胠箧计，藏舟人愧负舟才。
尧仁未许三蒙宥，汤网空希一面开。
大树不枯黄草落，棘垣风雨夜鸿哀。

治　　圃

种花兼种菜，斜日荷长镵。
畦划黄沙浅，根分碧雨纤。
饱无羊可踏，香待鸟争衔。
汲水墙头过，提罂湿满衫。

拙庵见过四首

茅斋十日未曾过，邂逅牛车税软莎。
帘际晚风怀袖满，不谈时事听高歌。

说法前身是远公，我从莲社忆雷宗①。
兴亡历尽头童后，不坐蒲团亦解空。

买米人归月上栏，腐儒粗粝愧盘餐。
短檠尚有残膏火，直欲留君话夜阑。

积土编篱学种花，偏从忧难惜芳华。
再来莫待花开日，绿叶丛边共煮茶。

暮　归

薄醉扶残照，沙昏过客稀。
鸣蛙迎短屐，吠犬怪儒衣。
漠漠青天古，茫茫碧草微。
荒凉何所似？一老野村归。

喜小雨

细雨压风风暂息，飞沙入雨雨无声。
茅疏破屋燕争出，草湿断堤蛙乱鸣。
自种畦蔬青始坼②，人传垄麦绿难平。
贫家课圃关心甚，云净西郊怯暮晴。

① 原注：宗字依王辋川、李义山用。
② 编者按：“坼”原作“拆”，考拆同坼（绽开、裂开也），故径改。

生朝拙庵见赠长歌，次韵奉答

丈夫生不能宝刀在手弓在腰，
跃龙卧虎灵旗招。
又不能千金结客，日食万钱，
秦筝赵瑟吴娥娇。
即合雾隐深山，山路永古苔无人，
白日静松间，月上涧泉香，
布袜青鞋冠不整，
胡为乎身随蓬转蓬且飘。
阴山敕勒听歌谣，女萝山鬼时相邀，
冰霜豺虎恒论交。
纵使有时银鞍还紫陌，天街草色回青袍。
有时铁鞋归白社，净土莲叶参松寮。
眼有黑花头添雪，刺枯鱼过河久自泣，
孤桐入爨半已焦。
而况金鸡竿，不闻下丹霄。
白云漠漠跂天高，且当痛饮歌离骚。
百年大半不称意，踞龟食蛤思卢敖。
浔阳乞米平原帖，蓼虫不化花间蝶，
芰荷零落伴兜鍪。
膏火微茫看夜猎，先生摛藻诗中豪，
才思矗矗凌应曹。
锡我长歌的砾光琼瑶，令我残年雪窖忘吞毛。
来车音，聚马首，恰有青钱沽薄酒。
君且饮，我且歌，颜不夭，彭不寿。

天荒地老中，修短皆虚谬。
秋雨过从孰友朋？论交自古人求旧。

斋中二咏

王舍人绂画

《古木寒鸦图》，廿年前得之西安开元寺。

三百年前老舍人，纵横泼墨气嶙峋。
西秦庙市龙沙屋，长伴寒鸦古木身。

柳常侍公权碑

纸墨融融古断碑，素墙光映黑琉璃。
一官那复知常侍？想见先生笔正时。

观承之京师，且拟归里门三首

时己亥正月。

去非得计住尤非，且逐南天独鸟飞。
行李半肩随过客，饥寒五载恋重闱。
长途雨雪怜衣薄，荒垄松楸带梦归。
里巷故人须问讯，年来殊觉信音稀。

而兄游迹悲萍梗，而父悬棺委塞沙。
沾洒鸰原应有血，飘零燕幕总无家。
羁危傲气须终敛，薄俗人情莫浪嗟。
去去丁宁回望眼，白头垂死在天涯。

送尔诗成泪不收，重将絮语托离愁。
难余无复羞贫贱，客久应知审去留。
学积寸阴随处惜，心怜远塞几时休？
葛衣道上怜公子，细写人情寄白头。

寄兄子世涛

穷老易惨怆，况复在异域。
遥遥京国心，关情望骨肉。
骨肉亦罹难，几地悲存没？
落叶辞风林，奔走号山鹿。
徙实等衔羁，亦曰聚宗族。
子侄行辈中，念我尔最笃。
年年数致书，殷勤慰羁独。
书中苦致词，拯救无力出。
薄俗告人艰，生理昧所属。
孤雏南北飞，半巢分食宿。
笔咏塞山青，茗瀹羌水绿①。
物微意且浓，流离痛心曲。
尔有高堂亲，寄食谁茅屋？
尔有无母儿，浪荡鲜定躅。
砚田何膏腴，生理太局促。
自伤弥念尔，墨泪互濡续。
小鸟拂其羽，杳杳关云逐。

① 原注：寄到笔、茗。

良觌转凄然，欣戚应纷触。
塞雁知春秋，莫惜系双足。

讷拙庵奉诏还京，赋以志别

同慨生归杳卜期，天恩竟有赐环时。
登车目断乌龙塞，珥笔身还赤凤墀。
到日九霄花似锦，经过一路柳如丝。
高斋退食长吟暇，应动殊乡旧雨思。

惯涉离场泪禁挥，送君涕泗满裳衣。
只缘义重人难别，不怨时悭我未归。
几度雨风劳过问，八年衰病苦相依。
从今孤杖城边立，望断朝云与夕晖。

移居口号六首

自嗤迁客更迁居，流水浮云踪迹如。
吴下赁舂湘水卜，却从何处认吾庐？

能容七尺即安居，仍是三间破草庐。
差喜有门堪闭月，不嫌无地可留车①。

城隅策杖步徐徐，稚子衰妻共一车。
试问先生何所有？半肩行李半肩书。

① 原注：旧居门户为风雨所坏。

剩有残红满地开，主人遗爱在莓苔。
三年记得西窗下，冒雨看花几度来？

枝枝疏柳映窗斜，豆架瓜棚曲径遮。
莫笑罂粮无隔宿，满庭多种米囊花。

移家白傅有诗传，最爱诗中第一联。
冷巷闭门无客到，暖檐移榻向阳眠。

向图逸叟乞野菊作瓶供

胆瓶注水待秋花，步近东邻御史家。
分得余芬来入座，好风不让短墙遮。

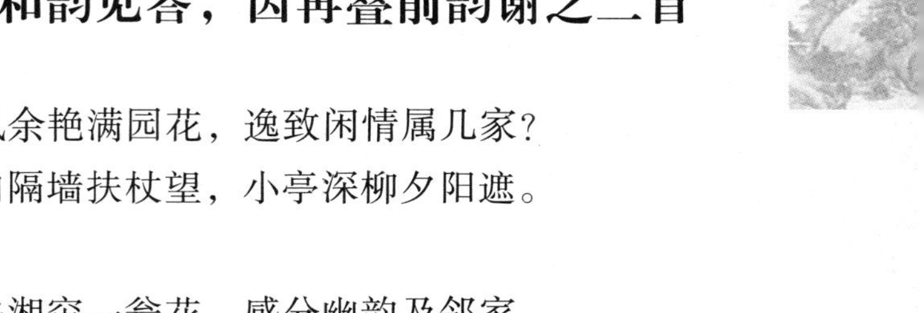

逸叟惠花，和韵见答，因再叠前韵谢之二首

秋风余艳满园花，逸致闲情属几家？
常向隔墙扶杖望，小亭深柳夕阳遮。

掩映湘帘一瓮花，感分幽韵及邻家。
多情更许频来折，风雨疏篱莫惮遮①。

① 原注：来诗有“常登几席为清供，采择休嫌隔院遮”之句。

逸叟酬余叠韵诗，有“冷露将残小院花，几回珍惜独君家”之句，再答

乞花岂只贪花好？冷露凉云逼岁华。
衰老直如秋后景，故教珍惜欲残花。

病二首

地僻难求药，年衰合任天。
轩岐空有术，篯偓亦空传。
心事孤云外，韶华双鬓边。
浮生珍土木，颇觉费周旋。

兀尔一生过，犹然七尺留。
眠餐如假借，身世等浮沤。
冷月号山鹿，狂风逐水鸥。
莫嗟飘荡甚，今古总悠悠。

晚立

蹩躠不成步，儿扶出短墙。
须眉劳客问，车马过门忙。
落日牛羊气，寒心冰雪光。
几家归负米？屋角晚烟苍。

乞水邻家

壶水乞邻夜，冰封冻井铲。

地穷艰一勺，墙短受频呼。
炙火茶惊碗①，移灯药沸炉。
渴消司马病，曾否借来无？

朝　起

畏冷偏朝起，衾寒梦不留。
老淹双病眼，醒彻五更头。
风蹙沙澜起，霜欹屋角浮。
启门将出槛，拄杖复夷犹。

重　椽

瓮牖必重椽，深遗作者情。
薄衣差护暖，老眼渐羞明。
黯淡道心定，沉冥诗思清。
潇潇风雨急，不受夜窗鸣。

米　尽

悬釜常闻说，恒饥竟及身。
乞邻空有帖，负米久无人。
历世何嫌薄？伤心不但贫。
研磨征夙业，逼侧老来真。

① 原注：冬月炙碗令温，乃投以茶，否则碗璺。

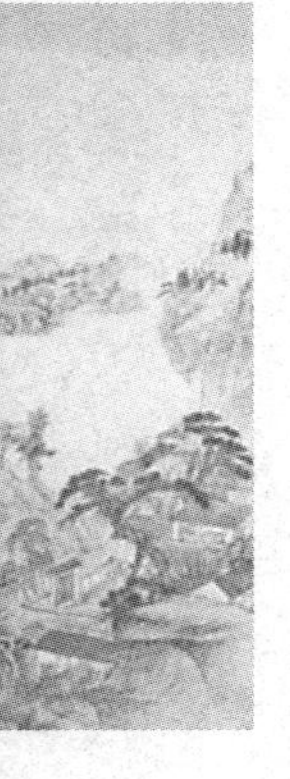

灯　坐

幽窗不受明，落日急寒檠。
眼钝书难读，心闲灯共清。
柝风迷定响，檐雪落余声。
静息成危坐，忧欢两不生。

老悔四首

百尺梧桐院，三更风雨楼。
道人曾剪烛，坐我话沧洲。
地静青山古，江清白发秋。
悔无朝夕共，安稳老丹丘。

十亩横塘畔，为农乐事稠。
瓦盆何聚散，茅屋自春秋。
坐树常呼酒，燔柴不羡裘。
悔无朝夕共，襫袯老西畴。

蓑笠日优游，芦花水面秋。
煮鱼青草脚，晒网绿杨头。
风浪险能避，冰霜寒不愁。
悔无朝夕共，漂泊老渔舟。

湖海归囊橐，谁言估客羞?
黄金走卿相，红豆引箜篌。

居货邻移祚，输边爵拜侯。
悔无朝夕共，汲汲老蝇头。

岁暮望京信不至

合无消息达，书数[1] 讶邻家。
同抱关山恨，偏多骨肉嗟。
撄情谁瘖寐？逼老此年华。
岂不惜心曲？翻令乱似麻。

霰

风剪余冰屑，丝丝白到衣。
天光摇不定，日色冷偏微。
觌面有无见，牵云高下飞。
寻常霜雪外，多此立寒威。

送人赴艾浒

寒风屋上吹，寒日沙上流。
此时与君别，送君成远游。
君游亦已远，紫塞黄云愁。
我来非所愿，君来何所求？
况复更东去，乃在天尽头。
答云丈夫身，天地一蜉蝣。

① 原注：入声。

耳目恣游骋，羽翰横沧洲。
亦有日与月，亦有春与秋。
何必老乡县，区区论首丘？
我闻心意豁，顿忘流落忧。
怡然送君去，把酒尽绸缪。
道旁卧枯草，冰光照衣裘。
崎岖三尺雪，驱车无复留。

过旧居

三间茅屋亦沧桑，一片寒云接地光。
雪压几时荒菜圃，冰封何处旧书床？
全无篱影铺残月，应有花魂倚夕阳。
恋故情深频驻马，八年陈迹寄行藏。

壬寅元日三首

狼藉韶华又一年，萧条生事度荒边。
门无热客冰封径，座有残书雪满毡。
寒漏锦阑朝烛院，暖云香国早梅天。
江南蓟北休回首，极目河山思惘然。

无端塞俗亦喧阗，簇簇衣裘入世鲜。
茅屋酒呼红日坠，花钿风贴翠云偏。
潜踪自恕嵇康懒，玩世谁夸阮籍贤？
老去渐如残□□，听人抛弃一年年。

两孙乞食今何地？孤稚牵衣且目前。
案举白头衰作伴，道逢青眼世空传。
饥寒病骨冰霜节，聚散馀生醉梦天。
独有松楸万行泪，时时凝望洒穷边。

次韵图逸叟《元日怀讷拙庵》之作

年华新旧晓钟分，故国团圞独羡君。
自是佳辰饶乐事，偏怜绝塞叹离群。
侧身凤舞依朝日，望眼鸿飞入冻云。
可记辛盘酬唱夜，春风吹角戍楼闻？

入春旧疾复作

大地无春色，春从病体生。
足欺朝起步，肺舞夜眠声。
夙患刀圭废，忧时节序轻。
静耽人不过，慰问亦虚名。

纪　梦

梦与胡方珠同游祇舍庵，登孝侯台，看梅花。

故乡城郭梦中回，步熟游筇路不猜。
黄壤故人颜似昔，红楼春色眼重开。
飞花傍水疑新第，落日题诗认旧台。
松菊陶家犹在否？可真三径赋归来？

都门寄到六安茶

家山茶向长安达，冰煮龙江隔岁迟。
万里娇孙怜老吻，九年顽齿漱香枝。
寄时应有封题泪，到日弥增饮啄悲。
壶溢乳花珍惜甚，寻常斟酌转矜持。

逸叟窗下积土作假山，层层种花

几上堆峰影，檐前落晚风。
亭高平野阔，径窄曲流通。
远树藏云碧，层花叠雨红。
不嫌来往数，一杖夕阳中。

中秋前一日

假寐听宵雨，衣单拥被敧。
贫家寒更早，病枕梦多奇。
笑我须眉老，凭天节序移。
有无明夜月？不作未来思。

《画竹歌》赋赠图逸叟

凉云薄雾秋蒙蒙，忽然素壁生寒风。
寒风似向竹间出，琅玕纸上光玲珑。
此地何从见此君？

乃是东邻逸叟笔底横苍龙。
千枝万枝烟雨重，高低掩映相朦胧，
令人对之目旷心清空。
竹根曲绕波溶溶，渭川流溢清溪通。
绿苔满地土坡赭，离离细草垂蒙茸。
东邻逸叟旧乘骢，不吮霜毫坐柏府，
却向荒边绝塞，称诗作画，
皤然潇洒如山翁。
东坡海外图竹石，先生遭际将毋同？
自言岭南见涩勒①，瘴根虬结蛮村丛。
密竿疏节颇形肖，移来赠我依帘栊。
置身疑在篔筜谷，开眼如见潇湘东。
写真昔有文洋洲，清贫太守传芳踪。
墨君有堂堂有记，雅韵能无继两公？
朝朝同坐竹林下，鸣风听雨相过从。
婵娟作赋骚人工，憔悴莫比湘纍容。
斧斤劚落箢箨龙，何妨青玉贱蒿蓬？
与君虚心高节，敻然直立雪霜中，
万端摇落归苍穹。

赠省斋

五十年前旧史官，谁从荒漠识衣冠？
邹枚作赋名空老，歆向雠书墨未干。
过眼几经风浪恶？扪心长抱雪霜寒。

① 原注：竹名。

新愁往事纷如许，白发青灯话夜阑。

省斋次韵见答，因再叠前韵奉柬

春梦婆还叹谪官，十年沙碛滞南冠。
忘情但觉生为累，处世何曾唾不干？
过日吟添诗句好，临风秋动鬓毛寒。
相看只作荒村共，拄杖交头兴莫阑。

又

臞容鹤发俨仙官，藤杖棕鞋草结冠。
且爱白云栖壑稳，不妨丹火拭炉干。
苍茫岁月尘缘误，寥落乾坤梦境寒。
拟向先生叩玄理，春风多采药为阑。

九日同逸叟、省斋出郭登高，省斋邀饮，次韵

爱暖呼朋强出门，寻高登眺过东村。
乱风拂路走还却，衰草连云昼欲昏。
何处黄花争节艳，几人白发满头存？
盘餐好我归筇晚，仔细茱萸酒一尊。

省斋移居过访二首

客里又迁居，依然旧草庐。
暖贪裘敝好，宽较屐痕舒。

就日融冰字，焚香默道书。
最伤家破后，残卷亦无余。

更买东屯屋，春田种在门。
野花香断碛，流水抱孤村。
业悔为农晚，名知大隐尊。
藕耕来岁约，犊雨试犁痕。

病

死且意中事，何须怯病侵？
痛嫌未断骨，伤见已残心。
秦越忘肥瘠，轩岐自古今。
尊生无善术，只是闭门深。

逸叟以诗寄阿郎，道羁困之状，省斋和以慰之，余亦武韵

东邻逸叟悲作歌，子昂慷慨歌重阕。
我与两君忧患交，三人头上都如雪。
回头万事总成灰，莫向天涯空洒血。
谁怜惠子饥？谁解相如渴？
且喜黄沙白苇中，皤然三老情相悦。
芒鞋竹杖往来频，一盂稗饭容饕餮。
纵使莱芜甑满尘，诗可同赓茗可啜。
谁家炙酒烹黄羊？梁鸿不肯因人热。
吁嗟乎！

两君有子岁时长，菽水还同远近将[1]。
似我无儿负米养残年，
岂不日日望眼西风断寸肠？

观永至卜魁

为怜负米代亡亲，万里征途只隻身[2]。
饱暖但能延白发，飘零甘自误青春。
时艰不怨人情薄，家破唯馀骨肉真。
盼尔频年衰已甚，西河泪尽复沾巾。

甲辰七月傅宸瞻、含万兄弟奉其尊人柩榇还都门，诗以送别

见沐新恩返旧扉，边关秋色照征衣。
十年远戍冰霜彻，万里还家日月依。
野店爱闻鸡唱早，凉云高带雁行飞。
长途事事堪增乐，只是伤心抱骨归。

扫舍宇

岁事多徇俗，茅庐扫待春。
纷纭如徙宅，摒挡亦劳人。
司户窗前叶，莱芜甑上尘。

---

① 原注：逸叟阿郎在长安，省斋诸郎在滕。

② 编者按："只隻身"，原作"祇隻身"，为避诗中重字，仅简化"祇"，而"隻"字未予简化。

莫教除未尽，留象竞时新。

除日戏作口号

赊布人归换炭迟，石家焚蜡我烧丝。
炉温茶暖披衣坐，绝胜袁安卧雪时。

序

予同年友桐城方沃园先生，盖种学树文绩行之君子也。己丑榜后，相往复于京师，叩其中渊然，视其外泊然，以予之迂拙而无所能于人也，先生顾之类属，好久而弗厌者，故两人者弥亲善。暇则出所为诗共读之，秀骨独异，清音自远，虽怀人赠答，感物造端，一出于至性至情。至于君亲朋友之间，动关至极，于是不唯叹先生之学之才，而益见诗以咏志，君子之言类如是也。

夫何予以病谒告归漳南，壬辰、癸巳间，尊甫水部公以乡人累牵连谪辽左，先生侍养出关，予既铲迹穷巷，故人万里，无由相问讯。间有自塞上来者，闻先生侍其尊人，时寝兴奉色笑外，独坐一土室，罗群经撰说之，溢其余能，日事吟咏，用是益知君子乐天知命，不以穷达易其固常，而造次颠沛，有必于是者，其斯为无入而不自得与？

雍正元年，今上登极，予蒙恩内召，侍皇子书，甫入国门，即于亲旧所，问先生起居，则已前殁者数年矣。又数年，先生之子问亭客京师，相见欷歔，始备闻先生出关以后事。问所著书，曰《五经一得》者，属草稿未定，未出也。出前后所为诗，优柔和平，宽裕而自得，有非羁人迁客之为之者。呜呼！其能勉之使然与？抑亦因其言，求其志而知其俯仰皆可以无憾也？

问亭自是过从无虚日。会上方简宗亲，视师北边，畀主赞画，濒行请曰："愿有序。"予惟先生负忠孝至性，身既坎壈不试矣，其所留遗只在于是。问亭早以行能发闻于时，行将为天子立功万里外，为时名臣，乃简书，仓猝之际，独惓惓罔释者，《诗》不云乎：“念昔先人，明发不寐。”其于君若亲之间，犹先生之谊也。而予幸获私于两世父子称执友，然则又恶容以无言？遂诠其绪而归之。

雍正癸丑孟秋鳌峰蔡世远。

陆塘初稿

方式济

前有樽酒行

四座勿喧，尽此樽酒。今夕朱颜，明日衰丑。

兰芷隔溪，萧艾当户。同气异心，不如陌路。

射隼于墉，弋鸿于天。睢阳繁弱，何术能全？

大贾无金，仙人无丹。长安非远，蜀道非难。

饱罗八珍，饥吝一饭。乞食则哀，得食则怨。

虫语振林，蚁穴撼岳。结冰在口，守身勿药。

知我者谁？执手道素。壮气赴义，小心习步。

熠爚华灯，以揽容光。褰裳追从，跪进瑶觞。

入山行

入山采野茧，行行忘远道。

怀茧日夕归，露湿山陂草。
札札鸣夜机，新丝光皎皎。
东邻嫁襦多，西园舞袖好。
绮罗缀五色，疏密陈花鸟。
顾此机中素，随意出工巧。
谁怜入山苦？刺藤碎指爪。
十日不盈匹，辛勤得茧少。
来年广布桑，蚕室成须早。

将进酒

琼枝天鸡散秋星，幽崖爝火无湿萤。
葳蕤高阙开重扃，两旁斜抱金鹅屏。
参差桂叶拂朱棂，阶头翠荚尧时蓂。
吴波碧漾狂鲸暝，霞光千尺潜雷霆。
降音片纸鸾羽青，香风下吹车结铃。
豹尾彪首作人形，十二白虎来帝庭。
松花苔锦覆丝綎，袅袅组织鸳鸯翎。
帝命张筵列群伶，贯珠历历云为停。
甘臇腻炙绮食馨，北斗酥亚湘东醽。
举手献寿前丁宁，步摇沓舞羞伶俜。
君毋辞却双玉瓶，会教渴吻干沧溟，
愿君一觥益万龄。

古击壤歌

山有腴田，野有鸣泉。

负犁抱绠，乐我尧天。
但愿天子坐明堂，行王政，
二千石贤，讼庭花落无蒲鞭。
淮河安流，支祁潜渊。
五载一巡，守吏承戒令，民无流迁。
西献鹰犬，北献鹿与豇。
大轸米充俸，高丽铜铸钱，
千秋万祀大有年。

残丝曲

蜀锦机长越罗短，迎窗绣出鸳鸯暖。
阿姊辛勤阿妹嫁，泪红羞背兰膏卸。
剩得残丝如柳絮，随风飘落知何处？
絮无主，东风狂。
我有天孙五色线，茱萸巧夺云霞光，
愿缝尧衣与舜裳。

子夜吴歌

侬歌旧竹枝，欢唱新声好。
新声传入狭邪家，欢宿倡楼忘天晓。
近来侬亦能新声，迟欢不至空含情。

城上乌

扬州城上乌，傍晚城楼歇。

蔽日飞哑哑，天光乍明灭。
扬州城中百万户，香尘细碾平山路。
侑酒墙东倡，系马街南树。
前朝胜事称红桥，珠帘画桨闻吹箫。
一夜神兵渡淮水，炮声震动无坚垒。
血溅孤臣旧战衣，降旗不见城头起。
雨湿沙黄鬼昼哭，至今丰草埋遗镞。
饥乌不识太平年，犹想城头啄人肉。

估客乐

庙口灵旗风猎猎，夜火喧呼停贾舶。
缆长衔尾横江来，鸣金立迫官船开。
夜深妾妇隅隅语，沽酒琵琶唱金缕。
共说明朝赛水神，浪静高帆趁前渚。
今年珠价贱于谷，十串秦珠换斗粟。
官船粟尽囊无珠，颜色萧条愧童仆。

阿那瑰

马头瀚海沙，车尾龟兹乐。
骆驼能知风，排立似城郭。

大堤曲

堤上莫种桃，乱红沾惹郎船篙。
堤上莫种柳，郎作鞭丝鞭马走。

春游吴越，秋到幽燕。
燕京宫阙高百尺，麟毫翠羽尝招贤。
书生爱睹皇居壮，怀策三年不得上。
过眼莺花愁杀人，相思日日堤边望。

水车谣

布谷声残农事苦，四野已振莎鸡羽。
彤幢绛旆火车来，耗斁炎威三尺土。
兰塘艇子摇晴波，双桨漫发兰塘歌。
藕丝荇带船头多，玉山谁顾田无禾。
柳根乍过水车见，走雪跳珠自流转。
恨不足踏江河翻，灌润千畦一时遍。
柳叶暗，柳阴浓。
天空不见雨垂脚，月斜空受湾堤风。
老农老困向人泣，筋力全非年少日。
家有丁男可相助，昨夜入城纳官赋。

仰天谣

仰天高，高万仞。乘锋车，策神骏。
鹤背人，王子晋。道遇之，烦问讯。
执玉手，牵霞衣。
北斗酌桂浆，将欲疗我饥。
风如刀，雨如镞。枉矢垂芒，贪狼矅目。
我马折蹄，我车脱輹。
路狭履穿，蹒跚踯躅。

善哉行

采得茂陵草，捣作不死药。
一食颜色鲜，再食髮枯齿牙落。
崦嵫折竹驱飞乌，玉洞瑶池长寂寞。
障泥刺锦珊瑚鞭，拳毛万片桃花旋。
朝踏凤城霜，暮出龙楼烟。
诏使驰宣诫修省，唯君进德臣能贤，
拜手陛下千万年。

短　歌

有恩不一报，黄金空盈斗。
有怨不能伸，利剑空在手。
炭可吞兮身可漆，濯泾濯渭三缄口。
检点恩仇豫让桥，行人莫向桥头走。

少年行

紫袍黄绶金为鱼，昂然七尺美且都。
十五弄柔翰，十六登贤书，
朝朝侍直承明庐。
下马赋诗上马射，天子亲赐鱼须珠。
朝回酣宴出宫醲，后列粉黛前笙竽。
谪仙旧隶瀛洲籍，路人莫艳当门戟。
爷握机衡兄仆射，妇翁居官二千石。

团扇曲

剪冰纨，制团扇。
团扇落郎手，借得凉风便①。
弃捐岂是郎情薄，阑干白露秋声恶。
团扇在箧，颠倒泪痕。
妾心不化原头灰，千秋万世知郎恩。

玉笛引

遗钗断发填宫井，擪笛魂归春苑影。
墙外无人三两声，碧墀铺月梨花冷。
记得西园侍宴时，君王爱度凉州词。
长调穿风无气力，铜盘露赐传催急。
白杨瑟瑟迷金碗，纤尘光掩昭华琯。
歌台小妓惯偷吹，误渍残脂口香满。
蜀山破梦漏丁丁，不敢床前自报名。
回廊弓印惊鹦䳇，夜夜亲来续箫谱。

饮马长城窟

铁骢擐甲临贼营，霜花满地无战声。
焰旗十丈妖星惊，虎贲力尽车徒征。
归来云锦散原野，草肥水满长城下。

---

① 原注：句。

长城水多死人骨，终朝饮马伤马腹。
万厩新移近秦甸，官钱积买青刍贱。
去年牧饲役诸番，今年考成在州县。
得受天家苜蓿恩，功高汗血何足论？
病脊毛深驹又大①，阿谁敢觑长城破？

送客词

驼鸣山，舟横渡，千古心伤离别处。
送客行行从此去，各自东西南北路。
南北路，休绕邯郸道，夹道垂杨掩衰草。
一枕黄粱未熟时，才人厮养随风老。
南北路，休泊潇湘曲，赤岸平添半篙绿。
细雨如丝叫鹧鸪，芦花拥梦孤篷宿。
为人生长吴越地，桂屿兰塘时景异。
绮罗艳暖粳稻香，但当白头死向家山旁。
送客行，伤远游，西邻宴乐东邻愁。

出东门

出东门，休彷徨。霓为旌，风为航。
鸾凤导我前，虎豹离我旁。
天帝不醉，海尘不扬。
乐莫乐兮游扶桑，反顾咸池回炎光。
愿闻九成登龙堂，

① 原注：叶堕。

欢会无极兮，漫息余车于旧乡。

古　　谣

伐鼓于朝，招摇指西。架鹰牵狗，来作太守。

子夜变歌

昨宵梦见郎，郎在凤凰山。
今宵梦见郎，郎在芙蓉湾。

妾对明镜愁，愁深颜已悴。
怜彼镜中人，与妾愁相似。

不敢迫郎归，寄郎同心结。
郎心如妾心，何妨三秋隔？

陇 头 水

河水浊，江水清。
妾似陇头水，清浊谁分明？
昔为田家女，择婿嫁边吏。
田夫入城不隔宿，边吏年年在边地。
闻道凉州新破虏，燉煌已入兴朝土。
戍卒受赏官封侯，血裹冰霜凝绣斧。
主将笑赐双婵娟，筝琶夜醉氍毹眠。
横塘水接陇头去，送妾清泪流君前。

禽　言

割麦插禾

割麦插禾，雨少蝗多。蝗口不食，县官催科。

脱却布裤

脱却布裤，泥深前路。宁污我体，惜此匹布。

咏怀四首

故人隔霄汉，两寄芙蓉裳。
一以洁明德，一以昭文章。
泛舟北川渚，靸履南山冈。
嬉游恣行乐，捩眼颓流光。
阴翳蔓草生，仁义路已荒。
百家骋诡怪，高谈似炜煌。
姱修猛前趋，导引谁为倡？
淮水远浩浩，关树森苍苍。
心恐负知己，羽鳞空报将。
俯思慰离居，永夕长彷徨。

饥入众虎穴，希以夺其食。
寒升积雪崖，蔽体藉丛棘。
计虚旋灭身，持危须务实。
奇士未得志，拥耒事耕植。
静女掩虚帷，攘腕当夜织。

蟋蟀吊凄风，仓庚鸣淑日。
物运各有期，延立向蓬筚。

黄河数千里，昏旦浮霜沤。
之子慎毋渡，河中乃浊流。
流浊将奈何？污体古所羞。
惊涛况须臾，漱岸崩沙丘。
行人失颜色，试问君何求？
击汰星尚耿，一日志九州。
岂不察祸患，物外输闲鸥。
鸥飞避矰缴，人行蹈深忧。

神仙亦孔戚，尘劫忽鸡狗。
乞儿欢朝暮，呼蹴聊充口。
畴能事淡忘，扫除待挥帚。
得失细剔划，用情期不苟。
鼓琴陋室中，岁月抱孤守。
鉴往识臧否，省躬洞妍丑。
毋为伤贱贫，憔悴致速朽。

旅　亭

竹木尽寒瘦，萧萧风满亭。
水生空外白，云破岭头青。
独立看飞鸟，枯吟见晚星。
苍茫天末客，秋思正冥冥。

登雨花台

高台近城郭，登陟助吟狂。
云树苍如此，风帆去未央。
一春余燕雀，六代寄笙簧。
诗侣留方外，还来看夕阳。

杂忆六首

菅茅作屋覆重重，架壑疏丘路自通。
嫩箨细分榆荚雨，短莎低掠杏花风。
一泓水静朝云外，几处鹃啼午梦中。
旧碧新红消息远，徘徊心在曲栏东。

芋亩鱼池护短扉，尽教盘核列成围。
罝来山兔沾唇滑，网出河豚上箸肥。
问价幸随词赋贱，献新宁与岁时违。
翻嗤张翰扁舟兴，八月秋深始办归。

芒鞋草色杖头钱，消得清闲半日缘。
匝月笙歌桃满坞，背山鸡犬菊成田。
轻阴帽罨迷花雾，疏雨篱开酿酒天。
想煞江南好风景，勾莺引蝶自年年①。

六朝遗胜独秦淮，藕涨新添水一涯。

① 原注：桃坞、菊田，在金陵城北。

锦缆几行天上度，珠楼两岸镜中排。
竹枝风满词人珮，兰叶香生游女钗。
小艇纳凉垂柳月，不收书画米家牌。

横塘随意摘船游，城北园林景倍幽。
座彻金荷窥户月，风敲宝蒜入帘秋。
有时得句旋题壁，镇日看山不下楼。
凄绝梦魂重到处，药苗槐子带清流。

年年愁思悴人颜，安得轻帆信意还？
裘敝秋风骑马地，饵香春水钓鱼湾。
碎琴耻不成名早，抱膝知应择境闲。
他日赋成招隐处，小园丛桂足幽攀。

偶述四首

萧晨陟悬岩，薄暮临渊渚。
瞩景惨以凄，君子在行旅。
有客效前驱，愿言历修阻。
月户发高枝，氤氲散天宇。
仰焉实可攀，扶掖欣相许。
窃我跨下鹤，夺我手中斧。
假我仙箓名，便欲成轩举。
悔悟亦已晚，为媒藉妒女。
试问操戈人，胡不歌相鼠？

异兽远人迹，苦饥忽一出。
名状古无传，猛性工潜伏。

饲以盂中餐，三年勤养育。
牙爪倏然张，攫主垤炬目。
邻家痴牧儿，道旁收弃犊。
鞠之阅岁余，畎亩供驱逐。
春随一雨犁，秋挽盈篝粟。

大行不为险，大河不为急。
二十为君妇，眷爱谁与匹？
誓死不相负，东方有皎日。
齑盐诚苦辛，养儿今过膝。
君枕妾所绣，君衣妾所织。
君暖妾无裳，君寝妾无室。
故园姊妹群，薄命羞同立。
君情复何施？新人盛颜色。
寄语新人知，妾在郊原泣。

寒雀托崇柯，下上飞文禽。
刷羽无可栖，乃来故山岑。
故山森荆棘，岂比青葱林？
毒鹳鸣天半，痴云蔽昼阴。
只身潜深谷，同类怀清音。
居者树头枝，食者松根苓。
足以远网罗，挟弹休相寻。
何时返旧巢？啾啾递悲鸣。

一　室

一室翛然远市声，扫除随意寄闲情。

续成清梦知秋静，改罢新诗觉病轻。
留竹不嫌当户暗，曝书应审隔霄晴。
门前无那天涯路，芳草连云故故生。

呈有怀伯父

湖光十里水云屯，一老栖迟薮泽尊。
珍重好花防酒尽，调停幽性耐蝉喧。
投林鸦乱风生树，散社人归月挂村。
寂寞草玄身事足，不劳车马过柴门。

枞 川 作

聚族谁安土？林林旧托根。
黄尘鸡犬寂，白日虎狼尊。
佛坏僧离寺，儿啼吏过门。
炊烟看水驿，饱食几家存？

晤山启三兄

扁舟何处至？风雨秣陵关。
贫以依人甚，心缘阅世闲。
探囊馀一卷，掩泪过千山。
我亦飘零者，栖栖道路间。

赋得“子规声里雨如烟”

子规声里雨如烟，漠漠春阴太可怜。

远树半昏前夜月，落花刚趁薄寒天。
山楼万木云移谷，江店一旗风到船。
最是迷离失归路，客魂相伴又今年。

寓中偶成六首

芰藕池荒胜事无，寒潮几曲护幽居？
断冰流尽垂杨底，独立平沙看打鱼。

浅莎铺碧待春耕，仿佛秧针一掌平。
枕上梦回知雨过，前溪新涨入田鸣。

修梧野竹自成村，寂寂虚堂感慨存。
双燕不知何处去？飞来啄木似敲门。

古木禅房步屧宜，老僧寻药荷锄归。
一回清课浑无事，斜日篱根晒衲衣。

借得西邻放鸭船，两三人泛一湖烟。
不知谁弄黄昏笛？唤起前川夜月圆。

江花江水动江天，万派江声夕照边。
客子卷帘羡帆影，好风齐送下江船。

至龙眠喜晤二兄苏允、六弟贞观二首

半亩园依六代城，索居景物已频更。

长桥月冷楝花落，古渡风高淮水清。
投岸片帆天外客，到门春草梦中情。
却怜故国归来日，席帽相看太瘦生。

药炉禅板爱追攀，苔径重重静掩关。
漉酒共邀高阁雨，科头时看夕阳山。
狂来说剑能驱病，客里吟诗亦破闲。
自是同心复同调，子规啼罢不思还。

无　　题

朝为吹花开，暮为吹花落。
不为送归帆，春风情乃薄。

偕钱大敦一晚眺

岑寂翻嫌闭竹关，芒鞋同踏翠微间。
半湖新水没春草，万瓦寒烟补断山。
箫鼓赛神村女散，茶瓜留客野人闲。
轻舠更有他宵约，红藕月明香一湾。

过童大文读书处

重帘飞不到纤尘，似此清幽恰称君。
藤老浓阴能淡日，竹深凉影欲成云。
孤亭拟向山根补，细水遥从石罅分。
课罢诗篇风正午，斋钟数杵隔林闻。

童裴铭招同小集漫赋

亦有高楼俯大川，诗人来是雨余天。
湘帘不设宜凭槛，蕉叶难胜但煮泉。
断港潮通深柳外，一江帆落夕阳边。
主宾若尽闲如我，幽兴还同坐晚烟。

为烈妇孙氏作

东园桃千树，灼灼春华敷。
众卉匪不嘉，随风葬泥途。
一树被芳名，不与松柏殊。
孙氏有淑女，其先理学儒。
十三勤织素，十五习诗书。
出入娴礼义，无忝名家姝。
同邑李公子，弦断嗟鳏鱼。
好逑藉媒妁，卜之光门闾。
视历当六合，亲迎近岁除。
杂彩饰车轮，绣幕悬流苏。
公子未娶时，沉疾怜形癯。
鸳鸯并寒水，枕席空相俱。
仍以处女身，奉养于舅姑。
阿舅佐皖郡，春驿驰毡车。
公子病愈革，立骨而剥肤。
与妇异寝室，只凤栖庭梧。
吁斗天可呼，愿以身代夫。

公子曰我死，尔则将焉如？
妇誓死同穴，曰义岂他图？
严妆见姑舅，殡敛相咨诹。
愿舅置两棺，妇当捐微驱。
易晞睹朝露，中夜哀慈乌。
掩泪转吞声，束发修裙裾。
天明拜堂上，妇志终不渝。
阿兄发三叹，劝阻辞欲攎。
吾岂田野妇？先人理学儒。
十三勤织素，十五习诗书。
读书明大义，义在何敢逾？
中表来仇君，扣舌生踌躇。
特地求一见，侃侃陈良模。
尔有衰齿母，尔有髫龄孤。
尔死慈闱老，何以慰居诸？
尔死前妻儿，爱养谁恩扶？
不若留此身，慰老将遗雏。
行沾圣朝恩，高节标令誉。
妇乃正颜色，君言毋太迂。
义理孰兼尽？唯择一以居。
忠臣殉国难，万事皆其余。
阿姑酌以酒，脍臛丰庖厨。
匕箸进如常，谈笑若欢愉。
告舅以官箴，要旨符典谟。
深坐日已晡，入室行徐徐。
孰为新制衣，孰为嫁时襦。
孰为夫所用，孰为妇所储。

大者为金铛，细者为巾帤。
筐箱献高堂，琐屑散女奴。
独有珠莲花，怀之等璠玙。
叩辞复入室，楼鼓鸣夜初。
阿兄随之入，燃烛罗盘盂。
娓娓述旧闻，神闲意复舒。
手擘珠莲花，一一吞其珠。
藐孤出缌帐，匍匐声呱呱。
伏地不能起，哽咽牵衣祛。
妇曰吾语汝，汝恸翻愁余。
汝守父书传，我死安泉途。
今夕非死期，汝意毋多虞。
送兄与俱出，北斗垂天隅。
盥手整襟带，登床还踟跌。
尺帛系床侧，溘逝惊斯须。
宛无伤脰痕，异香腾空虚。
三日始盖棺，吊者咸于于。
使君开戟门，童叟奔街衢。
人得瞻其尸，面白唇仍朱。
适得写生手，著笔勤追摹。
阐扬当路责，庙享和镩钌。
临节不可夺，古义迷榛芜。
巾帼成圣贤，椒英谢涅污。
千载凛生气，一死宁悲吁？

赠道楷上人

短衣破帽意从容，只在萧凉古寺中。

不问世情真是懒，并忘佛字始为空。
闲窗砚扑晴江雾，高阁灯昏老树风。
一笑纷纷叩关者，阿谁幽思许相同？

题　画

一天霜雁落汀迟，竹坞枫林欲霁时。
坐向孤亭少人迹，料应吟得感秋诗。

病

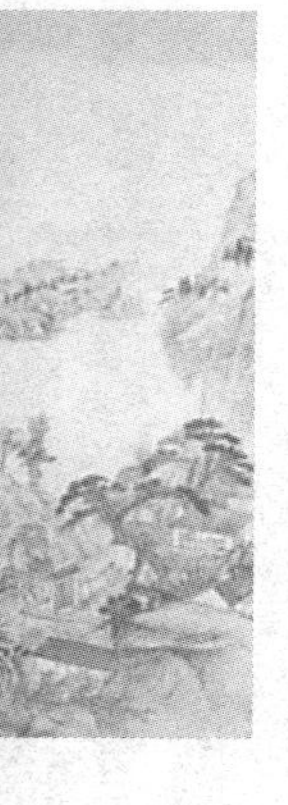

客身唯善病，愁思暗相乘。
动是经旬卧，邻山不可登。
风声骄古木，雨气压秋灯。
寂寂无人夜，虚堂闭一僧。

病中邀姚八、朱四过话代柬

寂寂蓬茅强自宽，等闲瞑色暗帘端。
闲云满院诗魂定，瘦骨一床秋雨寒。
夜课却怜前日减，好花须卜几时看？
招呼幸有墙东伴，莫遣茶铛宿火残。

访钱二湘舟夜归，并招枉过

消残永昼坐疏棂，小步还同到短亭。
接浦蛙喧新水白，出林犬吠晚烟青。

望迷佛火风生岭，吟过鱼罾月在汀。
门外碧梧阴渐满，迟君闲与注茶经。

大文、敦一、湘舟集寓斋，晚归，即同散步溪上

高贤竟日同追欢，斜阳敛尽酒意阑。
千层烟柳岸欲合，一片火云波不寒。
谁家缫丝深竹坞？有人呼鸭平沙滩。
君今此去何时见？愁倚庭前旧药栏。

题守斋伯父山庄

何年种树水之涯？老叶浓阴已遍遮。
荒灶作餐三亩芋，闲窗为历四时花。
门来旧雨夜呼酒，屋过香风晚焙茶。
几处潮痕通浦溆，翠烟浮艇响鱼叉。

过鹤湄叔父松影轩

偶携双屐到湖干，柳色荷香上小栏。
野老隔村先送酒，主人戴笠自垂竿。
疏钟度雨四山晚，众鸟啼烟一水寒。
短艇若容常过此，客归应待蓼花残。

别南浮山

木叶半脱山容开，客子临去还登台。

亭如一鸥出浦溆，石蹲猛虎披莓台。
身穿洞口云影疾，镜裂湖面渔舟来。
重游兴废不可测，等闲万古沧桑哀。

将之汴示同学诸子

又是淹留素影终，莫嗔行李太匆匆。
城边霜色寒陵树，市口箫声落日风。
煮术惯携新药器，剪灯慵理旧诗筒。
客情冷淡秋山路，白草黄花致略同。

远 行 曲

结束语童仆，鸡鸣看天曙。
辞我邻里亲，曳屦出门去。
出门口无言，寸心淹百虑。
请取囊中琴，暂坐理弦柱。
一弹示知音，音新知者故。
人情恋乡井，冰霜况岁暮。
此身值贱贫，焉能乐完聚？
岭高猿狖坠，水急蛟龙怒。
行行将何之？白日沙飞路。

汴中送九兄士表之五台

飞急雁无序，分飞古道旁。
短衣同下泪，一剑独含霜。

树色投荒驿，河声别大梁。
明朝风雪里，我亦理征装。

赠宋旧山

好琴不在弹，学剑不在舞。
犬羊贱皮骨，凤鸟重毛羽。
髫发罹患难，无妄茹荼苦。
启户纳雷霆，携家走风雨。
奔轮岁月失，西域复东土。
智者决肥遁，屠刀聊一鼓。
大笑典与坟，糠秕何足数？
行间蝌蚪死，箧中蠹鱼腐。
神思构奇云，笔力挽强弩。
卷帙目未亲，才华恣诩诩。
自立筮贞吉，勤劳干父蛊。
惕若罕交游，羞与龌龊伍。
坦途易阽危，趾高致刀斧。
怀刑合大义，朴实吾深取。
嗟我远行迈，寺楼炊瓦釜。
风激纸窗碎，苔渍佛容古。
居我以鹤巢，饱我以麟脯。
用意殊缠绵，辉光讶初睹。
烬残下荻帘，谈深卓松麈。
酒酣听君歌，磊落随时吐。
竹屋约秦淮，幽情属农圃。
杜老南北邻，谁是湖山主？

题《佟蔗村诗集》后

谁谓河山遥？拔脚动万里。
丈夫闭一室，闻见近卑鄙。
瞩彼都国奇，异同验经史。
艰难述行路，曦轮笑弹指。
海水白日淡，栈树青磷起。
犬牙错刀剑，羊肠透荆杞。
火烧益州云，雪消巴蜀水。
岭南荔枝肥，江东莼菜美。
揽景入短策，装辑梵夹纸。
心远颜谢尘，力参庾鲍旨。
桥欲字丁卯，年须次甲子。
人生几两屐？存作陵谷纪。

尤展成、蔡九霞、宋既庭三先生，同招胥江宴集分赋

平江风定水粘天，击钵声高杂管弦。
一代东南莲社客，数行书画米家船。
墨痕细落沙头雨，歌扇斜遮渡口烟。
汉上题襟林下饮，莫输盛事古人传。

《秀野草堂纳凉歌》，敬和家君韵，呈顾侠君世旧

六月炎日烘矮屋，火云直挂金鸦足。

一枕羲皇梦难入，设境游心向深竹。
顾家草堂堂何名？坡老篇中剪零縠。
泉引澄泓石叠高，有花堪弄水堪掬。
大字金陵野叟书，黑铁杈枒兔毛秃。
到门曲折过平桥，风响筼筜撼新玉。
簟纹铺地琉璃黄，桐影扑窗苔藓绿。
插架牙签任意翻，堆盘菱藕寒香馥。
鹤羽徐招度曲声，一群好鸟春山谷。
按节游丝飏碧空，充喉细籁鸣清隩。
更饶乐事芳尊里，渤海斜倾泻流水。
饮中之仙数阿谁？太息前贤呼不起。
拔剑尝作王郎哀，荷锸却怪刘伶死。
拇战凝神眼望天，罚盏促乾手捉耳。
烂醉三挝众乐哗，拮隔琮琤玉阑底。
木叶萧萧夜雨来，鱼龙活活秋涛驶。
歌罢复饮饮复歌，奇兵布列斜阳垒。
众宾皆醉我起舞，簇坐围观兴同鼓。
麴部头衔未敢充，独煮霜华续茶谱。
须臾两腋清风生，石罅篱根暮烟吐。
柴门相送白月高，荡涤烦襟净天宇。
竹枝杖短麈尾长，一日偕君快千古。
襱襶人情奈何许？输与吾曹心栩栩。
磊落谁宾复谁主？不厌萍踪淹十暑。

赠李可亭

不尽萧萧木叶飞，钱塘枯坐钓鱼矶。

从来天地多秋意，如此江山看夕晖。
作伴只留筇竹杖，对人长著芰荷衣。
秣陵旧圃逃名地，待尔骑驴到竹扉。

依韵答友人一首

可怜约束沈郎腰，太瘦生难付画描。
唇待补时言未巧，头当责后发偏凋。
只缘去恶成姜性，漫为医贫乞药苗。
多谢淡交能好我，蒲笺一曲慰昏朝。

洗　　砚

短檐昼未午，卷帘气轩朗。
微风引香篆，鸣禽静书幌。
闭目此默坐，洗砚一神爽。
痼癖专好砚，端溪惬孤赏。
选石更选式，行簏唯携两。
相彼囊与琴，古制良工仿。
包藏天地秘，结括任鲁莽。
欲叩山水音，空寂谢时响。
润逗梨雨飞，暖拭春膏长。
滴泉浮墨花，溪云会来往。
寄我平生趣，玄灵属司掌。
相依斗室深，题诗适俯仰。

送陈秋田之任荔浦

两山并立镆铘锋，山尖挂日关巃嵸。
词人佩印辞凤阙，慨慷欲著循良功。
兹邑名好物产盛，荔枝想像非凡丛。
图经考遍竟寂寞，毋乃树老山还空？
岭南郡县多此物，岁岁送入甘泉宫。
古唯贡实今贡树，枝叶低亚胭脂红。
洞光九孔出蠙腹，背华五色明龟筒。
丹砂砮石堆杂沓，夏纁玑组编玲珑。
天子宵旰德业大，奉养不碍输千艟。
君去莫上唐羌书，急宣帝德开愚蒙。
看君癯形类秋鹤，神清去坐冰壶中。
地幽讼简足吟啸，新声按拍词逾工。
蛮烟蜑雨衙鼓湿，桄榔寒翠遮房栊。
闲时劝种荔百树，召棠莱柏将无同。
饱餐绛雪及朋友，驿使致我梅花风。

人日吴七云、李可亭同集咏物，拈题得香炉，限铸字韵五古一首

耽古抱幽癖，瓶砚聊备具。
几上铜博山，助我苦吟趣。
斑驳天垂云，氤氲山出雾。
气色互凝散，光芒倏含吐。
拂拭尘翳净，防闲酒痕污。

昨夜春风生，万类启闭沍。
正爇辟寒香，画灰拨微炷。
缕缕艾纳熏，轻烟逐书蠹。
良冶谁氏手？本质岂天赋。
冷暖凭他人，宿火恋朝暮。
锻炼出精华，洗濯保贞素。
真赝判岁代，媸妍核尺度。
一物是与非，古今慎陶铸。

社集咏物，分得四绝句

吴　　榜

菱叶平铺浪影齐，歌声乍起橹声低。
满船明月半塘寺，摇到枫桥鸡乱啼。

越　　罗

曳雪蒙烟尺许宽，春衫裁就比冰纨。
钱塘江口风来处，帘底愁生半臂寒。

秦　　镜

咸阳烈焰久消沉，一片寒冰自古今。
怪底鹿卢悬殿陛，玉台只照美人心。

楚　　簟

檀栾劈碎万筼筜，细织微波称竹床。
一枕梦回人不见，泪痕凉雨滴潇湘。

《芍药花屏歌》，坐友人斋中，与陆天随、李可亭、冀隆吉、朱海士、顾搢玉、家养虚兄同作

九街春尽晴扫烟，琴成已奏薰风弦。
将离压担晓入市，交枝簇蒂从花田。
呼童出买趁朝气，露珠裹萼神娟娟。
主人爱客列奇玩，百缗不惜青铜钱。
大瓶直屹水晶冷，小瓶低缀琉璃圆。
团回六曲抱书案，虹蜺仿佛工雕镌。
坐席迎花留一面，朦胧眼晕光缠绵。
有如斜山叠云叶，亦或立海明霞天。
不然桦烛照红袖，分司夜饮排歌筵。
癯儒意态久寂寞，芳菲晤对征良缘。
平芜数里软沙路，丰台旭日町畦联。
燕泥轻沾碧油幕，麴尘分糁流苏鞯。
蹉跎十载阻夙约，自怜瑟缩吴蚕眠。
深堂艳影映新酥，况合丛珮逢诸贤。
就中乡思谁触兀？江南词客真狂颠。
扬州婪尾旧圃梦，卖花声过垂杨边。
花开花谢归不得，锦桥翠馆空啼鹃。
愁来掷笔忽大叫，长眉老子呼来前。
琴音袅袅度花去，花霏作雨琴鸣泉。
明朝颜色愿常好，因花索酒时周旋。
办他洛下飞英会，好泻钱唐药玉船。

午日吉水李大宗伯成诗，次韵得二律

闻道垂帘对古函，香罗叠雪赐朝衫。
裹蛛剪虎宁从俗？唦凤吟鸾自不凡。
声望近天高似斗，韶华过眼疾于帆。
年年射黍君恩厚，未许云畦辄荷镵。

手携敝帚拂经函，难觅颜郎紫布衫。
驽马一鸣偏失意，冰鱼三蚀未超凡。
学成燕市临风筑，隔断吴波载雨帆。
仙艾石蒲盈药笼，愿随木柄少陵镵。

《破弦曲》，题庄书田《落第》四十绝句后

黄帝鼓瑟命素女，雁行叫碎芙蓉雨。
五十弦中声最苦，破弦析柱二十五。
庄生奇制四十弦，一弦一柱风凄然。
神胶析髮吴丝缠，蛟龙夜蛰沟水咽。
凤凰春冷桐华鲜，问君此曲何由弹？
袖抛历历明珠圆，化作血泪涂毫颠。
昨岁紫皇辟三殿，钧韶缭转江山遍。
采风迎入客星车，乐府新词口称善。
大罗次第群山籍，丹笔亲题名在乙[①]。
布衣宣赐鹔鹴裘，石阁清班虚左席。

① 原注：御试卷次第八，上亲置第二名。

谁言咫尺天门高？鸿珑铃响扬云旓。
为媒有鸟鸣咬咬，叩额玉狗逢雄虓。
坐令羁羽栖寒巢，残笺落管霏琼屑。
一声何满双蛾结，繁丝递促层冰裂。
二月东园狼藉花，九秋荒圃飘萧叶。
同是枝头叹摧折，致我闻之肠断绝。
急须剪去金鸳鸯，免使酸辛听鶗鴂。

咏冰呈陈沧洲先生

先生以廉直忤大吏，诬陷论死，特旨免罪，充诗馆纂修。招同馆诸公集饮，赋席上冰，即用冰韵，得七律一首。

座上光凝出室冰，严霜苦雪忆相乘。
心原是水清无比，暑亦长寒价始增。
近榻何堪焚睡鸭，堆盘应笑恼痴蝇。
太阳解释知恩重，玉露金茎一例承。

题成过村《空山独往》小照

吾闻深山恶木千尺高，髿髟蔽日潜山魈。
猛虎叫啸万谷裂，狰狞怒目吞噬骄。
罗浮花落玉女老，茯苓芝草随风凋。
丹台石洞不可即，翩然灵鹤谁相邀？
武阳有佳客，望远情飞扬。
懒驰金勒拖明珰，画出瘦骨神含藏。
科头髪并松山秃，褰裳手揽芙蓉光。
软红十丈敛芳趾，空山一碧携诗囊。

晨将入庐霍，暮将游嵩衡。
桃花鸡犬三千春，办作佯狂玩世人。
吾乡龙眠山亦好，蜿蜒横黛纤翳扫。
峨峰巨壑森开张，百道飞泉倾树杪。
披图约略故山路，云水苍茫辨来去。
急染霜毫语画师，黄茅补作藏书处。
霹雳罔两奚足惧，伴尔白首山中住。
吁嗟乎！
涧砾荦确冈峦封，眼花耳冷如盲聋。
我本无钱买山负麋鹿，尔亦浮名绊挂无根蓬。
帝城艳李兼寒枫，怪诧双鸟飞西东。
收拾五岳罗心胸，何必蒸岚泼翠，
岩花瀑雪，历历凌孤筇？

依韵赠吴宝崖

时宝崖奉诏，编录《历朝诗馀》。

蝼蝈方塘报新夏，访友①城西索覆斝。
夕阳僧寺初逢君，姓字才通降阶迓。
耳食博奥搜坟丘，拥书雄据百城霸。
叩之金石铿然鸣，岂盗虚声乏实价。
相要风雅共仔肩，道在毋以不敏谢。
诘旦过我枣花里，谈深晷影敛星舍。
芒角全露郭璞傲，偃蹇微慨女媭骂。
搴旗鼓勇登骚坛，坚堞崇墉一朝下。

① 原注：成过村。

神奇递见吟帙高，古事脱腕腐尽化。
风寒翠袖倚修竹，蓬飞鬓雪愆期嫁。
坡临仆射羡贡荧，日曝扶南惧消蔗。
编摩甲乙天子诏，绝胜毫锥作耘稼。
九品之位一亩宫，昌黎奚待吹嘘借。
台边既充骏马骨，华厩刍良乐优暇。
芳馨遗赠窕窈姿，临风孔盖将腾驾。

忆西湖柬宝崖，再叠前韵

名贤消暑僧结夏，忆昔游笻与饮斝。
一声柔橹别吴城，西泠到眼湖光讶。
韵事思追白傅欢，英风懒问钱镠霸。
波心曲槛引伎船，岸口高帘谱酒价。
荇带穿鱼爱叶肥，莲房踏鹭防花谢。
塔影眠云度远寺，竹翠沾衣憩傍舍。
尘鞅但愧难勾留，唤树闲禽若诮骂。
葑草堤边吊古情，晚钟递促残阳下。
湖山一经诗人眷，恶劫能保沧桑化？
至今绰约西子态，淡妆浓抹仍初嫁。
问君住近钱塘门，疗渴乡愁曾梦蔗？
大好扁舟归去来，泛滟支流灌晴稼。
胡为踯躅缁尘间？明月清风尽虚借。
他年我亦购邻屋，放鹤栽梅快馀暇。
香柄凭谁写旧踪？六桥烟雨双虹驾。

《洗儿诗》，为吴震一舍人作四首

宝树春风第一枝，海中不厌果生迟。
舍人赐锦头犹黑，山雪休吟白傅诗。

九天香雨浴长庚，玉女盆添菊水清。
一幅霞绡轻拂拭，听他啼作凤凰声。

仙仙九鹤伴迦陵，久祷新林向佛灯。
好把缁郎呼小字，前身疑是翠微僧。

禁管丝纶属凤毛，宦游生小侍云霄。
娇雏待长韶华易，骑竹应能送早朝。

送朱鹿田之任蜀中

天入万峰攒，鹃啼栈径寒。
黄巾追往事，朱邑幸之官。
复业民无几，催科政待宽。
从今行蜀道，歌唱不知难。

七夕后一日，怡园雅集分赋二首

眼前裙屐盛，未觉客星残。
绮思留馀巧，深情续古欢。
林阴清落砚，河影淡依栏。

几度题诗处，烟岚独此看。

泉冷溪千折，云流树一围。
地仍宽绿野，秋亦透朱扉。
鳞起当风酒，潮生挂壁衣。
最怜乌鹊倦，尽日不惊飞。

送成过村旋魏州，即入楚中二首

古槐花落乱鸦翻，居傍瞿昙梦不温。
蓬鬓影边倾白堕，檐铃声里坐黄昏。
藤条曳雨投诗社，笠子浮霜出寺门。
流滞算来刚一载，蓦觞留得旧名根。

海上成连去有期，曲中余响结相思。
病蝉离叶防寒早，瘦马驮书觅店迟。
路近暂归曹翰宅，秋深定拜屈原祠。
蛾眉此日多谣琢，漫炙松肪读楚词。

书刘太乙乐府后，次北固先生原韵

趾踽踏，眼模糊，见君一卷新乐府，
顿使风病清头颅。
海涛岳云闳光怪，顽金断铁投洪炉。
往来上下廿一史，笔颠驱古如驱奴。
王风沦没汉魏作，音节戛击无差殊。
质而不俚腴不艳，茫茫后学空追摹。

或巧吞剥演旧说，寄人篱下循墙趋。
或苦支离失本义，马牛舛悖难相符。
籍建攘臂继李白，力小味薄徒区区。
宋元以往问谁好？挥手笑谢杨廉夫。
天顺学士茶陵客，胸中淹贯千箱书。
奇踪异事细采撷，造题弗屑前人拘。
歌哭朝野寓深旨，匠斧排□蛟龙屠[①]。
予昔展书西涯集，洞尊岛佛频南膜。
三复此编得近似，更实其骨华其肤。
窜窃剽贼鄙时辈，吽牙龃齿惊群儒。
有谓不合古弦调，宫商梗塞歌喉珠。
蒲牢震动神出舞，雀羽再拂冲飍呼。
愿将千篇万句，谱入夔皮大角，
逐散蚩尤雾。
岂只琼筵玉馆，鸡筝碎响和笙竽？

和李苍存《种竹》

北园新笋生，君家有昌谷。
青光写楚辞，春粉落盈掬。
燕地长苦寒，草木寡树蓄。
花市古僧院，担头森削玉。
探囊一竿价，旅食五升粟。
觅锄破闲云，汲井代凉霂。
细韵到石枕，清阴上书簏。

---

① 编者按：□，原字残。据其残笔当为“闼”。

自是潇洒人，藉以媚幽独。
行看洛阳吏，脱卸芰荷服。
城中休种花，丛篁印床绿。

《东堤吟》，为任疏斋舅氏作

瀛州古郡城东偏，金堤百里高岿然。
堤傍雁齿簇万椽，嘉禾绣错翻云阡。
我曾驰走桃花鞯，维时初到江南船。
嶂兀山影当我前，耸身仿佛升崖巅。
沙平草阔铺茵毡，马容列辔车毂联。
鸠工营筑知何年？守土者谁巍哉贤。
荷锄老叟言便便，指说地昔卑临渊。
滹沱源会漳滏连，逝沦颐淡恣潆漩。
长鲸扬鬣西风颠，瓠子撼击惊危弦。
尾闾一泄无俄延，浮梁沉瓦光摇天。
树头湮没疏鸣蝉，阴霾珠室鳞缠褰。
左右村坞荒炊烟，呼号乞食相扶牵。
流离性命剧可怜，前官昏昼糟丘眠。
水衡日糜千缗钱，新官才智能防川。
哀鸿目睹泣涕涟，栉沐倡率劳胝胼。
苇皮柳骨绳排编，碌礦镠结长木缠。
撞钲贾力齐争先，积霪陊窟滋蛟涎。
将成复溃忧心煎，擎曲吁告通精虔。
冯修顷刻旋灵旃，有如驱羊后者鞭。
从兹聚族海作田，盍归来乎擘蕙櫋？
雨蓑雾笠安故廛，羒羠犝牸鸡豚豜。

散布晴旭茅篱边，枌榆社鼓声鼘鼘。
七载煦燠疮痍痊，神君慈爱棠花鲜。
五斗罄乏清俸捐，自今溯始蒙生全。
群请籀隶贞珉镌，公曰无庸辞之坚。
勒铭旌伐何有焉？野老此语非谀谖。
吾舅之政绝比肩，淮泗石岸闻崩骞。
东南荡溢病湿挛，招遥远指牛宿躔。
庙谟亲授勤且专，司空底绩圭锡玄。
吾舅善政胡弗宣，阻遏上达职谁愆？
况有毒羽盘鹰鹯，险夷世事迷筵筌。
行人公论平衡权，作为此诗书玉笺，
将欲拜手奏九乾。

雨中走笔示龚叔度

君不见，
少陵老叟歌逼侧，一居巷南一居北。
彼懒朝天索饮伴，嗟我与子长为客。
客中但有朋从乐，左肩右袂递挹拍。
司空广厦庇寒士，子骋雄文据丈席。
我携秃毫赋枯树，谁把春膏养花魄？
以我与子较胸臆，唱斛量愁更赢百。
平泉秋浅玉船深，去年遇子牛女夕。
新夏我自瀛台来，席帽丝鞭问所适？
闻我赁屋共短巷，陡觉欣欢露颜色。
寸肠落落置冰炭，斯世交游酌损益。
臭味早幸漆投胶，踪迹近类藤缘石。

析疑好借堆格书，出城互用看山屐。
十日五日灵乌匿，恶溜千条挂檐白。
墙鼠壁蝎夥枕簟，床脚古苔积一尺。
泥髁汗骼混燥湿，门东怅望行不得。
芭蕉叶老菡萏摧，风送暮云云似墨。
人生百年苦易满，珍重朝昏怕离隔。
乃知背面寸步等万里，
胡为狂时放论直咤天地窄？

题咏查声山太史《写经图》[①]

风雨长斋守墓门，蓼莪先后泣深恩。
法华写罢丹青拙，不画行间血泪痕。

赋得“不知今夕是何年”，和族子元礼，邀张匠门、缪湘芷同作

寒星犹带草堂明，懒向光阴纪去程。
岂似深山难问历，浑同流水却无声。
门前芳草几时绿？镜里霜华昨夜生。
中酒逃禅都不是，却怜羁客此时情。

题遂安邹广文《效忠图》

遂安城，大如斗。贼兵来，县官走。

① 编者按：此诗题原无“查”字，据目录补。

儒官骂贼贼缚肘，乘机遁出豺狼口。
集众击贼梃在手，妖星一扫宁鸡狗。
贼伏莽，去还来。城门火，栖乌哀。
登陴矢石驱风雷，狂氛恶雾层层开。
释重围，士民喜。
归我绛纱帷，理我旧书史。
孤忠未显微官死，当年佐阵儿折齿，
儿今抱图献天子。

友人寄《江上晚吟》诗，读之有感，次韵寄答

江城有茅屋，白板面江开。
一折门前柳，频残笛里梅。
片云将梦去，双鲤逐潮来。
剪烛吟君句，归心入夜催。

送杨薇中旋云间

秋深江上布衣回，能掩柴门便见才。
世路指同莼菜滑，冷怀知共菊花开。
长亭约伴风驱雁，旧径寻诗屐破苔。
猿鹤相嘲好相答，昭王台畔满尘埃。

米价东吴岂浪传，腐儒身事合萧然。
后山前水藏书屋，赤日黄埃种秫田。
泣别不成千里雨，谋生难恋五湖烟。

鲈鱼如未枯三泖，张翰犹堪著钓船①。

题　画

庙口西风冷积苔，暮山黄叶欲成堆。
一枝艇子烟波里，知为寻僧访鹤来。

为郭于宫画《牛鸣双村图》题之

依山爱山静，依水爱水清，
山重水复宜逃名。
先生有名藏不得，东屯西崦营茅衡。
牛鸣村，东西立，人家对拥湖光碧。
捣纸缫丝断续闻，隔岸招呼渡旁揖。
村口打鱼入城卖，鸣榔日日喧墙外。
堰尾桥头虾蚬腥，瓦盆佐酒庖霜脍。
千竿之竹二顷田，东村结屋尤幽偏。
朝锄亭畔云，暮汲门前烟。
燕泥涴袖春波湔，浣花制就题诗笺。
此中大可诗人住，十年领略湖庄趣。
钓叟渔郎约往还，世间传得拏音句②。
翠羽麟毫诏选才，才人不许栖蒿莱。
芙蓉渺渺遮层埃，吟身羁绁黄金台。
我作双村图，君署双村史。

① 原注：时江南旱，故云。
② 原注：于宫集句。

双村两见丹青里，前有程生后杨子①。
两人意匠殊精工，生绢剪雾披空濛。
鹭飞极浦寒沙雨，鹤载孤舟短笛风。
草堂药圃悉路径，请君再说村西东。
口角流沫指爪涩，拜告弗敏羞雷同。
主人尘鞅苦踯躅，我今割取秋盈幅。
枫叶微酣田布秫，动君归思莼鲈足。
长愿兵烽净川陆，免教恶劫移陵谷。
云水钩连护乔木，名成将返读书屋，
画图指点鉴湖曲。

赋得“经赏重阳第五年”

韩魏公句也，于官约同人赋《九日诗》，分此。

燕台席帽受风偏，沽得茱萸泻玉船。
检点旧诗秋在纸，迟回乡思雁横天。
几番人对黄花瘦，昨夜寒从细雨传。
寄谢婆娑亭上客，流光十载半行鞯。

送姚衡彰之任绣水

依稀杨柳夹官河，欸乃城阴夜半过。
旧梦我怜弹指似，一官尔奈折腰何？
携家书富添吴榜，奉母春温剪越罗。
日日楼头赋烟雨，胜他王粲客愁多。

① 原注：衲瓢；汇南。

题宋姜铭《鸥边洗盏图》

一年不饮一升酒，高阳之徒半吾友。
十年蔽体无貂裘，忍寒待客谋觥筹。
狂奴故态狂如此，画里何缘得逢子？
子家门前棨戟红，层楼曲苑连春风。
子家堂上夜珠白，繁丝脆管留宾客。
爱子胸怀特疏旷，无人亦对山花放。
春声鸥泛响晴云，斜坡坐久溪边闻。
脱帽解衣吞百盏，山花细落林塘晚。
狼藉深罂杂破瓢，醉来好倩花枝扶。
鹦鹉杯，鸬鹚杓，小童且斟子且酌。
但使杯满莫杯空，直喜溪盈怕溪涸。
洗涤唯期酒味真，不屑杯浓琥珀薄。
浮藻平添麴米香，顾我非鱼鱼亦乐。
群鸥拍拍休惊飞，主人已有忘机约。
可知饮酒贵得趣，此外无非是糟粕。
我欲赠子中山千日之澄醪，
授子庄周五石之大瓠。
送子移封酒泉去，淮南鸡犬水中鸥，
拔宅相随醉乡住。

送宋吉金之任辰州

西上洞庭去，饱看湖外山。
数程双桨到，八月五溪湾。

政听水声远，诗吟秋色闲。
地偏成吏隐，幽事正相关。

题《浔阳送客图》，为同年宋太史筠

月影芦花共一湾，篷窗犹写旧云鬟。
依今别有青衫泪，不在哀弦十指间。

少时车马博知名，漫拨琵琶诉不平。
辛苦入宫诸姊妹，白头银甲学弹筝。

为外舅巫麓筠先生画牡丹题一绝

笔端香泻露团团，不数豪家百宝栏。
记得洛阳春正好，昼长曾及午前看[①]。

送同年宋太史筠乞养归里，兼呈商丘先生

初裁宫锦阙前趋，便著莱衣侍鉴湖。
冷职人偏羡金马，归心君不为莼鲈。
山中爱日春方永，河上看花枝好扶。
红杏尚书才力健，尺绡重补学诗图。

杂言四首

吾爱仙人子，托迹明霞畔。

① 原注：外舅曾为平和令。

岢峨碧瓦居，罨靄香风扇。
大树蟠晴云，瑶花布微霰。
频探玉洞春，同侍清都宴。
尘埃谁见招？身落千寻堑。
海涸僵修鲵，霜飞叫孤雁。
摇尾意羞涩，举目神惊颤。
天寒日影斜，自续单袍线。

我来匪为寇，将以婚媾求。
君胡强言笑？尺步藏戈矛。
握手问行路，长江横巨舟。
谓兹江水清，聊与恣浮游。
中道忽相弃，四顾风烟愁。
缅怀夙昔情，致之应无由。
安得精卫来？衔石填其流。
深泽变坦途，使我驰骅骝。
伤今望济心，一夕霜盈头。

卧看牛女星，耿耿河西东。
相望亦匪远，桂揖不可通。
别离春复秋，憔悴谁为容？
乌鹊惜一毛，何劳翔虚空？
大鸟茀然怒，鼓翼生奇风。
澎湃览波涛，忧心常忡忡。

出郭值老妪，痛哭当交陌。
诘之得其故，弱子他乡客。

迢遥万里程，归飞无劲翮。
层崖虎豹丛，中夜惊魂魄。
人生驹隙间，妇年已半百。
一子视如珠，何堪久离别？
昨朝寄书去，云我头尽白。
血泪有时枯，渺矣天南北。
吁嗟远征人，闻之情恻恻。

社集，查大龙耕赋《春雪》，同查大学安、王三云冈、龚四叔度、储三礼执、徐大亮直、胡大丹中、沈三峙公、郭二于宫、朱大海士、吴大小眉、舍弟近雯作，限肥字

时二月望日。

长安此日雪还飞，未许尊前试袷衣。
带湿浅藏芳草绿，勒寒微迟杏花肥。
晓风无力低飘瓦，夜月多情故映扉。
谁道少年愁似我？青春双鬓著来非。

送杨汇南归里，步《留别》韵

于尔最关情，缁尘莽拂缨。
命嫌花待闰，装较叶还轻。
乞米理残帖，携书恋旧檠。

有才终不贱，莫认可怜生①。

淮上口占寄内

铜驼陌上谢风烟，未买扬州鸭觜船。
一自辞家看明月，算来一百六回圆。

晚　　行

不嫌舟似叶，初见月如弓。
秋到湖头树，帆乘庙口风。
暮鸦寒点点，远岫碧濛濛。
小泊知何处？芦花一水东。

① 原注：吁三赠别诗，有“剌剌可怜生”之句，故云。

出关诗

方式济

留别诸同年

不死去京国，流离见主恩。
冰霜余草木，日月共荒原。
紫陌他生面，青枫此后魂。
相思寄清泪，中外验书痕。

日出城东隅

日出城东隅，照见城上楼。
客子行荷戈，全家投荒陬。
征马惨不嘶，亲戚拥道周。
贻赠问所欲？下马斯须留。
边庭六千里，去与豺虎俦。
强说归有期，慰我永别愁。
平生五岳志，振足轻阻修。
东风扬路尘，新柳绿未稠。
混迹忍瑕垢，结念恣遨游。
敢不重贱躯，父母双白头。

晾甲店

日角峥嵘抱玉玺，雕旗翠葆腾霄起。
天策难回上将心，万马趁趯渡辽水。
诏集幽州耀六军，荒郊绣甲排缤纷。
铁光碎日霜花洗，冻鸟高飞避阵云。
一战先虚平壤策，赵卒坑残究何益？
开边才逊茂陵雄，十城空污游魂血。
吁嗟乎！
古今兴灭青蒿露，月明冷照关山路。
两间茅屋一声鸡，驱车人赴龙沙戍。

晓发板桥

蓟城朝雨板桥西，湿草痕痕碾燕泥。
断岭人家榛子镇，岚光明灭鹁姑啼。

赠同年钱大甫生

字鸿衢，永平教授。

故人居冷官，不见三飞霜。
相见复不乐，赭衣上君堂。
吞声拨繁绪，且酌灯下觞。
前庭夜鹊喧，残帙影在床。
侧耳听君言，君言何感伤。
斗禄寄一身，妻孥隔江乡。

簪组无颜色，消息殊茫茫。
畴昔忆通籍，志气同轩昂。
数奇敛孤愤，道合焚离肠。
逝水回素波，愿鉴青云光。
他年雁帛音，定过阳山阳。

卢 龙 塞

穹天寂林木，荒日浩埃壒。
朝辞孤竹祠，午过卢龙塞。
塞意忽满眼，天地觉殊态。
昔镇今畿郊，津梁非要害。
万里收羌戎，极幕更经界。
粤稽古天下，断鳌漏私载。
尧舜禅垂裳，宣尼侈历块。
幽营已陬隅，四海何陋隘。
画足哂前规，决眦壮昭代。
回望蓟遵山，春云接盘盖。

芦峰道中

芦峰村到芦峰驿，荦确声中晓雾残。
多少春山来画稿？倪黄肥瘦倚天看。

山 海 关

海雾横车箱，翠巘揖马首。

长城半山海，关势良不苟。
挞石本奇功，延袤万里走。
云根插洪涛，能与坤轴久。
秦皇大眼界，户庭视九有。
川岳等拳勺，凌跨任指剖。
等闲树藩篱，马足卫驰蹂。
中外自此划，天役鬼神手。
鸿濛至其时，运会一枢纽。
乃今四海一，焉用熊罴守？
关前车辚辚，出入辰及酉。
城头照碧磷，埋血千载后。
战守总茫然，骊山骨已朽。

留别应四综文

字渠缃。

一条关路雪流沙，从此题书滞岁华。
经过篱门记关口，好教边雁识君家。

望海店望海

黑风吹影瘴青天，苍莽中原一发烟。
种竹种桑谁得管？眼中波浪马头鞭。

塔　　山

塔山塔山名何年？

不见抔土片石兀嵂当我前。
那有五丁开，未闻壮士拔，
平沙短草迷漫。
连天一望数十里，但见冷日铺荒烟。
将毋玉斗移，早令天柱折。
十三万人髑髅血，冤陷地轴山亦绝。
秦关蜀阁天下雄，巴氏笳鼓渔阳烽。
天险犹然不可恃，况兹旷壤风摧蓬。
时移物换新鬼旧，覆亡毕竟伊谁疚？
铠甲成灰丞相降，书生敢效玄黄斗。
君不见，
皮岛高旗搴北斗，豸冠代狩霜威吼？
十载防边老将头，一朝掷落腐儒手。
天下不于马上治，斯言斟酌筹兼济。
空嗤卫霍本人奴，何曾颇牧隆边寄？
遥东日出云霞绘，
初何争乎有险无险高山与平地？

取道锦州，不由松山、杏山

一路平沙指大荒，等闲堞影晓相望。
昨宵雨过春城绿，此去云沉戍垒黄。
相印北归惭赤节，将星东下惜红狼。
飘零过客悲身世，磷血何心认战场？

赠锦令周廷槐

字绿湖。

敢怪逢迎少，多君慰接劳。

边风万里客，海邑五更涛。
署冷鸦声乱，民肥马骨高。
可怜一携手，衔泪解绨袍。

观音阁僧畜一鹳能送迎，戏题一绝

慧业无因向佛修，思乡亦似客低头。
霜溪一别鸬鹚伴，枫叶芦花第几秋？

同年李珽惠银鱼、鲜蛏

字廷玉，锦人。

鱼虾何必数南江，一夕乡心借箸降。
挂漏髯坡琼岛集，岂无双美佐春缸？

四 通 碑

北风号枯杨，三尺迷孤坟。
碑字磨半灭，讳忌无完文。
古棺出黄土，朽骨化青氛。
岂是兔穿窟，空穴深栖云。
生为玉门侯，一剑威千军。
野史参疑信，功罪书纷纭。
咸阳陵草秋，南山对氤氲。
胜彼冬青树，聚舞饥鸦群。
蹇蹇生匪躬，窀穸何足云？
藉言慰忠魄，伫立延斜曛。

至广宁，同年铁五显祖来迎

字荫远，承德人。

行行日已远，望望沈阳城。
念子隔数驿，羽翼何由轻？
只马迎我来，问我所历程。
昨朝风雨恶，蹊路崎不平。
蹩躠君马蹄，燎衣对孤檠。
安居满亲昵，困踬乖平生。
山月不照水，焉知云中情？
执手默无语，涕泪一再倾。

遇高丽贡使归

箕子久无祀，周封尚有疆。
衣冠九宾列，球贝百蛮倡。
云色笼骐骥，星装近凤凰。
弓材何必禁？威信肃梯航①。

寒号鸟二首

深林鸟号寒，啾啾夜凄楚。
唏哉造物情，不使生毛羽。
营巢矢来朝，日暮复哀语。

① 原注：高丽以凤凰城为界，使归禁桦皮。

依倚熹光恩，顾盼自容与。
崦嵫无停车，寒燠须臾许。
苟安智虑失，过恃末路苦。
持此鉴古今，人物同一数。

边山盘千林，郁郁苍烟里。
岂无一枝栖？或畏众鸟诋。
文翼不章身，脱罗差可喜。
炎方翡翠居，丘隅任所止。
抱志往相从，三跃不能起。
百舌媚华春，慈乌困霜杞。
谁语梧桐冈，哕音一怜尔？

晤鄂六

鄂礼字执庵。

使者星轺急，征途两度逢。
晓灯别山雨，斜日巨流舂。
双鸟去来意，三生离合踪。
临河直挥手，汀草似愁浓①。

盛　京

一从辽水颂河清，百雉千秋定镐京。

① 原注：别山过蓟州三十里，巨流河距奉天府百里。

王气远连鸡鹊观，天威直压凤凰城①。
金鱼第宅貂檮幄，铜马田畴鸟唤耕。
奕祀两都声一概，护陵休更说边兵。

题铁五幅霞亭

草亭不盈笏，四面繁春葩。
谁以青女机，织此明绡霞？
棋茗坐朝夕，主好客亦嘉。
邻人屋上乌，来啄桃李花。
君言勿惊顾，戒彼儿童哗。
斯乃避弋雏，风雨怜无家。
雏饱不忍去，回舞凌烟斜。
啄花蒂实结，味胜东陵瓜。
愿充君盘盂，永饫君齿牙。
来年红杏高，帘牖晴周遮。
会有九苞凤，为君吐光华。

题道院

夜与天俱静，森森殿影重。
星低长近阁，风细只依松。
丹室含龙气，苔窗印鹤踪。
浑疑清啸处，衡霍最高峰。

① 原注：高丽分界城。

寄卢龙周尉廷桢、抚宁石尉岚

两地迓轞车，人逢去国初。
溪声咽卑耳[1]，关树引临闾[2]。
乡语尘昏里，酡颜烛跋余。
深情重回首，不独忆滦鱼。

皇　寺

金碧辽水隈，双刹光岌嶪。
旅病春欲残，西郊散晴屟。
杂花隐参差，青松高匼匝。
兽环贝屈钩，狮首珠戴额。
献笾镂脂肪，循龛展毹毲。
檐前矗碑文，扪字细咀唼。
大书天命年，颂述开创业。
灭土七十二，乃奏辽城捷。
立寺表具瞻，报佑及迦叶。
碑尾臣工名，众星纬相协。
皇哉草昧初，规模已宏立。
番僧眉列霜，袒跣据高榻。
闻我关内来，叩事言喋喋。
答以圣人安，兵戈久闲戢。

① 原注：卢龙溪名。
② 原注：抚宁古关名。

历数岂佛功，惝恍空门法。
罘罳延午景，云暖雀声集。
出门坐树下，浓翠堕裾湿。

铁五送至蒲河赋别

劳骨不遑席，脂车迫东驰。
晴日照大野，去去从此辞。
相送蒲河阴，感激潜酸嘶。
恋景重须臾，念当生别离。
我有数行泪，欲堕还自持。
死化桑下蚕，为君吐衣丝。
生同比翼鸟，夜夜长相思。
生死如浮云，素交山不移。

樊河渔父

鸡鹊声里破丝网，杨柳风边独木舟。
眼中征戍几人返？年少卖鱼今白头。

马怜花

蝴蝶高低立翠烟，草香留待牧秋田。
汉家苜蓿无人识，却向车前唤马怜。

采蒌蒿

故国汀洲色，茸茸擷浅沙。

短蓑青过雨，平野绿围车。
泥迹偃行鹿，饥声起乱鸦。
齿香欢晚食，忘却在天涯。

孤家子

地名。

四面围黄沙，独树依孤庐。
比邻问谁与？朝夕树上乌。
暝雨急所止，叩门乌惊呼。
主人笑对客，仆马无一须。
入门携妇去，破壁尘未除。
昏灯忍饥坐，盼盼清夜徂。
幽筑岂避世，车马当路隅。
沙寒瘠不毛，桑垄非耕畬。
太平长儿女，安识墙垣孤？
自古离乱愁，兵戈起通都。

威远堡关

过奉天二百三十五里。

镐丰凭锁钥，无险亦名关。
鸡唱同严客，鸿飞易度山。
泥丸春柳密，堠火夕阳闲。
此外更荒漠，萧萧征马班。

镇北堡道中

故北关也，出威远堡二十里。

北关遗壁草连空，烽火平原静暮风。
十里雨丝到山驿，棉花街口一灯红。

柞 树 篇

柞木何蓊蒙，参错逐崖谷。
十里五里阴，千山万山绿。
细干撑斗口，大围胀轮腹。
午憩层盖张，暝趋暗魈伏。
白榆不可见，青松生亦独。
颇讶鄙贱质，易承雨露鞠。
闻昔宁古戍，千里但虎躅。
星罗今六城，置驿走康陆。
村烟接稽林，匼匝莽灌木。
剖柞扩墙栅，积柞壮庖突。
尽供狼藉用，免折隆栋酷。
心异汉时宫，五柞廷下矗。
拔兑缅姬周，弃置等蓬蓿。
帝王取舍殊，贵贱易标目。
吾成柞树篇，聊作边材录。

短　　歌

晓起望青山，萱花盈古道。

采萱欲忘忧，佩之益枯槁。
岂有壮士怀，听命寸径草？
勿谓百年短，计日不为少。
忧更多于日，忽忽忧中老。
蕙茝化为茅，三叹秋风早。

叶赫城

威远堡外九十里。

道旁立两城，残堞冷朝雨。
传言古王居，兵车盛旄羽。
山上复山下，兄弟各分土。
其地界喉舌，其官拜龙虎。
国家初开疆，三战戒流杵。
维时九部落，力靡识真主。
云从破坚墉，长驱廓海宇。
杀王俘民人，规模益雄武。
苗裔仍轩裳，境邑但垣堵。
过客流播伤，不暇纪曩古。
空城草木长，狐狸自悲语。
史臣颂功勋，沧桑漏应补。

火石岭

威远堡北，插柳为界，亦名柳条关。

山接柳条关，三日天光窄。
崖峦束车路，衣绦带岚色。

晓发火石岭，揖与众山别。
远黛有馀情，低眉送行客。

小姑山赠乡僧志胜

乡音惊远塞，瓢笠问奇踪。
九域宁无土，何年来此峰？
姓名销浩劫，岁月付疏钟。
同是辞根叶，莲花胜断蓬。

大姑山

大姑山对小姑山，百里烟光两翠鬟。
明月下山天似水，峭帆疑挂碧湖湾。

小姑庙

密林斜磴夕烟霏，玉女明珰敞石扉。
梦里鄱湖碧千顷，一从沦谪几时归？

一统河

带水自盈盈，天家重此名。
波臣知汉大，率土颂河清。
贡入诸藩道，冰开万里征。
风高芦管急，莫使暮涛生。

虎庙行

刘稆[1] 山前猛虎穴，立庙奢虎虎踪蔑。
圭楹豆桷岂神栖？假托长疑众鬼谲。
或耸峨冠或介胄，俨主穷山排玉节。
鬼胥牌书捕虎字，颓胸垤目屹持铁。
血食由来神鬼尚，应鞭虎魂饫虎血。
卫民弭毒匪淫祀，厥职无羞笾俎设。
山泽久烬炎官火，九关将毋绣斧折？
胡为天地贳狰狞，履尾茫茫卜凶咥？

岭云行

下岭复上岭，云断复云续。
上岭云在林，下岭云在谷。
雉鸣深草间，飞向云中逐。
前岭一缕黑，俄倾众山秃。
细雨四面至，清风时一沐。
雨丝密霏烟，云气黯布幄。
旁峰吐残日，杂鸟叫丛木。
山川异炎凉，变景不移目。
岭下有人家，遥指白云宿。

① 原注：山名。

凄惶岭

岭阴名欢喜。

悲喜不在山，纷纷征戍者。
去哭此山头，来歌此山下。

稽　林

又名船厂，临松花江，自奉天至此十三站，八百五十里。

古者鸡林地，沤影海东国。
字异名略同，镇临大江侧。
江水浮松花，湖渚蛟鼍宅。
黄茅十万家，人烟壮涛色。
对岸千冈峦，林木密如棘。
栝柏大十围，苍皮翳山黑。
往岁罗刹羌，楼船偶肆慝。
设戍滩沙高，取材便战舶。
恭闻太和成[1]，远致千牛力。
由来资栋梁，曾不限方域。
愿布明堂政，舞羽归至德。
锁尾樯乌闲，江流清可食。
物害消鲸鲵，民命远兵革。

① 原注：康熙中，重建太和殿。

驿骑探欧李子消息

边山丹实问烟丛，岁岁樱桃荐庙同。
何不移栽上林里？也教草木认新丰。

五月四日渡混同江

边江新涨急，浩浩一舟过。
高泻白山雪，横连黑水波。
近松午风落，倚岸夏云多。
竞渡来朝事，临渊怆汨罗。

糠　灯

糠秕亦生辉，能分兰焰微。
霜荄横骨瘦，黍沥裹肌肥。
客对星星鬓，山昏寂寂扉。
映囊贫计拙，今日始知非。

懒老婆

糠灯檠也。

断木衔光远，居然八尺檠。
桠杈劲三足，臃肿上孤茎。
不问釭花喜，聊辞烛泪倾。
通明看色相，粉黛亦虚名。

啰啰街中顿

日午僮仆饥，喘怯前壁陡。
青烟出孤茅，索饭杂门牖。
主妇前致辞，粗粝不适口。
良人食官赋，采桦入林薮。
桦皮良弓材，官令霜时走。
深愧远客来，蔬肉一无有。
饭饱出门去，给钱袖敛手。
频年秋大熟，种穈辄盈亩。
获多价亦贱，安惜此升斗。
闻此客意安，更讶边俗厚。
心悬谪戍乡，长恐土膏丑。
俯仰远沟壑，尽室作耕耦。

布塔哈乌喇

珠江也，官岁采珠于此，采参于山，采貂于野，并为东镇宝产。

部曲千驷强，前代边疆冠。
神龙起天潢，沙虫腐颓岸。
郁郁城市状，稠沓诧井闬。
生齿鲜编民，徭役半流窜。
清冷汩深渊，珠光倒星汉。
南海岂寂寥，贡舶扶桑畔。
维地不爱宝，边产岁无算。
令严私采罪，官采春冰泮。

巨蚌剖葳瓠[①]，革囊系腰骭。
蛟室凛失坠，入眼波洴洴。
采参复采貂，足茧复何惮？

塞　意

一渡松花水，荒凉塞意真。
沙昏无际月，草短过时春。
野雀村厨客，山魈夜火邻。
不毛伤绝地，溪簌少沾唇。

西拉站

落日在荒渡，陟岸奔山椒。
拨草辨古辙，失足多坑壕。
昏黑骤雨至，童仆相呼招。
咫尺不得顾，各各栖蓬蒿。
夜半山风腥，战栗虎豹号。
披湿默拥膝，启明见林梢。
引望前步艰，贯饮如猿猱。
左壁陡插雾，右壑深吹涛。
单车一尺土，轮外无秋毫。
蹲石魑魅塞，偃木虬蚖交。
驽马欲惊轶，性命谁其操？
冈转坦陌出，顿觉舒郁陶。

① 原注：独木舟名。

放胆下坂滑，回首来路高。
投驿支枕暮，得逸岂偿劳。
智士昧前算，夷险随所遭。

法塔哈门

奉天以北第二关，过稽林百八十里。

山口严扃月照营，等闲客过待鸡鸣。
此身已在重边外，不怕阳关第四声。

山　行

斜径入深林，冈头平一掌。
人在林中行，雨在林外响。
心神谢泥汩，纡回得幽爽。
林密飒秋声，雨驱暑气往。
故山凉叶村，忽作悠然想。

五叶词

碧山瑶草骄兰茎，鬖髿五叶光芊绵。
崖欹谷转箭牙密，土膏放暖龙耕烟。
灵根不死千年在，留与丹台助岚彩。
金骨仙人石鼎浆，一呷能令寿山海。
耆峰渺渺轩辕丘，地脉沃盛征天休。
上党新苗云液薄，深林谁复穷冥搜？
兔臼已收紫芝满，玉桃树下严司管。

青毛使鸟罢衔符，儿戏东方欲揎腕。
法星奏补三章约，轻死空求延命药。
斫桂虽无绣斧加，蹒跚已折玄乌脚。
天外九衢春瑟瑟，六丁直日关梁塞。
溪畔胡麻夜起尘，落魄愁来赤松客。

过新城

旧为白都纳站，西距船厂十一站，六百十里，东北距卜魁七站，五百三十里。

泥垣四面绕烟莱，孤轸侵程及晓开。
江近驿移临水去，市荒人为换鱼来。
稽林西瞰崇冈断，龙漠东连野渡回。
羸马屡过迁戍地，长征犹未息虺隤。

渡脑温江

过江即卜魁界。

急流双汊涌沙根，一抹波光带日昏。
想像琼州潮拍岸，片帆初到海南村。

固鲁站

百里不见人，飞鸟绝羽翰。
塞路寡程则，马首增漫漫。
鸡鸣饱一饭，日夕不及餐。
蒿藜求暂憩，复恐阳乌残。

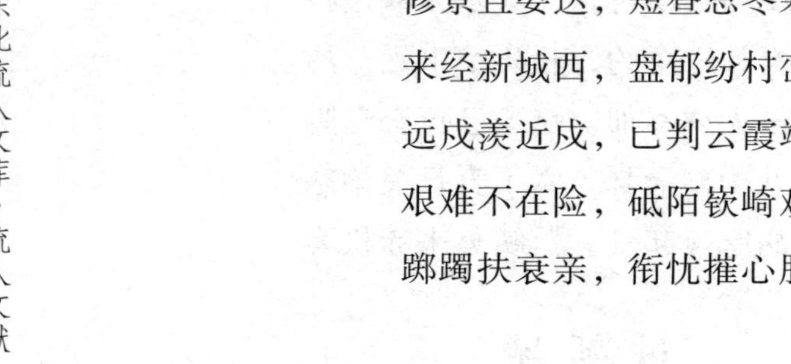

修景且晏达，短昼思冬寒。
来经新城西，盘郁纷村峦。
远戍羡近戍，已判云霞端。
艰难不在险，砥陌嵚崎观。
踯躅扶衰亲，衔忧摧心肝。

汲　井

长陆大火流，倦眼眩迥眺。
白日无纤云，平莽尽一照。
汗毛涩羸蹄，渴肺灼忧抱。
陂池闻前途，仆御起欢噪。
来及牧马场，溲勃乱泥淖。
深蒿古时井，汲远藉良导。
蛟涎腥瘿瓢，蠓蠛咨腾趠。
咄咄沈墨乡，汩污地脉窍。
凉泉忆幽谷，松枝煮山铫。
设观沃心脾，泠然发清啸。

望见卜魁城

一片沙昏数尺墙，断埤烟景亦苍苍。
怪来战马防秋地，说是书生送老乡。
五十三亭燕树隔，六千余里楚天长。
劳肩息后寻诗料，雁月笳风拾满囊。

至卜魁城，葺屋落成，敬和家君元韵十首

穷荒岂复羡轩楹，抔土诛茅手自营。
桑海乌衣天外梦，勃溲韦幕意中情。
三年沸鼎忧危色，百日征车轳辘声。
谁道惊魂招未得？啸歌随地寄浮生。

平沙千里接城根，不是山村与水村。
有梦岚光青到枕，谁家树好绿遮门？
楼台露坠螯弧冷，秣聆风高节钺尊。
边戍苟安鼙鼓静，草头吹角散霜痕。

笑解贫装载不轻，牛腰书帙半车横。
揶揄满路原成癖，辛苦随人倍有情。
语阱聊从欹案避，眼花渐对旧檠生。
南华齐物离骚怨，谁是谁非辨未明。

日侍眠餐双白发，难余犹幸是完人。
乌私得向殊乡遂，鸿律何妨甲令新？
斋肃瓦盆频祝哽，冬温纸帐且甘贫。
岭南苏过今同窜，绝胜袁闳土室春。

度日消闲事颇能，弟兄乡思怪频仍。
棋因敲落柔苔破，砚为吟多古麝凝。
蓍草乞邻朝断易，风帘吁斗夜烧灯。
送迎恰是东西屋，雨槛晴窗好共凭。

长天雁入愁云暗，高阙心随泪眼凝。
衣拂边尘嫌短袖，花占远信护残灯。
朋俦鹓鹭今何在？踪迹渔樵且未能。
只作萍蓬初失路，饥驱湖海误担簦。

静无剥啄类荒郊，寒雨闲庭不补茅。
耳剩宵吟联蟋蟀，眼怜尘网织蟏蛸。
敢言玩世同嵇阮？未信逃名学许巢。
寂寂书堂扬子宅，旁人指点莫相嘲。

二三邻屋簇蒿莱，垣短无心理断坏。
饮马柴门争井入，迎神画鼓趁风来。
雨余瓜豆从人乞，日落弓刀看猎回。
白帻青钱虚步屧，不关诗酒兴隳颓。

艰难万里乍迁移，草草安居百事迟。
晚食计荒舂稗臼，早暄倚待护花篱。
墙添鸡栅来年地，薪借牛车解冻时。
陋朴不应嗤塞俗，农家风味想如斯。

只送韶光不送愁，遣愁何处觅清幽？
夕阳巷冷牛羊气，平野天低狐兔秋。
岂有桃源容大隐，竟从榆塞说闲游。
多劳故国莺花待，白板黄茅古渡头。

学卜有感

蓍龟不自测，乃敢测风雷。
人事何趋避？天心有往来。
龙文归一画，象纬括三才。
注脚嗔仓史，鸿濛倚祸胎。

双柳行

卜魁城中草木稀，卜魁城外黄沙飞。
白日未耀天光徙，好云不宿茅檐底。
东家双柳长过屋，轻阴绿漾清风起。
过门有客行且止，披襟凉纳寒潭水。
江干丛生细于指，直去城南三十里。
刈尽柔条根复萌，年年生灭樵歌里。
想像书床扑烟雾，选栽欲问柴车路。
待得成阴知几时？故园老却长干树。

草芙蓉

草花似菊，从土俗名。

释草荒经漏，寒篱认菊黄。
虚无秋岸水，零落塞天霜。
聊作陶家径，难裁屈子裳。
浮名托江国，谁与惜孤芳？

游胡氏庄，次星厓弟韵二首

郭北辚辚古道过，戍楼三里接湖波。
沙堆断处人烟出，露得秋城一角多。

双双白鹭掠云过，茅屋人家对绿波。
为道年年新雨后，鱼苗一样到门多。

敬和家君《立秋前一日过访讷拙庵》原韵

炎熇息繁囿，凉风荡丰芑。
举步厌肆廛，欢尫竟流水。
念我霞外人，离居不一里。
入门卉草闲，下车僮仆喜。
经旬枯坐心，幡□咽故纸。
结兰投素芬，烹葵撷新蕊。
情亲重见面，况复餮喜旨。
坐叹鬓毛秃，边荒老残晷。
我有白发亲，追随比莱子。
寻欢遘良偶，愁绪纷以理。
广闻掉妙舌，祛惑叩微指。
旷壤转根蓬，汗漫忽聚此。
世俗白眼交，诽诋互如市。
对君能不饮，坦怀合遐趾。
揽袂气迎秋，歌声一再起。

八月十七日霜

土床入夜气，骨冷火不温。
起视手种花，委仆墙篱根。
早霜才一夕，不缓须臾恩。
荒边无林柯，后凋谁与言？
柔条受戕伐，悼惜同兰荪。
人生历寒燠，容易更朝昏。

敝麈行

蝇飞薨薨朝至暮，眼倦日长不得卧。
驱一未去八九来，垂帘声纳雷霆大。
买麈却讶荒城有，银丝木柄边儿手。
入握欣然快所需，疾飙怒逐千军走。
秋老霜寒蜂虿死，双眸空阔乾坤里。
破壁高悬等弃捐，团扇良弓类如此。
吁嗟乎！
裙屐风流久消歇，江东王谢无家客。
耳底清言何处闻？条条冷挂残灯雪。

九月二日雪

江南九月秋光开，冻云不近江城隈。
燕山九月朔风起，雪花光照桑乾水。
客住边城值九月，眼中才见边城雪。

边城雪，飞皓皓，九月才飞不为早。
芙蓉未冷江南花，靡芜已压燕山草。
羁人见雪何须悲，只似燕山九月时。
居人共道今年暖，迁客来多天意转。
此地初开草昧年，迎秋冰雪酸风剪。
雪迟飞，春早度，玉门或有春来路。

雪中集讷拙庵斋头观菊，分韵得故字

飒沓蓬无根，飘摇叶舞树。
漠漠天风来，平野一相聚。
秋花淡入室，苦雪纷在路。
踏雪忘雪寒，良约导吟步。
对花恕花瘦，物命托边戍。
暧曃复牖光①，清阴沍衣屦。
枝蒂自芳洁，篱落何新故？
餐英尽美酒，不学湘江诉。

咏　　史

明驼无复载瓜还，属国城空白刃间。
已报贼兵临瀚海，空劳天使出榆关。
东门旧事聊抒怨，北斗严威敢犯颜？
渴吻寒浆罢宣赐，金盘惆怅侍臣班。

① 编者按：“暧曃”，原作“暧曃”，殆为前者之讹，径改。

柬友人索野鸡

雪霁沙禽马首多，忆君雕羽匝林柯。
腐儒抱膝三旬坐，晋帖勾成不换鹅。

语　　梦

语汝欲何依？茫茫来去非。
中原有骨肉，生命少轻肥。
病合终宵眼，灯横旧著衣。
莫惊塞风断，好好客魂归。

晏　　起

炊晚饿加饭，夜觉酣朝寝。
盈虚眠食间，偿失岂揆审。
寒声户外雪，晓汲怯冻终。
晴时好客疏，况乃朔气紧。
益使贪睡心，慵慢谢讥哂。
逐客劳役甘，意外养玄牝。
尊生识主恩，形骸远[①] 釜鼎。
共此日月光，随方成梦醒。

老母命浴

四十儿将老，恩深寝食馀。

---

① 原注：去声。

洁躬尊禀受，沐德爱居诸。
室暖窗留日，边荒尘谢裾。
此身存难后，啼笑作生初。

失　马

空外似闻嘶处近，车前犹记旧蹄痕。
随来道远怜同命，说到功高愧少恩。
骨瘦岂堪充夜猎，天寒莫更放秋原。
饭牛歌里斜阳下，独步平沙望远村。

弟庄谓余《失马》诗，得唐人失鹤跣驴笔致，意有未尽，复成绝句

旧栈荒凉卧雪深，草枯何处踏云岑？
笼头莫漫偷儿怨，同是千秋识骏心。

扫　地

抱帚倚户立，寒风吹衣巾。
凌晨汲土井，洒扫庭陔尘。
扫尘不扫雪，留取寒意真。
弃帚出门望，边尘浩无垠。
俯视秽草积，仰见浮云陈。
放废恕晏安，希夷清心神。
胼胝在几席，一室劳躬亲。
强炼未死骨，动息游穷鳞。

家破散如雨，一仆随征轮。
诩功见颜色，傲惰谁能嗔？

菊　绽

盆菊瘦亦花，尺茎缀钱小。
荒地苦栽培，强说颜色好。
忆从邻圃移，南阶溉昏晓。
八月藏户牖，方法费询考。
怪挟傲霜姿，翻畏寒霜早。
煦育伴书帷，荣落愿长保。
艳艳故园枝，忍性随边草。

客从京师来惠新历

改岁知何地？寒暄茫昧间。
久能甘任运，即此是居山。
霜只恋残鬓，风宜解愠颜。
琅函来日下，气候准柴关。

序

巨人之功业，与才人之词章，天之所以赋予之者，类有不同，而成就之则同。版筑、渔盐、海滨市贩，极人世流离困顿之境，而帝臣王佐，勃然兴焉。所谓“动心、忍性，增益其所不能”者也。孤儿羁客，绝域塞垣，当上下无交之日，而《白石》、《河梁》发于音声，令人读之流连往复而不能去，所谓“穷而后工”者也，制军太保问亭先生，实兼有之。

先生桐城望族，祖水部公，父中翰公，皆以高才著闻于世。康熙辛卯，水部公坐乡人累，谪迁塞外，中翰公随行。时先生未弱冠，偕其兄重趼徒步，奉侍重闱，怡然色养。帚马通为薪，点湩乳为饵。暇辄读书，穷讨经籍，作为歌词，道性情而记风土，有《白华》、《华黍》之遗音焉。尔时先生穷益甚，益不欲自弃，凡险阻、隘塞、畜牧、防守、攻战、备储，无不周知者。间亦往来故里，涉洞庭，游大梁，登泰岱，历吴会，所至周览名胜，托之咏歌，浩然有牢笼一世之意。

雍正十一年，平郡王奉命统师北路，夙知先生才，奏掌书记。世宗宪皇帝授中书舍人，以行军中多所赞画，有兼人之能。嗣值皇上诞膺宝箓，远夷效顺，奉诏撤兵。于是先生由铨曹，擢用监司，跻方伯。其抚吾浙也，值婺州苦旱，民食不给，先生设法以赈，全活无算。既总制直隶，为群岳首，河渠、井牧、关隘诸务，所肩任尤重。

先生宣上德意，舒阳肃阴，民怀吏畏。凡所擘画，四方咸取则焉。回忆少时跨驴背，坐船唇，席帽经过，目营而心计者，至是悉见诸施设，无有阻阂。向使先生席祖父之盛，振翼文坛，其俯拾巍科，如操左耳。然不能读万卷书、行万里路，其才必不能闳通、肆应若是。即其诗亦仅成一家言耳，何遽足以刻画众形，含和万籁，为宇宙间必不可腐之文耶！然则天之成就先生有独厚者矣。

先生镌祖父诗集既竣，乃检未遇时所为诗，凡八卷，卷自为识。以予少时贫贱，游学都下，其艰苦之状有略似者，因属序于予。予受而读之。一二名彦评先生者，见其学问淹博，笔格雄浑，比之少陵，固宜。予以为先生之遇，亦有与少陵相类者。唐以诗赋取士，而少陵以布衣拜官，先生亦以布衣通籍。唐史称少陵为审言孙，审言善诗，故少陵得诗派之正。先生克绍家学，又与少陵同。至于生逢尧舜，柄用岳牧，直可以少陵许身稷契之愿，见诸实事，则又少陵所万万不及先生者也。先生勉乎哉！

甲戌九月嘉兴同学弟钱陈群。

序

桐城宜田先生，起家中书舍人，累任中外要职，秉节钺，晋宫保，保障上都，天下震于其名业之盛。而余自忝尹京兆，二年之中，公牍往来荷款接较密，则始知先生用心之所存。会先生排纂家集，镂板既竣，余受而读之，益用怃然膺服，则又以知其由心征事之有自来焉。

雍正乙卯之岁，余始官中书，从众中望见丰采，尝私语同辈曰："是公长趋阔步，意度凝远，宜有异人者。"因踵门愿得交于先生，而先生遽辱投分，每文酒之会，辄惠然来，久乃成大好。

乾隆元年，举行鸿词科，海内征士大集，阁中同牒举者，推先生为冠冕。廷试之日，平郡王监试，先生尝为平邸记室参军事，引嫌不赴。其才高而过自敛退，即又如此。凡先生今日之名位与其事业，则固于二十年前知之。何者？见表知里，静者之所明也。用晦而明，道家之所尚也。理有固然，无足异者。顾犹未为知先生之深，先生之用心，心乎为国家爱养百姓者也。先生之为国家爱养百姓，乃其本事祖若父之至性，以事吾君者也。

先生少撄家难，间关单步，橐饘万里。迹其伤心拂郁之境，备见于出入关塞诸篇，有古豪杰之所不能堪者，而先生之气愈和，神愈谧，略无怨怼不平之鸣。洎乎遭时显贵，为所得为，唯一意奉公，上纾军国之筹，下以究民疾苦。而于人世嗜好，一无所营。当其渊然独居，歌声若出金石，不异向者逆旅萧条时也。吾闻之：求忠臣必于孝子之门。又曰："贫贱忧戚，庸玉汝于成也。"盖人唯躬阅乎饥寒劳苦，与夫崄巇万态，而后可以悉人间幽隐之情。亦唯名阀旧族，萃山川英淑之气，而又积贤达之义训，自襁褓而饫闻斯。其学之成，能为有用之文章，而移其事以报国。余既稔知先生之用心，于其行事而证之于诗，又得其所由然，因乐为之阐以谂士大夫之志远大者。

钱唐年眷侍生陈兆仑顿首拜书。

东闾剩稿

方观承

自　　序[①]

余去金陵，北至京师，在康熙癸巳岁。是冬，偕伯兄东出关，浮沉辽沈间。乙未之春，省侍卜魁。阅五载，闭门无事，吟咏送日，积之成帙。嗣复删汰过半，良以穷愁欬噫，不若遐方之见闻可记，故犹不欲尽弃，取其剩者，著录于篇。

渡 江 作

耕畴托南土，衡宇临江清。
江风吹北渡，怆予去国情。
长河复当前，浊浪凌纵横。
南望日以远，北向日有行。
驱车冒氛雾，早暮谁能程。
飞飞堕巢鸟，日夕随哀鸣。
焉知道傍客，栖息违平生。

---

① 编者按：本书收方观承之诗稿共八部，每部诗稿之前均有方氏所写的一篇诗序，但这八篇小序又均无题目，基于此我们将这八篇小序均增补了“自序”这一题目，以清眉目。后面七部诗稿之“自序”仿此，不再出注。

鸟鸣犹故处，客行方遐征。
严关指辰北，霜雪常凄盈。
仆夫问前路，异地宁询名。

同家兄自都门北发

蓬陋怀帝阍，高云瞻夙愿。
羸马来九衢，尘泥迹已限。
匪唯限尘泥，犹悲向荒远。
去去关岭长，回头隔乡县。
塞草无冬春，晨衣积霜霰。
湘累惜儃佪，孤怀孰由献。
白日回幽阴，恩光希一见。
避弋颓凄风，相怜宿鸿雁。

宁远温泉

泉在梵寺中。

大地入冰天，灵湫豁沸泉。
尘心涤钟磬，冻马趣鞍鞯。
气欲高云雾，温余几岁年。
晞身兼沐发，戍客愧多愆。

山　　楂

产盛京，粒小味美，又名榅桲。

一骑贡秋风，山楂粒粒红。

摘林霜落蒂，驰夜月盈笼。
品以君羞重，根依王气崇。
樱桃唐故事，香荐寝园同。

开 度 寺

前代军器库基。

武库何因树宝幡，百年兴废已荒墩。
毫光佛火销狼燧，夜柝军声歇象门。
金帛岂酬征战骨，星霜空压短长垣。
好凭钟磬晨昏里，敲醒西风壮士魂。

威远堡边门

断柳凭分界，群山退守边。
周京严锁钥，藩落控烽烟。
避缴鸿宵度，当关虎昼眠。
相讥怪儒服，辛苦著长鞭。

稽林渡松花江

万壑空明外，千家练影中。
扶桑常表日，沮漆旧朝东。
荡涤存荒远，微茫接混同。
何当舟楫便，边势溯长风。

法塔哈边门

已在重边外，尤严大漠防。

开关无去马，落日有奔狼。
草间烧痕绿，云堆碛影黄。
闾门悲远望，千里更何乡。

卜魁杂诗二十首

惊心豺虎窟，风雪是何天。
白发三年泪，黄沙万里鞭。
团圞怜竭蹶，魂梦久颠连。
莫道边庭苦，相依重膝前。

不作萍蓬想，何妨鹿豕依。
忘情随醉醒，无意怨芳菲。
晚食终朝肉，酣眠尽夜归。
自然成俯仰，一笑掩柴扉。

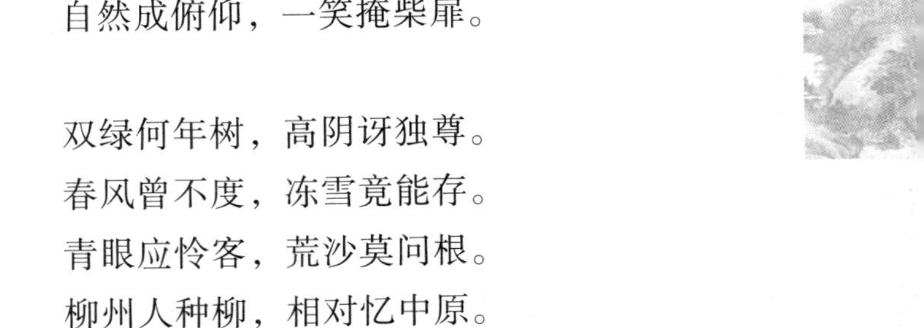

双绿何年树，高阴讶独尊。
春风曾不度，冻雪竟能存。
青眼应怜客，荒沙莫问根。
柳州人种柳，相对忆中原。

到处为农色，扶犁急晚沟。
逢人话禾黍，顾我少田畴。
心已伤瘏马，归应学饭牛。
柴桑春雨足，惝恍陆塘洲①。

① 原注：陆塘，余家故庄也。

野草亦能花，帘栊认尔家。
有天同坠露，无地避寒沙。
得句情偏艳，依人态更加。
芳名传楚客，萧艾莫深嗟。

芍药移原野，携鑱驾小车。
草铺青作路，花望白成渠。
土重防根瘁，阴浓迟雨疏。
许多斟酌意，香艳待何如。

草木人稀识，轩岐颇具名。
地辜材有用，天岂物徒生。
辨性缘多病，拈锄偶独行。
爱移仙品种，春圃灌黄精。

蔬畦郊远近，篱径踏来迂。
野色纷瓜豆，秋声冷辘轳。
市儿朝换米，邻圃晚携壶。
遥忆青门地，通侯笑故吾。

诺尼带城绿，心意豁潺湲。
冰泮深春水，云堆入夏山。
健儿调马去，稚子钓鱼还。
日日江边路，来看夕照间。

步随意独去，心岂眼同宽。

篱落秋风远，牛羊夕照寒。
萦愁怜草漠，惊险踏沙澜。
暮色空回首，中原一发看。

戎马边无际，重城锁市嚣。
人奴余墨涅，儿戏亦弓刀。
犬走茅桁捷，鸡栖炙坐高。
莫须惊卤莽，还复称粗豪。

歌哭迷踪迹，朝昏一室吟。
漫操寒瘦论，其奈雪霜心。
白眼判身世，黄沙任古今。
书空唯咄咄，殷浩尔情深。

南门一里市，何地复何营。
尘卧牛羊鞟，风呼狐兔声。
刀锥喧贾客，冠履讶书生。
酪酒携荒幕，谁怜觅醉情。

戍柝下黄昏，边荒甲士尊。
弓刀严夜令，星斗静高垣。
江国谁归计，冰天无定魂。
强将残卷伴，榾柮恋炉温。

冷漠霜初阔，长围野尽嚣。
将军弓力大，壮士搏生豪。
雪后黄羊集，风前锦雉高。

班禽奖多获，夜火醉香醪。

藩篱安苟且，终岁寡逢迎。
草长门如野，星罗屋似营。
曦光过隙易，霜色压茅平。
只作深山隐，寥天转不惊。

云净高空夜，西风兆晓霜。
客心惊八月，天意肃殊方。
枝护寒窗艳，鸿飞漠月荒。
等闲甘苦异，阅历已寻常①。

酒境止微醺，轻寒夜未分。
春聊生落莫，愁且逐纷纭。
斗静孤横月，天高淡著云。
晓檐喧鹊语，饱睡不曾闻。

草色枯牛背，残阳曳冻轮。
何尝榛莽弃，能易布茶新。
餍冷皮包饭，搓冰手药龟。
翻看边塞上，力作少游民②。

飘零难问地，毳帐复绳枢。
草长秋城隘，天荒暮月孤。

① 原注：塞霜分甜苦，苦霜益烈。
② 原注：土人手冻，搓以冰雪，使冷极发暖，则不皲裂。

数行迷过雁，三匝剩啼乌。
万古凄清意，狂歌托唾壶。

贞女吟

松柏挺寒枝，兰蕙艳秋草。
含芳际天时，灵毓各迟早。
黑风吹危巢，分飞堕双鸟。
比翼那能期？悲鸣树三绕。
未嫁送征夫，心情憺绵渺。
羞下觌面泪，语涩意已晓。
守兹金石坚，何妨天地老。
悠悠楚水长，漠漠关云杳。
一室万里心，艰难恐不保。
冲然达天命，素志何皎皎。
浮云岂终朝，丛枝不终槁。
佳会卜非遥，皇天鉴贞抱。

忆大兄

白发愁无已，经年绝手书。
全家待衣食，终日倚门闾。
羸马冰横路，寒毡雪裹车。
孤征何处迹，相望泪沾裾。

触感二首

倾盖成素交，义气尽一见。

昨闻铭同心，今闻绝会面。

洗洗清河长，滚滚黄河疾。
请看清浊流，到底不相入。

种圃六首

小圃地三亩，近在屋东隅。
治之人力艰，弃之人事疏。
借以炼筋骨，晨昏独把锄。
三日觉习惯，劳苦不似初。
邻翁隔墙语：种谷胜种蔬。
翁言良善计，欲耕非菑畬。
此圃因屋买，否则并圃无。
瓜豆布南种，迟早生性殊。
边风审气候，翁久此地居。
劳翁待生成，乡味烹荒厨。

细种掩薄土，雪消润土质。
不信坼有期，生机虑寒涩。
披衣看及晨，失喜青竟茁。
隙地移傍畦，待长均疏密。
园墙苦不高，啄蔬半鸡腹。
割鸡饱肉味，卖鸡得高值。
得值益种蔬，肉饱讵永日。
含糗宜素赏，愿言常蔬食。

野花不识名，淡红媚清晓。
瓜棚借引蔓，经秋开未了。
不害此徒荣，浑欲忘缠绕。
胡来鬼脸葵，丑名以终老。
妄拟籍阳卉，滋乱胜于草。
侵地比强梁，除之苦不早。
急治防来年，子结遗患扰。
结想界宽畦，菜青花亦好。

佳产遑问地，佳名视所赏。
薇以饿夫荣，莼著高人想。
边沙种红苋，品味觉无两。
葵蓼贱颙斋，当春勤培养。
菜老不堪尝，此独非其党。
叶叶凝脂膏，露滴红一掌。
肉食弓刀儿，委弃视草莽。
饷客必烹荐，方法传始广。
异哉知己私，独肯小园长。
挈尔归中原，千秋乐佳壤。

偶然过邻圃，老叟瓜阴著。
歧蔓纷删除，繁花随叶落。
怪问斯何理？气脉分则弱。
比之莠与禾，不图将肆虐。
叟毋拟非伦？种类别善恶。
兹则本同气，相妨恐未确。
吁嗟损益心，营营私厚薄。

物性体并生，何遽见陨获？

岂无长须奴，悍惰不为使。
岂无卤蕲锄，破缺费整理。
人事惜前劳，蹒跚不自止。
有井畦尽头，日落汲之始。
罢灌雨才淋，骏奔云突起。
水气移崩雷，长空月如洗。
一嚼冰瓜寒，假寐凉阴里。
湿叶摇清风，园门时闭启。

望城南

望城南，出城步。
荒草几围冰雪深，颓垣五尺烟沙护。
近城列刹修何年，宝幡局促弓刀戍。
粥鼓钟鱼早暮间，四野悲声窜狐兔。
欲飞不飞鸟翼伤，欲落不落日光暮。
放眼茫茫几千里，侧身天地何依附？
回忆来时初进城，失喜城中有人住。
今在城中作住人，愁见人来复人去。
去人常少来苦多，寒沙一掌长安路。

卜魁竹枝词二十四首

诺尼江上水潺潺，五月冰消艾浑山。

流到混同天更碧，松花一派白云间①。

边天春事近为农，野烧荒荒二月风。
千里火云吹不断，满城都在夜光中。

沙挎三月草芽干，曾少春游远树看。
漠色乍青还乍白，东风吹暖复吹寒②。

老树争言神所栖，千条沙雨道旁垂。
昨宵画鼓方行祷，莫遣行人误折枝③。

野杏丛条杂乱荄，樵车寒折一枝来。
居人五月矜红艳，不信江南二月开④。

芍药千丛聚一窊，移香人特访郊沙。
小车艳引分明路，十里东门蝴蝶花。

东门十日雨微凉，拾得蘑菇入市香。
野水恨教迷去路，儿童闲杀柳条筐。

江上葳瓠春水清，西滩渡口风正平。
篙撑十字纵横样，破网牵来水面行⑤。

---

① 原注：诺尼江，在城北五里。南流至混同江，会松花江入海。
② 原注：春草初生，经寒复槁。
③ 原注：城南独柳，土人皆神祀之，戕其枝辄病。
④ 原注：去城三十里，有杏丛生，细如指，无成树者。
⑤ 原注：葳瓠，独木舟名。

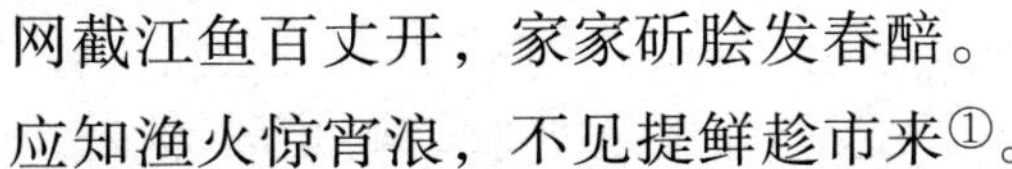

网截江鱼百丈开，家家斫脍发春醅。
应知渔火惊宵浪，不见提鲜趁市来①。

风漾沙痕落水痕，采蒌傍水绿初繁。
边儿边妇携筐出，多半相逢在北门。

桦船携趁渡头忙，来往轻飞逐鸟翔。
收拾烟波人散后，一肩帆影荷斜阳②。

五月巡边草茁荄，西行轻骑抵河涯。
无皮树下堆高家，归路糇粮去日埋③。

二百菘球乳叶香，马头封裹贡秋霜。
笋奴菌妾应相诧，异种离奇避老羌④。

九月通铿猎骑纷，弓刀大雪从将军。
一时马上齐声贺，亲射雄𪊑六百斤⑤。

① 原注：渔者必夜半乘葳瓠网江心，及晨入市。风大浪急，则不得鱼。

② 原注：纫桦皮为渡船，长六七尺，可容二人。

③ 原注：五月遣官，率百人，巡边至鄂尔姑纳河。河以西，为俄罗斯地。视东岸沙草有无牧痕，防侵碑界。路弥漫无辙迹，择大树去皮，归时认树，知旧路也。糇粮不能携者，囊挂于树，或掘地埋之，隆土作家形。

④ 原注：俄罗斯菘，抽苔如莴苣，高尺许，其颠叶叶相抱成球。取次而舒，已舒之叶，老不堪食。割球烹之，味甚美，函纸充贡。

⑤ 原注：江冰后，猎野彘于通铿河，雄者为贵。编者按：“𪊑”字各种字书均无著录，只得姑仍其旧。

鄂伦春隶索伦围，庐帐千家裹桦皮。
大树惊貂凭犬得，深山野鹿任人骑①。

犬侦貂穴在深蒿，伺穴噙来更不劳。
貂惜毛戕甘受齿，犬防齿重不伤毛②。

估客釜敲声在臂，虞人貂眩紫堆腰。
相逢不用频争直，易釜唯凭实釜貂③。

肉尽还惊枝未摧，争呼神享笑颜开。
月明觅得枝头饱，昨夜群鸦今又来④。

行人争说避灯官，叱咤声中法不宽。
昨日街头呼驵侩，今朝马上肃衣冠⑤。

谁家壁写翠筠横，连臂边儿识未明。

---

① 原注：索伦人分八围，应捕貂役。鄂伦春又在索伦之北，与俄罗斯接壤，地产桦，冠履皆以桦皮为之。无马多鹿，乘载与马无异，用罢任去，招之即至。捕貂以犬，与索伦同。

② 原注：貂产索伦之东北，捕貂以犬，虞者裹粮以往，犬尝前驱，见其停嗅深草间，即貂所在。伏伺貂出，逐而噙之。貂爱其毛，受噙不自戕。犬知毛贵，亦不伤以齿。故皆生得也。一虞人岁输一于官。

③ 原注：釜甑之属，极边所少。商贾初通时，以貂易釜，随釜之大小，貂满于釜而后肯易，今则一貂数釜矣。

④ 原注：泥扑处人禳病祈神，列植松桦于野，遍挂牛羊肉，罗拜其下。

⑤ 原注：锁印后，阘圊侩名，立为灯官。揭示有“官假法真”之语，细事扑罚惟意。出必鸣金，市声肃然，至开印前夕止。

牧竖忽来夸见惯，东门塘子苇丛生[①]。

椎鬟半绾猎蹄轻，射得鸳鸯不识名。
说与相思交颈鸟，无端边女也多情[②]。

夫役官围儿苦饥，连朝大雪雉初肥。
风驰一矢山腰去，猎马长衫带血归[③]。

门闭炊烟暖御风，家家灶火炕头红。
客来更拨泥盆焰，羊胛餐香炙马通[④]。

丫蜡山头树柞樵，诺尼江北少行尘。
待来十月冰平岸，日夜牛车作炭人[⑤]。

雪

雪户键三月，春光剩十天。
久安边气异，翻使客寒捐。
寂寞摊书眼，昏腾煮灶烟。
争言宜穑事，土碛渐融坚。

---

① 原注：迁客家有图竹于壁者，土人指为苇，苇生处曰塘子。
② 原注：妇女韬发垂肩，曰练椎。
③ 原注：鄂伦春妇女，皆勇决善射。
④ 原注：冬蔽重门，而牖其光，是为风门。
⑤ 原注：丫蜡山，在诺尼江北二百里，江冰后人往作炭，路无宿所，皆夜不绝行。

寒

冰雪一冬惯，春寒岂竟寒。
客心移节候，边思起弥漫。
昼暗室逾静，帘垂香不残。
芳菲无可惜，一任晚风酸。

郊　游

野寺纡晴步，春江净客心。
残冰飘落日，短草卧云阴。
雁访来时路，花开故国岑。
不堪高阁望，回首塞垣深。

诺尼江漫兴

斜阳风定半江水，破网人牵独木舟。
云影渐移沙外岸，钟声微落寺前楼。

蝇

边热不能久，营营胡转多。
味投膻酪易，人奈棘榛何？
引类乘炎起，迎秋怯雨过。
那堪弹不去，苦欲伴吟哦[1]。

---

① 原注：杨廷秀诗：“秋蝇知我正吟诗。”

析旧车为薪

薪析旧乘车，炊烟壮晚庐。
不樵真失业，饱饭且安居。
致远材原具，埋轮事已虚。
几回停落斧，椎凿忆成初。

家兄来书，拟春初抵塞，将至奉，忆之作

期近团圞思转深，痛中竭蹶岂能禁。
麻衣万里呼天泪，冻雪千山负米心。
京国书才开旧腊，闾门望苦到而今。
伤心强说春风聚，长大先须作枕衾。

家人寄珊瑚苔

珊瑚苔唯吾桐有之，赤苗鲜泽，遍覆岩石，濯而暴之碧色，清香可食。

珊瑚苔寄故山香，皖水谁携白下航？
万里封题来宛转，六年情味忆苍茫。
岩铺紫戟春苗嫩，邮裹冰花碧带长。
渴吻顿清吟齿兴，石芝疑似梦中尝。

早　出

穷边生乏计，何暇说生归。
夜枕愁无米，朝寒更典衣。
自知人事拙，不讶世情非。

强步出门去，漫天雪正飞。

得大兄书

万里书能寄，行踪纸上寻。
絮连情语乱，铗冷泪痕深。
汾雁霜浮水，江枫雪作林。
风尘说经惯，欲慰白头心。

感　　怀

青草道旁长，白云天上浮。
白云复青草，行路何时休？
男儿纵得志，出门难自由。
忍此百年身，车马付悠悠。
折坂无善迹，急湍有危舟。
越鸟堕北风，飘忽万里愁。
羽毛遭零落，乡井岂易求。
江南歌好春，塞北悲高秋。
落日邈重关，哀鸣激楚囚。
寂寂夜啼乌，啼乌未白头。

夏　　寒

暖待春将尽，寒惊夏转深。
气迟伸蛰候，草束向荣心。
燕雨沾朱户，蝉枝坐绿林。

熏风九天上，吹不到边阴。

夕阳

秋草枯时塞眼长，天低野寺暮云荒。
戍笳声里沙和雪，一片寒阴淡夕阳。

垂钓

时江水大涨。

野草连天尽，惊移巨浪看。
江帆城下水，渔火寺前滩。
塞鸟横秋阔，吴枫入梦寒。
乾坤飘荡里，聊把钓鱼竿。

立秋

冷雨飘无际，斜阳乍有痕。
天光归黯淡，秋气入黄昏。
茅漏风侵夜，墙欹水浸根。
荒寒移岁晚，坐对触秋繁。

闻笳

笳声吹暮野，秋影阖寒扉。
白月荒无外，黄云惨不飞。
关河双鬓改，乡国几人归。

欲谱弦为曲，难禁泪湿衣。

即事四绝句

穗帐新看列翠翘，歌声冷入断云遥。
绮罗风里香为路，不用魂归赋大招。

料量欢爱复如何？满眼西风有碧莎。
急管繁弦齐下泪，不知悲思阿谁多？

凄绝新词制未成，蛮靴叠板一含情。
清风猎猎鸣枯草，转调如闻媚倚声。

宿世香销红豆枝，不堪听彻曲终时。
白杨风雨多萧索，从此新声别付谁。

过某氏居

终古沙埋碧血愁，生存华屋重回头。
鸭阑鸳社知多少，不及张家燕子楼。

暮　　立

畏寒重窥户，手足如有缚。
爱兹星月光，短步舒卷躩。
白雪压茅椽，因风时吹落。
墙颓窦径成，邻灯孤屋角。

岂不动悲凄，吟思求暂托。
苦欲抽肺肠，所见空寥廓。
银河移天枢，潜波有谁觉。
百年夜居半，念此意萧索。
未信春风期，何时嘘屈蠖。
枥马伏残刍，荒鸡杂远柝。
觅睡学志情，烂漫谢六凿。

城头草

土城五尺高，三尺城头草。
雨露攀崇根，寒风得秋早。
野火飞不上，炊烟时缭绕。
猎猎鸣悲声，森若林木槁。
冷色接衡茅，开门望昏晓。
夜月萦荒烟，寒空带飞鸟。
结子坠春泥，青青何处好。
何似车马痕，送客长安道。

早　枕

早起嫌无事，因教藉避寒。
闲吟一枕足，有米百忧宽。
夜雪钟声散，檐曦鹊语欢。
樵车墙外路，响动晓风酸。

傅含万得木化石以为镇纸索赋长句

吾闻奇章牛氏宝湖石，品题甲乙同和璧。
又闻坡老雪浪仇池篇，璁珑玉色几案前。
兹石自何有，木文石质枝痕纽。
前身大谷土花斑，直穷王会羌浑古，
千年老树摧风雨。
沉涛气核化坚青，不与凡条同朽腐。
为榆为柞谁能辨？虞人取之淬刀箭。
置身翰简亦何为，器使居然班笔砚。
仆骨之山康干河，松根花石松纹多。
穷崖弃置类如此，挺干空嗟面目讹。
木有廉兮石有理，砥行一室交君子。

夜　归

城阴寂寂锁蒿莱，归路频惊戍鼓催。
冻月半轮衔雪出，寒沙数里傍车来。
猎云散骑环宵帐，野烧飞烟掠燧台。
遥指衡茅栖冷梦，一星灯火露荒陔。

大父作《塞居》十首，叙曰：“昔人有山居、村居、湖居诗，独不可为塞居诗乎？触目成辞，一慨亦一笑耳。”同大兄敬次原韵

咄咄诗成叠叠篇，咏歌一室笑荒边。

拟同笳拍传千古，浪逐瓶群愧昔贤。
楼倚辽天飞画角，驿连羌部控霜弦。
书生不识开疆事，莫问蒿莱纪岁年。

抱瓮居然学圃身，畦均架叠费精神。
花蔬界别三弓地，瓜豆筐分隔巷邻。
青摘儿童喧款客，碧连斋室静怡人。
篱门夜月棚阴雨，健履欣看倚杖频。

淅沥风回远近笳，栖枝何处觅归鸦。
征车古塞三秋草，落日长安一掌沙。
牧马厂开平野阔，呼鹰声入乱云哗。
相逢乐事夸边土，翻笑书生苦忆家。

才说迎秋急御冬，未寒先改雪霜容。
几年病骨毡犹冷，八月冰泥户早封。
窗护苇芦留景短，夜煨榾柮坐烟浓。
可怜裘敝年年线，灯火慈帏手自缝。

蓬栖岂识庙堂谋，羽檄传飞积雪丘。
满眼旌旗摇别梦，谁家杨柳怨封侯。
凭将碑字标辰极，容易音书过陇头。
鸿爪印泥鱼鸟队，霜风零落芰荷游。

愁中书卷隙中驹，万里寒毡竹素俱。
聊尔寄心销寂寞，究成何事笑胡卢。
鸣弦帐外云朝动，磨盾灯前酒夜呼。

衫履郎当甘众弃，年年高卧避城隅。

二三友屋望离离，情好偏深共难时。
幻境须销当日梦，清谈不碍外人知。
药除小病商医稳，花访轻车散酒迟。
来往青鞋蓬户艳，且从萍梗慰凄其。

羁旅难销情思多，蛮乡雪塞较如何？
才人未必皆狂放，异俗空知待洗磨。
裙屐风流归卤莽，楼台花月邈山河。
青犁黄犊平生志，纸上虚赓牧竖歌。

岁事宁将旅抱宽，似忧脱粟滞公安。
三年水乱千村哭，八月霜飞万灶寒。
菜把矜尝邻父馈，糜车争籴市声欢。
荒江旧贯鱼梁禁，剩可生涯付钓竿。

故园杨柳绿鬖鬖，曾结青溪旧草龛。
每怪春鸿飞向北，剧怜粤鸟字怀南。
丰唇自昔才难称，病臂于今减不堪。
归老桐庐宁待老，湖山佳句和云庵①。

前　　题

方观永

囊读宫端出塞篇，重闻今更侍穷边。

① 原注：方千，桐庐人，所著有《云庵诗集》。

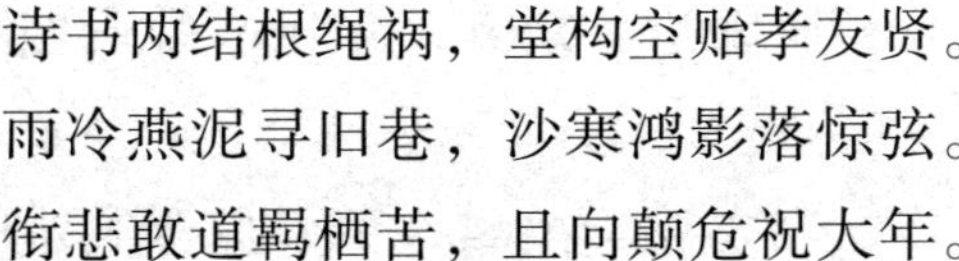

诗书两结根绳祸，堂构空贻孝友贤。
雨冷燕泥寻旧巷，沙寒鸿影落惊弦。
衔悲敢道羁栖苦，且向颠危祝大年。

十笏蓬檐万里身，南云西日倍伤神。
鷦鹩枝上求三窟，豺虎声中托四邻。
学易为占京洛信，买柴时遇故乡人。
关山久识归难事，触感空劳入梦频。

一片悲声入暮笳，南飞愁抹夕阳鸦。
炊烟夜隐颓城月，野蔓门封古巷沙。
自是眠餐归寂寞，不劳车马避喧哗。
浮踪转羡毡庐客，水草年年到处家。

梅花书屋启寒冬，十载香廊忆旧容。
金谷梦魂人自远，玉门霜雪夜常封。
江亭几处征歌艳，官阁何时对酒浓。
土室自怜僵冻骨，衣衫谁寄白褣缝①？

事鲜成谋转不谋，且将狂态傲荒丘。
夜郎月对三人饮，公子诗轻万户侯。
独树凉阴寻野外，半竿秋水坐江头。
招携更有论文客，一径花时许共游。

半生局促类辕驹，误我儒冠岁岁俱。

① 原注：微之寄白乐天《轻褣》诗云："衣衫难为远裁缝。"

孔颉腾声须折简，临邛落魄慨当垆①。
机梭虚听阶前织，水火常劳夜半呼。
谁信王郎头早白，一编寒饿抱边隅。

檐茅砌草影迷离，寂寂颓垣月照时。
霞思欲寻猿鹤语，秋心唯诉雁鸿知。
花侵短袂垂阴薄，坐拥寒衾得梦迟。
坐自伤情眠未稳，一天星斗夜何其？

零落江蓠客感多，盈囊沙草欲如何？
穷愁味永齑盐乐，浩荡心从岁月磨。
绝塞有天开壁垒，长空无路泛星河。
濡毫不纪弓刀事，满耳悲笳一放歌。

世情唯付酒杯宽，断梗波涛觅易安。
勤向羽毛修雪短，任教形影吠云寒。
花交淡友三秋晚，鸟送华音一枕欢。
闭户饔飧容苟且，休思白水旧鱼竿。

风尘饱沃鬓鬖鬖，逼侧天涯寄一龛。
望远音书来蓟北，看人行李去江南。
门依肮脏宁劳刺，自审箪瓢已惯堪。
何处清狂容我癖，高题扪虱树间庵②。

① 编者按："垆"，原误作"卢"，此据《史记》司马相如本传改。
② 原注：石曼卿常卧一庵，题曰"扪虱"。

友人邀食腊八粥

盂粥甘融出世香，情依法会契空王。
虚传寒食花糕节，赚得愁人望故乡。

过讷拙庵先生问病，归途同顾山叔作

问病过良友，到门及鸟宿。
坐我烹新茶，药性勘方录。
遂忘归路迟，黑云幕高矚。
积雪辨高低，寒光如引烛。
寂寂牛马风，市静类荒谷。
谈笑步兵随，幸免行影独。
偶然入酒肆，一醉生和燠。
暂时竹林欢，豪放颇不俗。
戍柝怵严更，令下弓刀促。
巷犬吠群豹，冻滑屡彳亍。
望望短墙横，灯火明茅屋。
闭门谢余凄，残毡喧夜读。

入塞诗

方观承

自　　序

余侍塞上逾五年，伯兄方谋食四方，余固不敢言他适也。岁庚子，怀宁任公督学奉天，屡驰书相召，不得已，大父遣赴幕。未两月，伯兄都门书至，谓吾兄弟相去仅十五日程，三关之阻，已逾其二，尚不得面耶？读之悲不自胜，遂策骑而西。自卜魁达京师，历春夏，越四千余里，有所得辄笔之而未暇录也。夫去荒漠绝域之区，而履游处故地，见亲戚，话故乡，揽山川文物之盛，如出幽暗，重睹天日。是固恒情之所甚乐，而余转独以为悲者：长城之高矗天，划然中外，陟卢龙颠峻，回望遥东，边漠杳冥，吾亲处其下矣。不肖之躯将安往耶？卜魁戒途为康熙六十年正月二十六日。是日奇寒，杀人畜无算，边人惊为未见。余以弱质，得全父母之躯，而来吾兄之侧，亦幸矣。岁雍正丁未，居金陵，去无所之，因取向所未录者，辑之得若干首。计去辛丑之春，业经七年，用以志夫不肖子之与吾亲离者，已七易寒暑，而尚未得一省视也。

大父遣赴奉天

重闱倚衰白，我行将何之？

寻常未易别，况乃天之涯。
饥寒驱冷铁，汗漫无家归。
生计在干人，得失难预持。
敝裘支冻骨，膻酪充路饥。
辛苦付前途，孤踪行李微。
回首望朔风，泪眼垂冰丝。
翻笑穷途泣，一身何多悲。

征车促行色，出门重回头。
历历家人面，后会宁预谋。
幼弟牵我衣，涕泪不可收。
抚摩为拭泪，给以非远游。
弟兄各飘泊，独汝膝下留。
去去摧肝肠，何以慰边陬？

痛哭辞先灵，孤榇悬野戍。
从此万里天，瞻云空陟岵。
来日拜庭前，音容杳孺慕。
何时封树安？终身守垄墓。
寂寂龙眠山，悠悠关塞路。
春草枯中肠，悲风鸣碛树。

白都纳城

一名新城。隶稽林镇，黑龙江镇东界止此。城临诺尼江，发源卜魁东北诸山。艾浑、卜魁两水师战舰岁修，就材稽林，由混同、诺尼达于松花江，返棹稍迟，则冻阻。自此驿路，由稽林至奉天，千四百里，取道蒙古，入巴浒边门，近数日程。

已尽龙江界，依然雁塞天。

城低春水驿，冰锁上流船。
短市轮蹄隘，残更风雪悬。
如何近都邑，巴浒更荒边。

入巴浒道

烟沙一望客心惊，遥指西南十日程。
夜雪蒿深残烧断，长天风定乱云横。
三秋马牧分藩界，万里龙庭护镐京。
久靖烽尘来往路，书生短辔遂长征。

野　　宿

野宿必依庐帐，求井也。车轭相联，荒草一匝，秣马其中，人宿车上，曰野营，又曰冷营。

遥指行庐入暮天，营依一匝短轮连。
黑风饮马人呼井，白雪眠车夜裹毡。
强抱梦魂来断碛，又听轫辘起荒烟。
柳条数问边门路，传道冰沙不易前。

巴浒门

关门壕路隘，冰雪柳条通。
锁钥严荒漠，屏藩接镐丰。
依山联短市，迓客有春风。
且喜停车夜，居然旅店中。

望奉天城

陵树云光和，春城曙色微。
和风开远塞，佳气映朝晖。
鹤语三年住，乌枝万里依。
并州望乡地，今作故乡归。

巨流河

千里寒涛客泪凝，记从风雪裹行縢。
可知今日船边水，换过来时十度冰。

早发二首

远树蒙长天，微云抹风色。
晓气爱澄清，心伤是孤客。

鸦声乱晓寒，衣裳风格格。
立马重添裘，行人忘五月。

羊肠河

羊肠渡口水潺潺，杨柳桥横乱石间。
欲问关程何处是？马头无限夕阳山。

笊篱村

高下云横夕径赊，一层山尽有人家。

笊篱村口回环水，石磴松棚唤卖茶。

入山海关

柳榆风色遍关门，犹忆冰沙旧辙痕。
去梦羁情成隔世，今朝客路是中原。
城头自照秦时月，海上难招姜女魂。
立马更伤回望处，白云遮断塞山昏。

五日宿关下

酌残蒲酒旅魂愁，灯舫秦淮忆旧游。
梦醒江城今夜水，乱山攒处月如钩。

和店壁《听雁》题句

落日山城气若秋，何人旅恨壁间留？
此身久愧南飞雁，不听寒声客自愁。

永 平 府

孤竹千秋仰旧封，关河一气走卢龙。
无山不带长城路，有寺都盘绝顶峰。
共指崇祠馨饿骨，强拈残蕨信遗踪。
北平自古边防地，节义真知励战攻。

卑耳道中

稻畦数里水村幽，雨过秧针绿乍浮。

树里萦泉农唱晚，客身疑在陆塘洲。

月

荒沙一片月，宛转到长安。
梦恍中宵色，心同故国看。
云阶天幂幂，关路夜漫漫。
不照乌头白，空歌易水寒。

拟　古

涧底郁青松，虬枝结深草。
地势无可乘，凌霄姿空好。
秋水长新荷，乃在蓬莱岛。
非不贵且洁，得时苦不早。
古来慷慨士，不肯寂寞老。
徇名轻水火，终愧君子道。
长啸入深林，无为叹枯槁。

送立诚十叔南归

堕羽惊尘两不知，十年关月杳相思。
竹林梦里今宵酒，笳拍声中入塞诗。
燕市暂来还击筑，越巢飞去本无枝。
飘零骨肉千端泪，又是青门送别时。

喜晤讷拙庵先生自塞外归因赠三首

万里归来是故人，恩波尽为洗边尘。

风光暖送还家路，冰雪天培有用身。
凤阙高车延短笠，骊歌冻雨忆初春。
相逢只看诗囊里，柳色关门一番新。

老树阴浓径碧苔，半园花月旧亭台。
昨年图画同君看，今日林扉为我开①。
投辖多情怜末座，承恩尽室醉深杯。
莱衣笑进团圞酒，才自西清退直回。

冰天曾和草堂题，锦里名传杜老齐。
藤杖今移吟月地，诗人旧住浣花溪②。
痛违菽水瓶难乳，凭寄音书雁不迷。
若听莺声思旧侣，应怜独鸟到幽栖。

闻拙庵先生于热河行在奉诏供奉内廷

甘泉宫畔拜丝纶，十五年前供奉臣③。
长乐钟回天外梦，夜郎月照禁中身。
藜光夜湛开青琐，贝叶亲书献紫宸④。
暇日上林看过雁，好音曾否慰边尘？

题冬青树下芭蕉

风动絺衣绿扇开，零陵纸色映苍苔。

① 原注：先生塞居时，曾图《半园亭沼》见示。
② 原注：大父移居先生龙江旧寓。
③ 原注：先生向以曹郎供奉中正殿。
④ 原注：先生精梵书，素被宠命。

王维画作凌寒种，合傍冬青树下栽。

立　秋

已觉寒乘候，真知秋易哀。
风连昨夜动，雨傍夕阴来。
望远身常寄，瞻云雁少回。
未应余热尽，只恐塞霜催。

连　雨

痴云将密雨，信宿意如何？
耳滴新愁入，心怀旧历多。
冷飘湘水阔，滑蹇太行过。
萍梗犹今日，桑乾急逝波。

雨　夜

秋雨常侵夜，凉风欲动衣。
愁声窗近树，暗影烛临扉。
毡雪何堪忆，莼鲈岂易归。
伤心南去雁，尽带塞霜飞。

雨夜作家书

结绪千端剧，临缄一字无。
瞻依凭寸纸，霜雪望穷途。
梦入边天阔，灯亲旅夜孤。

愁声禁冷雨，为续泪痕枯。

送王子嘉先生归辽阳

料理烟霞到短筇，由来阅历任疏慵。
宁将意气同金尽，但觉人情逊酒浓。
栗里易教寻旧隐，藜床不用叹浮踪。
他年辽鹤如堪访，拟住千山第几峰。

怀南草

方观承

自　　序

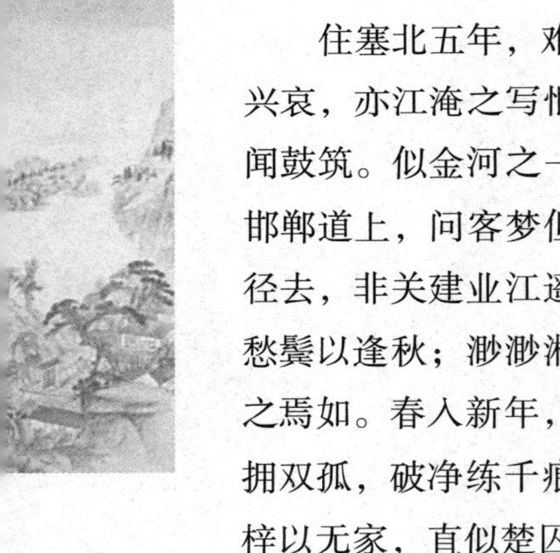

住塞北五年，难寻乡路；望江南一曲，不唱边词。此庾信之兴哀，亦江淹之写恨！迨夫严关既入，隔断吹笳；易水重来，还闻鼓筑。似金河之一雁，芦弱宁飞；逐沧海之群鸥，波惊不定。邯郸道上，问客梦但有归心；浊浪河边，近乡路真成击楫。轻舟径去，非关建业江遥；长铗归来，又食武昌鱼在。依依杨柳，共愁鬓以逢秋；渺渺湘波，独招魂而向夜。登大坟以远望，淼南渡之焉如。春入新年，舟回倦客。风轻五两，下君山一点之青；浪拥双孤，破净练千痕之白。泊菰芦而傍暮，乍闻商女吴歌；缀桑梓以无家，直似楚囚秦赘。十年化鹤，空看城郭依然；万里冥鸿，孰是羽毛全者？味江鲥与陆苋，人言似张翰莼鲈；唱残月于晓风，我到值秦淮箫鼓。恒情足乐，幽抱唯伤。巷冷斜阳，谁识春庭旧燕；阶空夜月，几听风木啼乌。嗣宗或闭户视书，累月不出；王粲之登楼作赋，吾土宁非。敝舆羸骖，失芳草王孙之可贵；登山临水，望白云关塞以何长。斯欢咏之未终，有悲吟之难已。越禽可喻，聊同举翼于怀南；代马难留，又逐嘶声而向北！

双　　雁

双雁影相依，南征傍客飞。
似怜栖息共，不怨稻粱微。
沙雨来非易，金河猎未归。
昨年边塞上，送尔泪沾衣。

寒　　知

寒知关塞早，七月已深秋。
念到重闱远，心将万事休。
莫询明日路，那尽五更愁。
不信乾坤里，真乘岸上舟。

艮　　岳

艮岳空余三尺土，思乡桥上泪如雨。
二帝魂归恋旧游，不识西湖艳歌舞。

食　　柿

柿品重乌椑，名自梁园久。
渴吻求秋林，嘉实骈垂帚。
园翁知客廉，攀柯听自取。
浓阴团火云，虬卵疑炙手。
玉露裹金浆，熟酿轻霜后。

岂必松阳植，如向华林剖。
入塞矜新尝，膻酪十年口。
触物默然悲，山云频举首。
古人睹莲实，分甘忆慈母。
母嗜况在兹，边荒能致否？
微物适亲心，所获亦已厚。
安得树北堂，兹木称多寿①。

寓许署东园呈王素园先生

园小依庭静，官闲爱客来。
水萦幽径曲，树拂晚轩开。
看放冰衙鹤，宜擎梁苑杯。
知多平日兴，诗句遍楼台。

送大兄之汝宁

秋风雁影动寒林，相送谁怜南浦吟。
只为多愁成失路，即教暂别亦惊心。
淮源已觉江乡近，颍水应添客泪深。
吊古夕阳王粲宅，平舆城下急疏砧。

晚　步

远树风回落日横，萧萧寒色半孤城。

---

① 原注：柿有七绝，一多寿。

偶成吟便多商调，试听秋全无好声。
莫问蹉跎缘底事？翻从寂寞起闲情。
黄昏立遍方塘影，芦荻花边待月明。

生　朝

壮志虚惭弧矢悬，萍踪又滞汴河边。
乡关去此还千里，客路经今已十年。
孤馆晓成诗自寿，中秋人对月将圆。
却思昨岁辽城酒，辛苦犹能慰膝前。

镜心亭

碧沼环明镜，孤亭立海沤。
断尘天入画，幽赏地宜秋。
荷暖常熏座，芦深恍在舟。
清漪动人影，月午近前楼。

挹爽亭

信步桥边去，茅亭坐夕阳。
气凌秋更爽，风度水生凉。
草带纡晴岸，松涛泻断墙。
晚云占夜雨，蛙鼓乱方塘。

夜坐柬王琢如

酒初消处唤茶铛，小院新寒傍水生。

树叶打窗非俗响，野花当户缀闲情。
诗成深夜灯无焰，人静幽斋月倍明。
几度微风来曲径，爱听官舍有书声。

遣　闷

羁栖不记几昏朝，携得诗瓢复酒瓢。
绕径蛙鸣何所为？窥窗鸟语若相招。
闲量夜雨高秋岸，漫趁斜阳过板桥。
倚树更听黄叶落，西风芦荻正萧萧。

送别大兄赴北平，余遂分道之楚

大河南北莽寒烟，客里离情各泫然。
总是风尘归未得，不同栖宿更堪怜。
到时燕筑愁中酒，去路湘波险处船。
敢道中原辛苦地，云山迢递有穷边。

武　昌

江上寒烟堞影浮，熊封千里倚安流。
遥看贾舶丛斜照，不是楼船拥上游。
杨柳何年依汉水？萍蓬此日去荆州。
低徊往迹司勋句，黄鹤巍然万古楼。

从兄惟端自蜀归广陵，遇于汉江之滨，悲喜交集，因赋长句，并以赠别

夏滤江流流不极，汉南杨柳凋零色。

寂寂攀条忆故乡，看尽东霞复西日。
去来几许渡江人？日日相逢不相识。
嗟谁握手最情亲？总向天涯学问津。
十年兄弟飘零泪，万里惊疑梦寐身！
兄何来？长风吹下滟滪堆，
一船书画虫糜冷，三峡星辰猿啸哀。
兄何往？不为刀锥与尘鞅，
龙眠山远暮云凄，燕子矶横秋水长。
燕子矶，扬州路，曾记当年送别处？
雁慑孤鸣上苑弓，乌栖三匝谁家树？
关云江水两茫茫，梦里音书对屋梁。
空怜廿四桥头月，照彻寒沙一片霜。
黄金台下先后走，竭蹶无缘求聚首。
转蓬犹拂塞垣尘，听筑唯倾燕市酒。
黑风一夜堕完巢，惊尘落叶总飘摇。
几人羌月愁闻笛？几人吴市暗吹箫？
迢迢旧梦空青草，相思但恐朱颜老。
今日谁知会面奇，黄鹄山边飞过鸟。
下江舟，不可留，久留只益客中愁。
明朝我亦洞庭去，悲送三湘水北流。

夜泊岳州

日夜江流泻洞庭，烟波无际一城扃。
危帆矗岸愁欹折，冷柝飘风入杳冥。
莫使火惊孤雁宿，浪吟诗与大鱼听。
篷窗坐待朝烟动，洗眼君山万古青。

洞庭阻雪

长风吹腊雪，人在洞庭船。
云影白无岸，浪花飞上天。
沙昏沉夜色，篷短压炊烟。
却羡寒汀雁，波声稳自眠。

游 洪 山

春郊豁晴云，幽意惬羁旅。
十里东门田，青青遽如许。
绣错接高峰，香光明绀宇。
径转藤萝颠，袂拂烟霞举。
耸身翔云根，截然割尘绪。
蜿蜒幛长松，青苍色太古。
回视桃李艳，纷纷山下土。
杰阁披层阴，重槛歆吟麈。
平湖襟远天，鸢鱼成仰俯。
钟声时一闻，塔影日卓午。
石罅逗清烟，僧房茶欲煮。
谁为许元度？游人纷织缕。
远雾蒙城阴，劳劳去何所？
日暮不须归，渔歌起前浦。

同潘临谷再游洪山

好山不倦登，好友洽幽性。

屐齿草痕深，篮舆山花迎。
扪萝惯经行，树鸟飞相认。
昨朝车马谁？杂沓扰钟磬。
赖有万松涛，为我洗清境。
四野春气滋，峦光延绿荫。
烟景呈高栏，徘徊凌绝磴。
安仁寻旧题，三年迷曲径。
岚影待重来，白发伤新鬓。
浮生安足论，努力爱名胜。
夕阳下前蹊，农歌歌未竟。
迂步牛羊田，悠然策馀兴。

折海棠作瓶供

艳影拂垂丝，东风入手吹。
屏帘移绛绣，笔砚惹胭脂。
银烛朦胧夜，香杯婀娜时。
春阴如可借，偏护折残枝。

鸢　灯

鸟逐金丸起，乘风夜未归。
二更孤月上，一线晓星飞。
毛羽明高影，楼台飏远辉。
来朝传禁火，剪拂更依依。

折枝词

卷帘树隔朝烟动，晴光娇鸟声相弄。
碧纱窗内最含情，一枝欲折增珍重。
双瓶注水供双枝，夜夜灯前伴香梦。
脂痕粉泽影参差，艳色深情递相送。
酒尽三更睡未醒，花飞一片春无用。
幽丛犹恨玉阶遥，余寒好护银瓶冻。

赋得“雨过杏花稀”

唐周朴句。

雨过杏花稀，轻寒漠漠飞。
乍飘红泪湿，已觉绿阴肥。
村远明残影，楼高淡曙辉。
江南春社里，回首思依依。

自楚返江宁口号

故乡舟买楚江津，三月桃花春水新。
说与湘波连夜发，十年我是未归人。

还家四首

归心日夜石头城，望见翻教百感生。
江上萍踪随浪影，山边春雨作秋声。

身经沸鼎空残梦，径绕寒烟失旧衡。
骨肉满心愁见面，不知悲泪向谁倾。

抱恨全家寄海隅，归来翻觉一身孤。
春风楼倚思花萼，暮月梁空冷燕雏。
乍听吴侬歌转涩，似惊边角梦频呼。
相逢亲友悲相问，十载乡音尽改无？

星塘路访白云岑，四尺崇修难后心。
风雨一番寒食过，松楸几树夜乌吟。
龙眠山带江声远，雁碛沙沉血泪深！
陟岵永怀天末恨，墓门春草独沾襟。

梁燕新泥竟傍谁？平生堂构系深思。
斜阳暗访门边路，旧树全凋墙外枝。
飞绕岂无栖足地，安居却忆读书时。
青溪烟水无人管，终拟归来杖履随。

五　　日

五丝牵续旧魂归，蒲柳清阴景不违。
载酒船中风细细，采蓠江上雨霏霏。
人经紫塞频年梦，路问乌衣往事非。
烟水且拚乡国醉，鲥鱼将罢苋初肥。

秦淮泛舟

十年梦断棹歌声，不尽江乡此夜情。

箫鼓乍传风外近，楼台依旧月中明。
波光镜涌鱼龙出，桥影杯移蜿蜒横。
昨岁忆倾关市酒，征车刚度古长城①。

《秦淮十绝句》次高崇如姑丈韵

棹声宛转答笙歌，片片灯光掠水过。
仿佛宫衣联燕队，乱红影里舞回波。

竞渡传喧看打招，箫声初过大中桥。
钟山更指红桥路，深浚新添十尺潮。

榴花灼灼柳层层，十锦墙西路艳称。
水面歌声摇画艇，楼头钗影坠红灯。

翠袖征歌几处楼，凉风吹近大桥头。
江潮带月休归去，十里珠帘要玉钩。

杨柳桥横卖酒旗，石栏杆外雨如丝。
一声箫度凉云里，恰是朦胧月上时。

青溪楼阁绣轻罗，皓月繁星曲曲波。
不是清光偏照水，分来银汉色原多。

① 原注：余于辛丑五日入山海关。

茉莉风来笑语繁[1]，复栏深隐近黄昏。
湘帘映水偏窥影，新样云鬟逗月痕[2]。

鲥鱼斫雪酒研朱，艾虎钗横小绛符。
载得红裙榴火艳，笑他北里醉菖蒲。

载酒船摇内外城，秦筝越管坐蓬瀛。
于中独有摩诃曲，不是吴侬子夜声。

三更明月落潮头，杨柳江风一缕柔。
二十四桥烟水阔，试乘箫鼓到扬州！

喜　雨[3]

暂作还乡客，偏劳望岁心。
千村同暵影，一雨透秧针。
岂有田堪耨？唯期泽共深。
江云吹北度，远接泰山阴[4]。

雨　寒[5]

雨压云峰冷，风吟树叶愁。

① 编者按：此诗《存目》本失收。
② 原注：时尚新妆，有月髻之名。
③ 编者按：此诗《存目》本失收。
④ 原注：时山东忧旱。
⑤ 编者按：此诗《存目》本失收。

天心应恶热，客意自惊秋。
梅子黄沾酒，芦花白漾舟。
空蒙何处好？莫上仲宣楼。

竖步吟

方观承

自　　序

《山海经》载："帝令竖亥步，自南极至北陲，知为若干里步。"康熙壬寅之岁，余自湖南归金陵，北上赴奉天，复回京师，南北径万里，有类于此。故集时所为诗，而即以名之。癸卯、甲辰京邸诗并录。

恭谒孟庙六韵

门内更衣堂，阶下孟井。

心肃更衣次，庭趋古桧班。
岩崇瞻气象，井洌洗尘颜。
人异几希际，天同平旦间。
功宁下神禹，德自配尼山。
泗近如相委，凫高岂易攀。
宫墙绳大路，安宅几知还。

途中看花口号十五首

春当好处客辞家，赖有偿人异地花。

一种江南香色在，略输风味有风沙。

云画茅檐锦濯溪，青山绣错影高低。
香蜂自导春程去，得意何人费马蹄。

行行杨柳带新烟，曲曲花开照水妍。
路入前山刚不见，十分红缀断崖边。

数枝无力困轻尘，垄畔风前别有春。
袖底飞英吹特地，似私驴背是诗人。

老树偏能烂漫开，重重花远绝尘埃。
非关客眼贪饕甚，翠嶂分明垄断来。

烟低月镜晓仍寒，花罨春娇睡未残。
我欲图成难著笔，睡中花向镜中看。

朱朱白白自遥林，烟雨全归茨障深。
不问生涯春几许？客来唯有看花心。

凝云疏雨澹轻烟，容易花光到眼前。
说与村翁曾不解，江南人唤养花天。

女儿妆罢鬓鬖鬖，鬓底桃花一面酣。
约伴前村携手去，每逢花处又重簪。

碧鸡坊里海棠颠，插帽担筇分外妍。

马上一枝红更好，美人春亦事香鞯。

一畦青雨破犁痕，叱犊声中客到门。
知是路旁名利子，停鞭买酒杏花村。

野人不解惜花妍，花自含情乞客怜。
昨日扬州城内见，一株例卖十千钱。

清明时节树朝鸦，几处儿缞与妇髽。
似此冢边空有泪，如何客里不看花。

两行官柳送迎风，南北花开次第红。
谁许长征兼有此，看花直过泰山东。

稽首茅庵古白华，道旁人献道旁花。
慈云座下无多愿，每到花时客在家。

泰山秦松，岱庙汉柏、唐槐，各赋一绝句

千寻石上倚千株，冠剑犹传五大夫。
转冀雨风时得见，烟涛并写岳云图。

参天黛色接遥峰，肤寸云回欲化龙。
人代茫茫征断碣，元封元岁帝东封。

龙去槐空枯复枝，露岩旸谷共恩滋。
当年想见花黄后，头角争看欲化时。

途中值姚氏妹生朝诗以念之

同怀于汝倍堪怜，别思今朝有泪涟。
忆远亲慈从早岁，却依兄弟是中年。
持来劲节原终古，悟得飞花亦偶然。
愿尔长年兼不恨，试栽昙贝礼金仙。

忠臣节妇女奇人，代仰清芬德倍纯。
未用花秾陈锦帨，真从玉立见松身。
母仪机杼勤儿读，内政齑盐佐我贫。
正有春寒衣更著，尊生且共惜芳辰①。

到　京

朱门十万凤城开，何处黄金旧筑台。
歧路羊肠行不尽，秋风驴背又重来。
鸦飞上苑巢添树，雁去潇湘岸有苔。
索米空怜齿编贝，未邀一饱在尘埃。

病

燕市来千里，秋风吹一身。

---

① 原注：先五世祖断事公，殉建文之难，女川贞姑未嫁夫死，苦节以奉孀母。高祖姑《清芬阁咏怀祖德诗》于贞姑有“忠臣配节妇，生女亦奇人”之句。清芬，适姚氏。十八而寡，无子守节，至八十余岁。平居虽子弟，不衣冠不敢见。

眼繁心独冷，忧旧病缘新。
参术原多事，阴阳讵贼人。
摊书唯伏枕，亦足谢昏晨。

讷拙庵先生招寓半园养疾

铜里园开蒋径幽，忘年过从比羊求。
花光夜月初悬榻，岚影斜阳数上楼。
岂是维摩能闭室，耐他蒲柳恰逢秋。
拟修禅悦从君好，镜净昙香迥不愁。

半园偶作示宗山仪

园林佳趣涉绸缪，淡日闲庭意转幽。
白堕谋倾终日醉，黄花新买一肩秋。
借依小病除尘事，静对良朋抵胜游。
指点重阳登赏处，预飞诗兴在前楼。

宗山仪买种新菊索赋长句

担分寒圃晓烟凝，三径新添艳几层。
高下篱边团冷露，参差帘外烂秋灯。
影依旅客元同瘦，霜启晴窗好共凭。
肯效渊明禁寂寞，枝头还贯酒如渑。

九日随同家伯、家兄集饮半园之岚影楼，即席分赋得“兴”字

振衣拂晨霜，足蹇登临兴。

萸佩集芳樽，郑驿开三径[①]。
林园久借榻，癯影托清境。
推枕快凭高，病却秋飙劲[②]。
杰阁缭危阑，回旋凌仄磴[③]。
拄颊西山云，澄爽堪持赠[④]。
阮谢惬追随，犹惭裙屐盛。
龙山杳陈迹，蓝水空胜咏。
苍茫今古心，落叶催觞罄。
纠纷窗影移，层槛晚重凭。
感兹京洛尘，偶适麋鹿性。
短草度虫吟，高空排雁阵。
把酒嗅黄花，长歌联竞病。

病　怀

惊对秋光老，宁辞瘦骨寒。
帘开霜影肃，草卧露痕干。
病益思亲苦，心轻行路难。
暗魂飞远塞，忘却在长安。

仆　病

煮药炊烟手自将，稚奴惯病倍郎当。
怜予未免风尘瘦，对尔翻添筋力强。

① 编者按："郑驿"，《存目》本作"郊驿"。
② 编者按："快"，《存目》本作"怯"。
③ 编者按："磴"，《存目》本此字缺。
④ 编者按："西"，《存目》本此字缺。

几度莺花虚酒榼，连朝风雨括诗囊。
转思匹马悬孤剑，容易腾身走塞荒。

晤戴会嘉

相逢帝里别辽天，歧路情深遂十年。
已任飘零多难后，暂倾欢笑故人前。
当垆问醉谁边酒？入市狂歌袖里篇①。
独是乌头归国愿，共听燕筑一潸然②。

科名未了文章事，此意能知独有君。
捧檄心劳将白发，买山志在谢青云。
尊空每惜陶征士，官冷偏宜郑广文。
莫道上书归未得，已看高足绝尘氛。

雪中访讷拙庵供奉

长安似我恒饥客，戴雪犹能一访君。
户外湿痕初破屐，室中暖气自生云。
坐深为怅人将别，酒罢还悲日易曛。
几许心情同难后，相逢不厌话纷纭。

癸卯正月廿四日作

客岁由荆江赴武昌，是日遇风覆舟。

风波轻一试，魂梦慑经年。

① 编者按：“狂歌”，《存目》本缺。
② 原注：尊人谪辽左三十余年。

历险知天厚，端居转自怜。
飘萍成底事，破浪亦徒然。
莫道边尘阔，形依大块全。

冻　柳

千条冻裹碛云荒，白草全争翠带长。
冰折长城朝系马，风凄羌笛夜思乡。
飘残弱絮随萍水，瘦尽纤腰是雪霜。
望眼灵和旧根蒂，待携烟雨傍宫墙。

闻族人奉诏出旗

忽听鸡竿下凤纶，衰门今荷主恩新。
衔羁谢作髡钳侣，聚族重为里闬人。
累困十年终见晛，网开三面正逢春。
穷荒尚有孤臣泪，欲诉无因达紫宸。

移　居

安居何处更移居？只此残毡拥破书。
北舍南邻具落落，楚囚秦赘自於於。
衡茅风过随时补，卉植春回择地锄。
语燕频来知有意，遐方共尔托蘧庐。

题康东侯忘言亭次沈大千韵

抱膝宜幽筑，披帷得此翁。

檐前虚月夜，座上有春风。
古调弦音外，高情物象中。
太玄纷问字，多事笑扬雄。

大风连日

蔀屋惊披仲蔚蒿，冲沙逐处乱云高。
三春只合勤嘘拂，万窍何因苦怒号。
雁影南来愁倦翼，朐河西渡慑狂涛。
羁栖莫问扶摇志，厕落蓬飞任所遭。

风　定

日斜风定启柴扉，乱指昏鸦远树归。
云影渐回孤岫迥，月光犹带暗尘飞。
山河气异乡心苦，草木寒多春事违。
梦引昨年江汉上，崇兰香泛楚波微。

雨

边寒移二月，风雨日相寻。
不用伤春眼，因坚闭户心①。
炉烟嘘薄暖，檐溜滴清音②。
坐久忘岑寂，聊为越舄吟。

---

① 编者按：“心”，《存目》本缺。
② 编者按：“炉烟”、“暖”、“滴”，《存目》本缺。

晚　霁

湿云犹著树，高鸟乍迎风。
淡景开平野，澄寒荡远空。
未怜芳草绿，空对晚霞红。
谁惜春将老，边天到雁鸿。

五　日

江上人传竞渡诗，昨年此日忆归期。
绮罗旧俗香仍在，箫鼓中流棹屡移。
别后楼台飘远梦，愁中蒲柳触深悲。
依然本夜如钩月，又照边关残酒卮。

《松花江行》送给谏赵奏功先生巡察稽林

船厂本名稽林，在奉天东北八百里，合宁古塔、白都纳为一镇。

稽林何地名何从？古称肃慎金黄龙。
王畿直北三千里，辽海严关复几重。
开原以外无州县，沙白云黄迷远传。
大东首镇控要荒，镇倚边江作天堑。
松花水泻碧涛长，混同北下天茫茫。
极边更有诺尼水，南流亦到混同江。
混同横接艟艨渡，诺尼棹溯松花路。

三千犀甲重防羌，岁岁楼船饬坚固①。
庙廊本重筹边计，玉斧牙旗盟带砺。
一从专阃筑三城，坐使单于归节制。
健儿驱马尽归田，井灶丛生阛阓烟。
鞭梢鹿子秋风猎，手底鱼苗夜月筌。
长林远岭延江岸，龙蛇气吐青苍乱。
鸿蒙窟宅毓珍奇，芮鞠云霞蒸灿烂。
江头大木郁千章，曾献王家作栋梁。
万牛力致九天上，长杨五柞相辉煌②。
先朝更宝松花石，琢成凤尾同和璧。
拜赐簪毫侍从臣，歙洞端溪俱避席。
松花江，江对面，布塔年年采珠献。
清泥破雾有多名，渔人偷识光如电。
松花江，江远脉，宁古台山真气茁。
三桠五叶紫团芝，玉碗金浆好颜色。
川岳精灵效圣朝，舆书包匭纪全辽。
敖登城倚藩篱近，长白山联王气遥。
黑水之间称乐土，渐闻𩊱韐修章甫。
韩范宁劳百万兵，帝简清华宪文武。
鸾台乌集诏初颁，云骑星轺出汉关。
大弁雄军遵约束，湩浆酪酒欢迎攀。
邠卿持节家声旧，何用金城严斥堠。
喉舌星瞻北斗遥，榆关鹰羽飞章奏。
吾闻塞上五月吹薰风，

① 原注：水师专为防俄罗斯而设。
② 原注：康熙中修宫殿曾取木于此。

凌澌江豁波溶深，公好布德流无穷。
又闻八月边江冰早结，
寒威凛凛光莹彻，跂公之政严且洁。
浙朝莫忆故乡津，高拥星旄向朔庭。
试看沮漆朝宗水，常与周京作翰屏。

定思弟出旗南归赠别二首

难后君恩意外归，临歧不用怨分飞。
扁舟自抵江乡易，十载谁教客梦违？
块独逢人成久弃，根株似尔未全非。
衡茅珍重团圞事，我已无家问旧扉。

秋风归不托鲈鱼，枫叶桐花认故居。
益显云山当别后，未妨萍梗阅生初。
鹤还华表高天远，雁度燕城古木疏。
旧梦缁尘如有忆，客情唯宝数行书。

送别大兄由开封赴南阳幕

风尘何处是归鞭，旅食难为久住缘。
剑铗漫游鱼鸟队，荷衣独去雁鸿天。
瞻云榆塞分襟泪，入梦荆门绕树烟。
寂寞不逢朱郭辈，洛阳前路正堪怜。

与大兄话别重有所感

悲歌燕赵遇人稀，风雪河梁满客衣。

九曲独寻千里路，三年前作一行飞。
阴分召茇恩犹在，饿抱翳桑愿已违。
好买夷门郊外酒，殷勤一吊信陵归。

瓶中残菊

几见辞根艳，霜风仍后凋。
松窗增护惜，篱径久萧条。
浊酒频相对，寒香孰与招。
依稀陶靖节，形影未全消①。

移寓石志瀛东溪轩，小眉兄、绮亭、庭闻两弟过晤，登画舫楼分赋

曲径声传屐齿齐，欣从客院慰霜凄。
但教鸿雁频求侣，莫问鹪鹩少定栖。
新妇连朝羞闭置，重阳前约废攀跻。
高楼恰称云霞兴，远树层城日未低。

僧房习静倚城阴②，友屋摊书接禁林③。
聊尔萍蓬各栖止，转教风雨易招寻。
凭将瘦影怜丛菊，吟罢新诗起暮砧。
别去馀情犹可想，篝灯一卷夜同深。

---

① 原注：渊明有《形影》诗。
② 原注：小眉兄、庭闻弟。
③ 原注：余与绮亭弟。

冰　窖

影闭鲛绡泣，根同蛰蝼盘。
千层海水立，六月午风寒。
白日埋低照，黄泥琢旧瘢。
何人临险仄，误认石如磐。

冰　担

光来肩影动，冷入市声遥。
譬果强名核，如云薄覆绡。
晶盘高座荐，香杓玉人调。
尔独炎蒸里，翻教渴未消①。

冰　床

似床而植板为足，高尺许，裹以铁。役夫曳绥，行冰上，趚捷如飞。

车斗行加捷，人因倦更宜。
有绥如驭马，无地与支龟。
雪岂留趺印，肤还际剥时。
谁知衽席上，履薄有同危②。

① 原注：京师呼碎冰为核。编者按："京师呼"，《存目》本缺。
② 原注：庾信《小园赋》："支床有龟。"

冰　灯

缚细篾为灯形①，以水淋之凝结，明透可观。

巧凿阴山骨，微分煴火温。
孤光含水色，四壁透霜痕。
只伴金枝艳，谁从玉鉴论。
高楼寒烬落，无那近朝暾。

先君子向为外祖平和公制《采石图》，承兄弟求之，屡年未获，三妹多方搆致②，书来称幸，寄答四韵

手泽曾将尺幅留，多年风雨倩谁收。
关心已足征聪识，孝思还能远搆求。
楮墨光华争胜迹，文章著述重贻谋。
谢庭慧质原怜汝，触感开缄已泪流。

讷拙庵员外招食腊八粥，因而有感

记从盂粥联高会，饱饫频年慰塞穷。

---

① 编者按："篾"原作"篾"，查字书无此字，当为"篾"之不规范写法，径改。

② 编者按："搆致"及诗中"搆求"之"搆"字，据词义为购买之意，但"搆"之简化字"构"，遍查《辞海》、《汉语大词典》等字书，其中一义虽谓"通购"，但释义为"购赏、悬赏"，而无"买"义。又考《汉语大字典》"搆"字释意之③为"用同购。购买"。基于此，我们未将此字简化为"构"，而仍保存原字"搆"。

那道长安僵冻雪，仍招令节坐春风。
升沉事已迁驹隙，离合身如住梦中。
转对长筵增远恨，瞻云不改在遥东。

对　月

十日春凝浅晕看，金波初拥碧云端①。
似经腊冻光难满，渐转风轻漏未寒。
元夕酒杯赊令节，频年羁影对长安。
六街照遍繁华色，谁与清吟赏夜阑？

和石东村《郊居六咏》

修　室

衡门依旧径，盘谷比新居。
心已忘华陋，身能事扫除。
开轩连野草，插架购农书。
烟景还多务，春风次第余。

筑　垣

分场凭作界，补窦恰齐肩。
要使田畴色，都归户牖前。
晚风邻圃树，明月一家天。
画取茅亭近，新开篱径烟。

① 编者按："浅"，《存目》本作"残"。

堆　　山

亦具峰峦势，来归指顾间。
愚公移有力，米老拜非顽。
黛映柳边色，苔生雨后斑。
一般丘壑趣，点缀碧溪湾。

掘　　池

畚锸假农忙，沙痕拓绿塘。
雨中杨柳岸，风外稻花场。
燕喜衔泥润，鱼吞洗砚香。
定知春草兴，有梦到西堂。

开　　圃

点染遍幽栖，经营到灌畦。
垄云输隙地，春鸟啄新泥。
蒂撷青门老，篱环碧涧低。
相过应剪韭，渐拟绿痕齐。

引　　水

日暮桔槔声，酬歌起濯缨。
畦分几派曲，沙走一痕清。
未效翻车巧，徒劳抱瓮情。
便教趋有梗，已少不平鸣。

无　题

千里家叔于都市得曾叔祖侍御公旧砚，题曰：“下岩子石”，又隶体镌识“邵村”二字。材制非宏，而朴润可玩，叔概以为赏。因作歌以纪。

君不闻，浮栌作砚新道支，象鱼剖鲤人称奇。
梦中贻语信神物，湘水茫茫终失之。
又不闻，右军琢石成风字，光华用发兰亭记。
才值杨休二万钱，会稽老叟陈区肆。
铜台不乏千年瓦，墨磨人暂供挥洒。
玄云委地自镌龙，伯乐何人能顾马。
叔父江东老步兵，诗囊剑铗镇随身。
松滋毛颖闲成传，金爵觚棱与作铭。
长安市上闲游处，皎月团荷惊屡顾。
胡人玉女漫睥睨，弘农出处相知素。
下岩重晕桃花痕，镌摩石侧诚堪据。
八分体势蝇头书，故物知传先侍御。
波涛雷电自完坚，畲播于此详因缘。
似看卖后平泉石，转忆周旋艳昔年。
昔年射策金门用，霜台凭几龙蛇动。
郑虔三绝震寰宇，至今笔墨黄金重。
真知微物以人灵，俗子何堪与结邻。
珊瑚但架徐陵笔，鼠须合写黄庭经。
自愧无文唯削札，耕石多年空铸铁。
铺雪凝烟和颖飞，抚兹心重吾家物。
敢呼潘友与泓兄，祖砚匪独珍瑶琼。

竹林更示弓裘意，几许新诗唱和成。

见有佣短驴夸疾走者，诗以哀之

朱轮填纵横，玉勒恣游冶。
光延大道旁，触目香尘泻。
亦多缓步人，曳履自潇洒。
唯期直道从，宁须曲径假。
嗟尔佣短驴，出入甘苟且。
数里疲彳亍，十钱较多寡。
裂垢袜作鞍，障泥革搓鲊。
挺然执鞭儿，追呼不暂舍。
连蹇豕负途，策敝那能打。
有时赴疾驱，突若鼠窜瓦。
窄巷遇贵官，呵叱不得下。
肉消一拊髀，靴剜双决踝。
玄冬冰欲僵，朱夏汗盈把。
蒙积既缁尘，蹉跌复蠢苴。
借问将何之？声名趋洛社。
气且馁侏儒，文犹诩董贾。
跨鲸海腾波，控鹤云翔野。
岂无下泽车，亦有款段马。
趦趄安卫跛，嗫嚅丑萧哑。
大雪灞陵桥，笑杀探梅者。

昼　阴

一天生雨气，数点过风声。

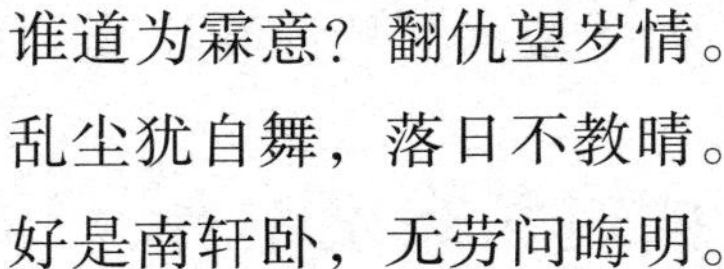

谁道为霖意？翻仇望岁情。
乱尘犹自舞，落日不教晴。
好是南轩卧，无劳问晦明。

登画舫楼作

夏峰矗檐楹，天光入炉冶。
主人有高楼，坐卧常相假。
如登千仞冈，复游广漠野。
层云闼赤日，黝色映深赭。
迁延夕阴沉，凉思剧潇洒。
远风初动树，疏雨一飘瓦。
振衣领馀闲，冉冉缁尘者。

偶　　成

窗月白如此，幽人殊未眠。
爱看庭树影，移近短床边。

东溪招同小眉二兄饮画舫楼赏月分赋

银河夜沐暑云清，阛阓崔嵬俯禁城。
行尽六街尘土窄，始知高处月偏明。

蝉露初浓带酒尝，风吹瓜果散筵香。
醉乡渐入清凉境，似此何须白昼长。

登楼聊遣客中情，坐月还宜画舫名。
却忆扬州城下水，十年同醉棹歌声①。

雨打萍踪日日浮，偶因佳会作同游②。
若叫花萼名堪借，长倚清风不下楼③。

闻　钟

长乐晓钟清，高风散远晴。
几人趋殿陛，独客傍宫城。
野寺霜初动，河舟路未明。
平生凄断处，回首梦魂惊。

雨后归途有作

猛雨散喧市，雨罢横途泥。
乱水益阻遏，跬步成险巇。
所恃马力健，雄气欻轻蹄。
墙逼伏沟䅉，石滑欹路歧。
趋避宛人意，迟疾随地宜。
审动诚良德，有心寄颠危。
失驭才偶溢，何足愆平时。
居人探门巷，屡闻夸权奇。
窄巷须顿辔，恐污徒步衣。

① 原注：癸巳岁晤兄于扬州。
② 编者按："浮"、"偶"，《存目》本作"遥"、"却"。
③ 编者按："倚"，《存目》本作"住"。

勿辞侧让频，群迹争坦夷。
十里间城关，马劳身益疲。
归来颇自笑，亦未免奴讥。
懒惰久晴昼，偶出意已违。
会须绝酬答，穷年坚下帷。

寄答佟怡斋总戎惠绵绸

一束轻褣元相诗，嵩云远堕惠风吹。
分来挟纩三军暖，寄到装棉十月时。
草映青袍犹旧色，歌成白纻少新词。
几年裘敝燕山路，惭愧缁尘浣素丝。

送石东溪重游盘山二首

幽独曾为物外栖，重游秋爽足攀跻。
白云仙迹供长啸，红叶僧房续旧题。
谢惠能诗宜共往，向平有子更双携。
一程官道随行客，谁信寻山费马蹄。

名山识面潞河东，来往辽关路尽通。
望眼羝群悲陟岵，甘心马首负游筇。
淮南又失随鸡犬，蓟北方愁觅鸿雁①。
双踵尘泥频自愧，羡君容易到高峰②。

---

① 原注：时家兄将至。
② 原注：东溪时以《洪武正韵》见赠，因通二韵成诗，以答其意。

初雪忆石东溪盘山

三更兼雨落，十月未寒深。
渐映空庭色，偏清此夜心。
两年尘并洗[①]，一棹路难寻。
为忆高峰住，冰花缀梵林。

答石东溪寄示《盘山》近诗

看君到处有新题，想见幽踪一杖携。
雪色难分山上下，水声不断涧东西。
忘归合作多时住，选胜应思独客栖。
未尽烟霞悭夙愿，还吟句好当攀跻[②]。

读石东溪《盘山》诗

宣城妙手印心灯，幽讨如看逸兴乘。
已倩名山供客屐，更寻远寺得诗僧。
和时尘雾愁难遣，读罢烟霞思不胜。
试较旧游篇什在，力深晚律信堪凭。

除　　夕

立春已十日矣。

京国韶华岁再过，亦知寒尽见阳和。

---

① 原注：上年一冬无雪。
② 原注：盘山有东西甘涧。

云昏榆塞春无路，冰泮桑乾泪作波。
细数残更思寂寞，难凭一事慰蹉跎。
忘忧酒欲烧胸臆，忧大于身竟若何？

元　旦

旦日负暄茅屋下，已觉媚客春光多。
江南梅柳不暇忆，塞北烟云犹未和。
夜火鸡竿罢传诏，晓风鹓序趋鸣珂。
思排东阙叩苍辂，九阍高高将奈何？

正月见友人斋中牡丹盛开感而成咏

昔传姚魏花，争植芳菲节。
亭馆艳春风，洛阳向三月。
对赏今何时？香色宛可掇。
不信盆盎新，东郊草未茁。
谁教避日幢？寒阴护飞雪。
燕市归豪门，丰台售奇术。
颇闻艺花儿，力作与农律。
农重违时忧，花陋因时拙。
窟地闳鸿钧，阳蒸歙蚕室。
祝融失常司，冬藏讵能密。
繁瘁本乘除，一发根已折。
造物吁无权，草木皆见逼。
桃李竞妍心，纷纷固所悦。
芍药金带围，紫微木天质。

独有东篱枝，誓不因人热。
渊明千古人，与花俱隐逸。
匹夫志坚贞，非分岂所屑。
富贵亦佳名，气数终被夺。

小眉二兄馆东华坊相过情话，因之有感

室迩鸰原有和声，聊从京洛慰飘萍。
书摊旧物仍商读，砚比荒田作耦耕。
青草长悬关塞梦，乌衣易感故乡情。
寂寥枝上寒鸦影，几处斜阳傍禁城。

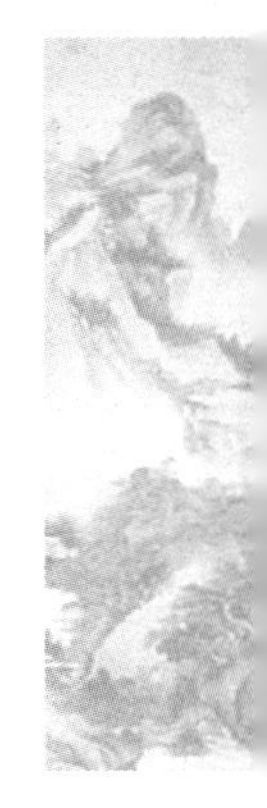

杏　花

碎锦坊前发晓枝，游人何事怨春迟。
尚看蓟北寒尘里，不负东风二月期。

游万柳堂有作

冯益都相国所建，元廉希宪有万柳堂在丰台，冯盖因其名也。屡易主者，渐就荒圮，近或改呼为塘门，径则并为拈花寺矣。

胜地曾传金谷同，当时台榭未全空。
新流雨泛残红片，古径阴高万绿丛。
不用沧桑询汉劫，可堪潭柳忆桓公。
名销谢墅裴庄后，水石徒知属梵宫。

大兄来书拟五月回都门触感四韵

三冬冰雪走边车，旋轸偏逢剧暑余。
栖择已嗟人异雁，饥驱空叹食无鱼。
尘颜隔岁还携手，泪眼何天重倚闾。
望断关云茫远策，伤心重读寄来书。

畜　鱼

春前畜活双鸟雏，樊笼束缚相啼呼。
羽毛岂不鉴娇好，对之四体欲不舒。
眼前微物取所适，濠上之乐乃观鱼。
百钱入市选金色，髻鬣略具三寸余。
红桃昔传海上名，群游盆盎才沾濡。
引移巨瓮水三尺，如出沟浍通江湖。
鱼劳赪尾讵佳尚，天生绮质银鳞殊。
青萍绿藻具掩映，明霞碎影沉菰蒲。
剖粒习知少惊饵，鲭鲙不足充庖厨。
新泉一夜兼雨注，深潜浅咏无时无。
蜗蠃泛水肉腐化，纷纷蝡虱争其居。
得水气生入水死，万物大块等乘除。
遭逢何用翔溟渤，鱼乎鱼乎聊自如！

燕

未愁金弹逐，自认旧巢营。

命侣春朝影，衔泥日暮情。
梁间怜语巧，花底故身轻。
试问将雏意，宁须大厦成？

都门赠燕

海国春风里，双飞无限情。
吴宫花旧好，越社雨初晴。
底逐空城雀，矜偕上苑莺。
衔泥竟何处？尘坠舞衣轻。

望大兄不至

书订春风到有期，望归关雁已多时。
虚悬客计纷纭想，讵作天涯约略词。
漂荡影迷羌水渡，炎蒸气阔塞云垂。
荒程旧识伤心地，历历宁宽入梦思。

热

游踪谙旧历，炎威贳北塞。
赤帝司有恒，幽燕例可概。
寒暑地各偏，乘除理不倍。
过夏屡京华，兹义堪信在。
火龙忽思逞，羲驭遂冒昧。
海气腾烦蒸，流毒遍大块。
直欲褫葛絺，何暇憎袯襶。

抚兹扬粤性，难为金石耐。
前年际长征，忧患婴世累。
浅水沸江淮，烟峰横泰岱。
十日缩短篷，兼旬附驴背。
焦风数千里，嘘纳结肝肺。
至今病肌肤，遗痒成痼废。
念此意豁然，端居复何憝。
屡闻道傍暍，呼救惊阛阓。
岂不惜奔走，饥驱无可避。
人间性命轻，匪止哀若辈。
秋露有凉时，炙手势未艾。
轮扇交庭前，水帛悬室内。
四体诚独适，心神率中溃。
元散服未终，青蝇迹已秽。
方怀燎原忧，安问昏火退。
缅彼林泉人，时序等迁代。
泠然北窗风，高卧无兴废。

雨中夜坐

宿雨无猛势，虚室生夜凉。
明星闷昏火，近此灯烛光。
炎熇值久困，金石销微茫。
枕簟延夕蒸，倦骨徒彷徨。
安知毕月占，兼借秋风长。
北窗有端坐，亦足傲羲皇。
泉甘仰露瓮，几润沾炉香。

蝇薨与蚊雷，晦迹半寒僵。
霜蛾不知命，鼓翼明檠旁。
静观物理微，明昧异行藏。
桀骜识守雌，昏冒鲜括囊。
山经详纪载，流览穷潜翔。
渊明旷远人，寓志眇八荒。
抟控等细事，感叹成短章。
吟深雨转剧，答和声浪浪。

客图黄山三十六峰征诗，题松林峰

马鬣挺虬枝，匡阜列翠障。
泰岩表秦封，寥寥受虚诳。
逊此偃盖姿，林立千仞上。
万栋撑鸿蒙，鳞鬣难名状。
岂无他木奇？霜雪自凋丧。
阴影高云流，涛声巨壑涨。
三十六峰青，柯叶等无恙。
忆昔胜郡游，百里山在望。
辕驹路方促，巢鹤志空尚。
过境结虚想，抚图增怅怏。
精灵楮墨陈，苍根茯苓饷。
赤松不可期，平生屐几两。

取雨水煎茶

雨入三更静，风生两腋轻。

新余瓢饮味，正仰夜阶声。
山远龙能汲，天低云共烹。
功成期润物，不列众泉名。

访石东溪昆仲东村三首

幽怀寻宿约，孤影入遥天。
树暗村同色，郊晴晓带烟。
呼人远圃外，问路积流边。
信是东陵客，名从野老传。

旧作春前住，新从雨后来。
水通桥得路，柳覆麦成堆。
近事迁棋局，高吟畅酒杯。
盘瓜非世味，客至未空回。

荆花君足乐，榆社影常圆。
我有兄行役，心伤地极边。
相逢聊短话，多病受长怜。
愿托飘萍路，常歌伐木篇。

咏白蝴蝶花，同高逢五兄作

罗浮洞口雪参差，惝恍寻香入梦时。
几队仙风吹不散，夜深飞上月明枝。

莫将柳絮斗身轻，露湿风翻无限情。

招得游蜂为旧侣，粉光香影认前生。

飘飘翅影拂墙东，人在西园晓露中。
薄粉轻烟谁扑得，几回纨扇误迎风。

韩凭冢上月如霜，周昉图中景正芳。
谁向枝头重绘影，别将粉笔倩滕王。

雨窗小睡

分明听彻夜阶声，揽镜朝看太瘦生。
依旧愁霖成兀坐，聊从小睡学忘情。
窗风湿溅乌皮几，炉火煎枯短脚铛。
天色似教同梦醒，乍看今日夕阳晴。

夜 来 香

含风缀月蕊擎枝，只此幽兰借色宜。
钗影半横人倦后，衣香又到晚凉时。
隋宫小字新芳谱，庾岭仙根旧梦思。
一种清芬苞坠路，几人夜气托先知。

诗　　成

石边云影树边风，门外溪流门内通。
几润香浓无一事，诗成多在雨声中。

晴　意

十日云阴晓渐移，微风初撼湿轮迟。
乾坤喜动重开象，丰歉忧深未判时。
鹊语可真占燥湿，蛙鸣不解辨官私。
恩光但惬蓬门愿，何用千间广厦为。

示野人

风雨何妨蓬筚欺，瓦盆饘粥自相宜。
城中多少连云宅，不见墙欹屋漏时。

大雨复作

白日如故旧，相逢未终夕。
片云从东来，天光迷咫尺。
秽湿蒸虚空，因风易成墨。
全势移江河，猛气交戈戟。
蓄怒走蛟龙，返斗拼益力。
常恐屋瓦倾，无地容蔽席。
夜榻呼惊魂，窗灯救死色。
夙凛禁籞严，更柝亦告息。
屋漏改故痕，沾湿不暇惜。
向来十日阴，拟竭玄冥泽。
新晴宜永赖，往复理可测。
天心多迕违，人事空促扼。

屡闻禾黍畴，渐徙鲛人宅。
故人住东村，书来增忧蠹。
为农识艰辛，远近关休戚。
屈指大火流，西成期更逼。
造物知终仁，时序仰兴革。

石东溪寄示《雨后至东园》诗，次韵奉怀，并寄令弟承谟、显庵

偶乘健兴即冲泥，行惯遥村路不迷。
陇树回风吹野水，人家倒影浸前溪。
艺蔬亭外衔杯晚，梦草池边得句齐。
列屋新欢开别墅，可因冥雨忆穷栖。

附 原 作

双轮未惜蹇层泥，草垄烟茅晚更迷。
遥指前村疑隔岸，惊看旧路忽成溪。
残霞红漾绡纹浅，远岫青排黛影齐。
惭愧休居无定著，往来空自叹栖栖。

雨中柬问石、承谟村居近事，叠前韵

苔痕应积屐痕泥，正有连朝雨气迷。
分圃界边栽活树，当郊流处拓成溪。
松编翠幕垂檐湿，蔓衍青门擫蒂齐。
幽事即今多胜概，蒹葭心溯水云栖。

题孙孝廉用果尊人农隐小像

名永庆，其大父征君钟元同产也。

松石自古意，溪流亦清响。
中有怀葛民，披图劳像想。
禾云夏峰高，麦浪淇源广①。
犁锄遂百年，此意真长往。
遐哉征君初，音共竹林赏。
学稼以名居，空山得闲壤②。
仁耕在去莠，义种勿助长。
菑播见根绳，世德传非爽。
黧面傅以白，泽饰将谁罔。
贻训有斯言，襟期揭高朗。
清风去未遥，哲嗣誉无两。
一觏元方欢，逾增太丘仰③。

过师范兄问病

亦知欢本少，讵有病相攻。
染是长途后，源伤急难中。
住时愁暑雨，归路待秋风。
真惜天涯聚，空怜弱骨同。

---

① 原注：《本传》云：或耕淇源，或耕夏峰，垂五十年。

② 原注：农隐随征君隐百泉山，颜其居曰“学稼”。

③ 原注：《本传》云：永庆晚而生子，曰用果。既长，问叩平生所为。永庆曰：“汝为他日志状地耶？汝视吾面黧也，而傅以白，奈观者笑何！”

雨中忆同小眉二兄鸡鸣山遇雨旧事，志感四韵兼以奉怀

鸡鸣山有旷观亭，风雨经时际杳冥。
万瓦平翻高浪白，长江远失数峰青。
少年志岂池中物，多难身从水上萍。
咫尺城闉乡国思，愁心各向夜阶听。

除　霉

扫除事更急尘埃，篋笥齐承户牖开。
犊鼻裈中斑黦癖，蜗涎几上湿生苔。
已愁旭日三旬失，尚隔秋风一夜来。
多少江南好天气，独将细雨效黄梅。

立秋日晴

久雨无须怨损禾，晴光依旧满山河。
六龙自绝浮云蔽，谁道秋风借力多。

七夕雨

七夕阅佳期，双星自终古。
楼头儿女情，默愿牵丝缕。
便将丝缕度轻云，谁道鲛鮹泣寒雨。
银汉应添泪作波，桥成乌鹊竟如何？

仙家日月非蹉跎。
津梁秋失江河影，只觉人间别恨多。

中秋无月

寒云故故玉蟾边，阶露添浓客未眠。
只是寻常三五夜，也愁孤负一宵圆。

清光不揭夜仍赊，丛桂香中烛影斜。
略似渊明怀抱恶，重阳无酒菊空花。

雁　字

漫评鹄跱与鸾翩，万里凝云一幅笺。
自写秋心孤月下，斜呈脱稿乱风前。
题时别恨悬青塞，读处寒声满碧天。
惆怅江湖人去后，双鱼尺素影空传。

叩舷吟

方观承

自　　序

岁乙巳，久雨为患，燕齐间平地水千里，陆行阻绝。时将携季弟南归，与海宁张定山、甬东仇丹植、仁和姚天如，约买舟偕行。舟大而尾漕艘，日行三四十里，不可耐。至静海，遇任丈篁友，乘小舟遽至，云："将追附安庆漕艘以归。"时新檄漕艘归卫甚急，挽牵连昼夜。客舟夜行惧摽掠，宿必投津市，委蛇前后，终不能越之。而先任丈取疾去，数日，余乃决计附漕艘以行，而安庆漕艘已在五百里外矣。至亳镇，佣刀舟，三日追及之。丹植遵陆他往，定山、天如与余俱抵清江浦。扼于关，楼樯亘数十里，泊十五日不能进浦。人曰："以千钱易小舟，乘下流，一日夜达扬州矣。"用其言果然。留扬十日，渡江而归，是行历七十余日，凡五易舟，求适而反劳，求速而终不达。行路之难有如此者！裘敝金尽，名纸一束，生毛而诗，则居然成帙矣。定山、天如，各录一本以去。

买舟南归

尘土三年客，霜风十月舟。
行藏同瓠落，去住任萍浮。

唱晚疑商女，瞻云远戍楼。
归心凭去雁，独抱塞天愁。

留别石东溪

此生那忍更分襟，独鸟空知返旧林。
三载长安无善步，一人知己慰初心。
尊前设醴甘如素，雪后分毡暖至今。
归思几抛丛菊泪，又缘骊唱泣琴音。

焚券高风不可希，何缘薏苡谤珠玑。
相依尚恨分忧少，远别真惭始念非。
里社鸡豚空旧迹，秋天雕鹗易高飞。
汉廷书上承恩日，报我休教尺素稀。

舟行即事和姚天如韵

堤横霜柳薄，海溢岸沙宽。
水自朝东易，风犹近北寒。
问村沽酒足，举网得鱼欢。
牵脚斜阳下，何妨上峡难。

触　感

难余远涉奉庭闱，陟岵心伤事已非。
毡幕有天空入梦，布帆无恙欲安归。
岸沙几处河全改，官柳千行叶尽飞。

十二年中来往路，乌啼月落露沾衣。

天津卫

扬帆下直沽，缓浪输东潞。
迟回三日程，蓄势渐奔骛。
讵有河汉倾，怀襄成指顾。
蜿蜒岸沙高，倏忽两无据。
夕日荡玄阴，长风撼高树。
三夏积愁霖，九河失故步。
雄蠡坼遥疆，沧桑阅行路。
舟人志旧涉，指点色悲沮。
此中千耦耕，更列万家住。
洪波瞬息移，天心邈呼吁。
鲸沫饕禾云，蜃气结晨雾。
棘泽堕哀鸿，嗷嗷待朝暮。
幸陈郡国筹，上廑天子虑。
赈发活升斗，百里争趋赴。
绘图不绘声，宛转悲妇孺。
官柳延凄风，堤草变冷露。
匍匐固所甘，朝胫难遽渡。
啼号性命轻，波臣冀一诉。
江湖亦巨险，吐纳贞常度。
岂乏舟楫便，不列津梁数。
近海昧朝宗，狂涛空震怒。
逊此一苇航，永致千艘赋。
托足羞鱼龙，群游眇鸥鹭。

川渎职专司，漆沮饬东注。
惟民止王畿，疏瀹岂容误。

析津道中

城依碣石近瀛寰，问俗停桡阅往还。
稚子鬻盐知避吏，舟人逐客为临关。
鱼龙水阔浮孤树，鸿雁风高历万山。
短草严霜无尽地，生涯不独旅缘悭。

孤云寺

泊傍孤云寺，空悬野鹤心。
不因行路倦，那识闭门深。
海气连朝雾，秋风动远林。
吾生随泛梗，信宿愧桑阴。

雨发天津

云势凌风远，潮声带雨寒。
烟浓侵晓密，秋老怯衣单。
鱼市人家近，鲸波窟宅宽。
湿帆开更落，新溯一程难①。

① 原注：天津以南十三程皆上水。

早　　发

暗流争咫尺，鼓棹一何喧。
惊雁频移岸，啼鸡又一村。
衾寒增水气，窗薄抹霜痕。
梦息嚣尘外，披衣日正暄。

晚泊知何地？朝行每破程。
浮家真幻事，高枕遂长征。
击楫乘流兴，闻鸡起舞情。
十年关塞路，心折马嘶声。

寄怀高本六兄

落叶辞本根，寒声裂驰骤。
鸿雁不成行，霜风或邂逅。
吾兄异里县，肩随失孩幼。
宛转十余年，燕尘居各僦。
握手心更伤，礼见初难后。
相认须眉新，知非颜色旧。
失坠既冥漠，饥驱复颠仆。
幸不沦异物，谁能免枯瘦？
骨肉慎扶持，芝兰况同臭。
浮云万事轻，埙篪迭昏昼。
奈何荆筑声，复与骊歌逗。
我行非雄飞，兄留且尘囿。

回首平生欢，月日不屡遘。
朔风吹河舟，远梦空相就。
把诵康乐篇，临行珍怀袖。
欲和屡凄然，指冷霜舷扣。

野　宿

野宿警荒更，舟人坐待明。
意中边笥俭，身外楚弓轻。
相鼠埋朝影，哀鸿起暮声。
江湖多逼侧，谁遣客长征？

食　蟹

左手持螯右手酒，一生已足馀何有。
作郡何如作客闲？水驿霜程随所取。
芙蓉岸远稻粱肥，一帆千里客初归。
鲈鱼风味应同许，恰是江南九月时。

晚　泊

一帆和雁落遥村，渡口人家尽闭门。
独有渔灯寒水上，伴他纤月挂霜痕。

怀石东溪

碧月青松共此心，无时无地不披襟。

游踪一卷诗相和，情话三更酒易深。
何处雪风寻剡棹，昨宵魂梦过枫林。
小山思入柯亭路，好护书床旧绮琴。

雾

天地有昼晦，霜露戒寒始。
雾积塞八荒，空闻蒸野水。
赤乌翔层泉，湿坠灭晨晷。
刻形仰樯干，风占徒云尔。
舟师喧理楫，授受迷尺咫。
予方猬缩眠，触境怖四体。
滹沱昔问渡，巨涨排崔嵬。
飞鸟愁过翮，南北堑行李。
浃旬见津涯，初得临河涘。
喧阗拱泥淤，轮蹄屯壁垒。
对语隔涛声，局立攒臂指。
眼花眩莫窥，原烟噎千里。
修蛇腾直上，长鲸怒屡徙。
如遏蚩尤战，讵拟公超市。
毒势逞愈壮，阴氛嘘未已。
奔流挟劳楫，激荡无完理。
马路畏亦缩，人面色欲死。
彼岸亘虚沙，失足坠无底。
几同穆满军，虫沙长已矣。
三日召魂魄，轻生蹈深悔。
投策伊何人？意气终沮馁。
生人行役常，跬步慎周砥。

即曰乘安流，孤征竟何以。
长风从西来，天光揭蒙否。
朝阳几席间，且看轻帆启。

晓发白杨村

一帆初挂早霜天，野鹤飞回警夜眠。
寒水自明沙岸影，轻风不散柁楼烟。
网河地远蛟龙迹，舂稗人修草木年。
试问湍声阅行路？村翁笑抚雪盈颠。

帆　　影

雾揭风牵映水渍，樯乌飞去掠斜曛。
平拖巫峡三更月，冷浸潇湘一幅云。
渔港罾疑悬晓曝，襄阳画不轴波文。
何人日下归无恙，同寄江湖影莫分①。

即景四绝句

泊处疏林带暮烟，舟移十里复当前。
依依帆影联绳下，曲曲河流抱岸圆。

篱落含风水浸烟，断沙村口雨余天。
一行柳过寒鸦影，暮色随人上钓船。

① 原注：孟郊《归舟》诗："长安日下影，又落江湖中。"

谁伴轻寒客晏眠，水光村影各依然。
收罾月暗垂杨渡，掠岸灯明卖酒船。

静夜风吹暗浪生，荒城虽近缺闻更。
诗成不寐真闲事，数听邻舟鼠斗声。

舟行滞甚，因谋舍去，感而有作

孤生眇大块，甘作萍踪浮。
南归偶然遂，襆被托行舟。
行舟何巍橥，洪波俯清秋。
彩鹢亘长翮，檣乌飞上头。
未问利涉资，转益贫装羞。
几榻宽可步，卷帙散不收。
沽岸酒自啜，临风诗与酬。
劳尘藉少憩，云山供卧游。
焉知风雨横，步步成阻修。
十朝既旷废，百里仍迟留。
巨棹侵晶宫，无乃河伯尤。
乡心寄泱漭，兀坐类楚囚。
列屋岸沙崇，屹对忘中流。
环窗拟敞宅，居柁称高楼。
吾生合瓮牖，讵可雕墙求。
渔人踏孤艇，日暮随轻鸥。
举手招我笑，刳木制有由。
竭来四体适，常怀中道忧。
三叹舍之去，变计匪迂谋。

换船口号

小艇真宜泛宅情，略同传舍历长征。
移来卷帙三分载，乱入渔舟一个轻。
不任帆樯风去住，易随堤岸水纵横。
才知巨楫江湖上，虚受人间利涉名。

任篁友四丈，同诸中表南归，舟次前后相望，泊岸过从，颇慰行路，奉投四韵

先后舟联次第程，真从意外遂亲情。
尊开暮酒堪留榻，篷起朝烟俨望衡。
旅梦预寻江上水，诗吟各和棹边声。
也知萍迹终分去，风雨何妨滞客行。

夜　纤

挽牵常向夜，邪许各成腔。
捩柁风移岸，扬帆月去窗。
问程迟柳闸，归梦趣枫江。
一棹吴歌里，乡心未易降①。

① 原注：过柳林闸乃由下水。

四女寺

地属恩县，有宋氏五女冢，长若莘，次若昭、若伦、若宪、若荀。唐贞元中，人祀黜若宪，故名四女寺。始末详《唐书》。五女因父母无子，相誓不嫁。衣冠如男子，以承父母欢。寺中塑像因之，然碑记所载与《唐书》不皆合。

村南列高冢，村北崇古寺。
徽名标巾帼，千秋志胜地。
贝水媚含珠，实萃灵舆气。
生为家国祥，死致乡闾祭。
土人艳称说，引据各訾异。
约略史传文，碑字参忆记。
显名唐尚宫，随肩宋姊娣。
才德表大臣，典籍司中秘。
五朝嗣清华，六宫尽师事。
溯厥从父年，力学家声继。
萦女恨非男，同心誓不字。
匪唯娉婷惜，直代莱衣戏。
玉尺量九天，神授良有自。
遭逢事亦偶，显扬志无愧。
至今俎豆馨，岂论文章贵。
同怀黜其一，若宪以罪废。
形模图景仰，历劫无陨坠。
巾服虽不伦，孝养明初志。
子道体人情，正未须深议。

彤管扬清芬，礼昭风末世。
慈乌集庙门，相感亦善类。
客至非游观，感深增叹喟。

月

水得清光迥，帆连夜影多。
望村回白草，颓岸泻金波。
江远乌南渡，关长雁北过。
严寒方万里，孤照意如何①？

夜风忆家兄塞上

昨夜寒风起，知从极北来。
鳏鱼原少寐，霜雁亦空回。
漠影冰初合，笳声晓更哀。
伤心忆行役，不为泣尘埃。

夜泊遣怀

修帆带林薄，影与孤云流。
云行得远岫，帆落空沙洲。
寒阴动日暮，短草霜色浮。
独系有虚艇，群飞没轻鸥。
兹夜正深永，前路何阻修。

---

① 原注：时家兄方赴卜魁。

舟人卧偃仰，风波吾侣俦。

早　起

十载缁尘泣素襟，南舟聊避雪霜侵。
高眠真作浮家想，早起犹存运甓心。
寄食情伤江国近，瞻云泪入塞垣深。
难馀合是飘零骨，敢逐晨鸦问旧林。

挂剑台

张秋镇有徐君墓，墓旁短碣“吴季札挂剑徐君树”八字，树不存矣。元都水监满慈撰记，云：“相传冢在景德故镇之南百举武，其草肖剑形。”又云：“在泗州。因此地有挂剑徐君树之碣。昔人争歌咏之，遂以为信。”

冢树无存蔓草秋，碑文疑信揭荒丘。
不因一剑交生死，朽骨谁知泗上侯？

梦武伯南

君行寄异县，我行方孤舟。
天寒万里梦，一息通绸缪。
相视颜色瘦，各有平生忧。
歌泣不自持，惝恍瞠双眸。
衣霜拂短草，履迹渉宽流。
魂魄非壮健，风波谁侣俦。

书来未及答，京邑事远游。
良觌讵可即，棼绪失所投。
寸心蓄耿迫，迢递空三秋。
起视鸿雁翔，谁能更挽留？

晚舟独立

白板扉连草色，青泥岸绕波痕。
人影斜阳待渡，云光独鸟归村。

东阿道中

巍岸壁立排高秋，上有老木翳寒流。
冲波漱岸或崩溃，苍根豁露相撑樛。
渔人凿土坐深隧，网罟不与斜阳收。
傍缘细草得陡径，时有牧童来饮牛。
饮牛弄水归何处？穿林逾岸回远畴。
群儿联臂发轻讴，人烟密住村西头。

上闸十韵

积石关横木，长流截利刀。
龙门千尺下，鳌背一层高。
远势迎回洑，牵呼急巨艘。
骈肩联赑屃，众手捷猿猱。
缆挺专车骨，篙撑磔猬毛。
移山迟日驭，过岸得秋毫。

土色惊行客，金声杂怒涛。
乌江力讵拔，赤壁战何鏖。
束峡防藩触，危樯凛栋桡。
青天看鸟过，赪尾信鱼劳。

下闸十韵

船下闸，必缆后倒挽之，以留其势。

石撼崖声坼，秋键水势滔。
蛟鲸方蓄怒，燕雀尽飞高。
巨楫愁终渡，奔流挟所遭。
舷虚唯受寸，柁侧不容毛。
挽后重添笮，持前审用篙。
猿趫升欲堕，鹢羽退须操。
猛气盘横鹘，长身掣巨鳌。
惊心趋电欻，回首失风饕。
讵策乘流兴，何妨上峡劳。
谁能持介石，长此凛深涛。

南　　旺

水分南北流，趋南较胜，其下有七十二泉，又名午旺泉。

地横剑脊水乘梭，千里归心托去波。
七十二泉迎送路，分流真喜向南多。

蜀山湖

夜风百里催帆席，汶水汤汤送行客。

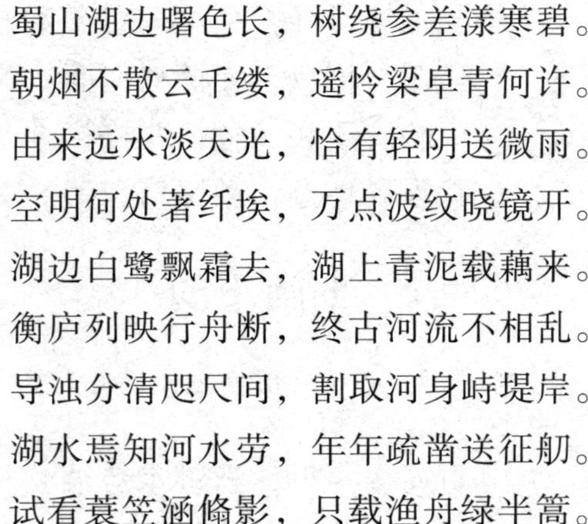

蜀山湖边曙色长，树绕参差漾寒碧。
朝烟不散云千缕，遥怜梁阜青何许。
由来远水淡天光，恰有轻阴送微雨。
空明何处著纤埃，万点波纹晓镜开。
湖边白鹭飘霜去，湖上青泥载藕来。
衡庐列映行舟断，终古河流不相乱。
导浊分清咫尺间，割取河身峙堤岸。
湖水焉知河水劳，年年疏凿送征舠。
试看蓑笠涵翛影，只载渔舟绿半篙。

守闸遇雨

一片湖阴合，空濛起远波。
寒先嘘雾湿，晚更挟风多。
水下初程易，帆键一闸过。
浮踪审遭际，逐处且蹉跎。

感　　怀

山远乌啼夜，霜凄雁在林。
思亲瞻极塞，对弟语伤心。
身渐卑行役，愁能隘古今。
无家问前路，有泪入秋砧。

南阳湖

湖水不到山，山根列茅屋。

举网得湖鱼，炊烟爨山木。

日影波平地，霞光树接天。
半山来晓汲，一鸟破疏烟。

半　帆

一湾岸转近西偏，短草斜阳尽接连。
似縠波纹谁画得？半帆风挂往来船。

微山湖

树影分临水，人家尽背山。
对村操艇过，负米趁墟还。

白鹭远为群，白屋近可数。
但有网如林，不见耕成土。

有　忆

江海何天有定程？乾坤此日是孤生。
几人高义容张俭，自古穷途哭步兵。
骨肉心伤朝雨散，风波梦落夜弦惊。
五年最忆悲栖地，同听西风塞马声。

皂河阻浅

有土不能耕，波涛荡平地。

有河不受涉，舟楫逊浅揭。
蛟鲵厌故宅，哀鸿泣噍类。
并作行路艰，舟车两失计。
我行历燕齐，逆浪愁所致。
坤轴迷津涯，堤防莽决弃。
流谦信恒理，趋盛东南势。
鼓枻朔气乘，迎暄羲驭驶。
何言涨虚沙，尽失攸往利。
千樯列筑堵，匏系亦居次。
划如膈臆疾，方食扼其气。
程近期转阔，归心挫秉锐。
人生足力完，胡为顽钝寄。
行且慑危湍，坐自成疣赘。
银汉横中宵，贯月何津逮。
不逢成都卜，忧端弥进退。

张定山明府舟中即席成咏，次韵二首

芦花拂子

篷窗雅制荻新材，麈尾休将玉柄猜。
蘸水束成丝缕缕，临风拂落月皑皑。
携从秋老无蝇至，谈到更深有雁来。
恰称轻舟随钓叟，素衣相对少尘埃。

琉璃瓶内金鱼

井汲胭脂色贮鲜，移来丙穴认壶天。
珊瑚影泛层冰出，绯玉光分一袋悬。

绘藻只疑看在壁，燃犀不用羡临渊。
丹砂饵就仙源近，枫叶桃花映葛泉①。

清江浦感旧

故总河陈沧洲先生。

繄昔溯淮水，倚棹长河滨。
奔流走渴日，道远愁穷鳞。
高贤景在望，节钺崇声名。
钦慕自髫幼，旧守颂神明。
迢遥借寇年，喜识龙门新。
父执拜床下，当此倒屣迎。
坐我宽衣裳，拂拭忘烦蒸。
敢弛达尊敬，如遇家人亲。
蔼容对竟日，念虑若为伸。
同心隔忧患，涕泗说先人。
交情一生死，高义薄秋旻。
公诗贵拱璧，书法重黄金。
众中数称许，厚意借奖成。
葛衣引后乘，奉炙先牛心。
感深默就道，公亦事遐征。
旌麾指荥洛，叱驭冲炎尘。
精祷必露宿，檄罪潜蛟鲸。
南维永奠丽，作楫伫枫宸。
用贤圣作辟，上瑞非河清。

① 原注：枫叶、桃花，二鱼名。

龙蛇遽遘厄，遗憾悲苍生。
素灵返湘水，天柱摧南衡。
灏气塞宇宙，伟抱光星辰。
甘棠雪不凋，官道抚遗阴。
金堤延治迹，犹得窥经纶。
眇兹絮酒愿，欲荐无青蘋。
高深积馀思，涕下竟谁陈？

换小船到扬州柬西畴二兄

舟乘一叶路兼程，掠岸风帆饱夜声。
百里寒涛初醒梦，二分明月倍多情。
耳烦歌吹游应倦，眼见江船去更轻。
雪堰梅花香可载，未妨倚棹待诗成。

辑录近诗寄石东溪并题长句

忆学诗年年十五，韵脚初矜字句数。
渐长稍从累牍看，自怪临文语易苦。
既经多难网罗入，遂使穷栖关塞阻。
地匝秋笳吹夜霜，天回春雁飘寒雨。
沙黄苇白绝人烟，长歌当哭何端绪。
窜同苏过侍重闱，酷罚何天失瞻岵。
泪尽三年风木声，群乌为我啼霜树。
宛转凶罹鼎沸馀，如丝气换长虹吐。
髀消踵决十三年，至竟风尘无住所。
书空咄咄古何人？梦穴悠悠悲独语。

涔蹄肯为诉枯鱼，扪舌还忧坐城府。
夜郎痛饮落长庚，蜀国残春拜杜宇。
心血平生古锦囊，飘零自织愁千缕。
曾随燕筑住边尘，亦聆楚些过湘渚。
此日南天独鸟飞，遥怜江上闻鸡舞。
霜柳千行两岸风，短褐无温破帆补。
回首山云杳成楼，忽教泛梗依鸣橹。
笔阵长驱樯马间，黄移淮海青齐鲁。
偶然点缀入云烟，或听波鸣成激楚。
已拼半世困遭逢，何妨千首供羁旅。
摅写唯知性情真，惊人有意吾无取。
石子论交忧患年，不为鸡坛得称许。
谓我南征合有诗，要识孤怀身所处。
寸心得失宁具论，一人知己堪千古。

宜田汇稿

方观承

自　序

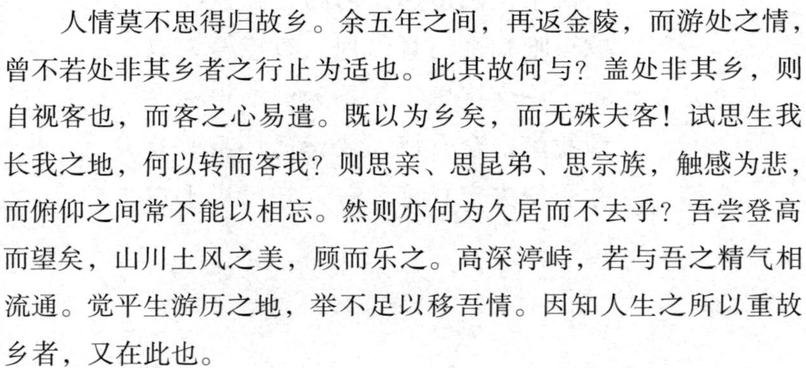

人情莫不思得归故乡。余五年之间，再返金陵，而游处之情，曾不若处非其乡者之行止为适也。此其故何与？盖处非其乡，则自视客也，而客之心易遣。既以为乡矣，而无殊夫客！试思生我长我之地，何以转而客我？则思亲、思昆弟、思宗族，触感为悲，而俯仰之间常不能以相忘。然则亦何为久居而不去乎？吾尝登高而望矣，山川土风之美，顾而乐之。高深渟峙，若与吾之精气相流通。觉平生游历之地，举不足以移吾情。因知人生之所以重故乡者，又在此也。

陆塘有田百亩，曾王母吴太宜人始迁金陵所置也，以患难弃去。王父母尝训承兄弟曰：“汝辈能服先畴乎？当以赎此田为先。”承兄弟谨而识之，幸所愿之得聚室而居，扶犁荷插为一乡农。因天时，则地利，老死无出乡足矣。古祝辞有曰：“宜稼于田，农所企也。”亦客所志也。因自号曰“宜田”，即以题识午、未、申金陵之诗。

丙午元旦

驹光尘影十三年，第一春朝故国天。

寒傍钟山埋旧雪，贫无屋瓦列新烟。
依人骨肉成团聚，愧我屠苏杂后先。
转忆寻常羁旅惯，关河风俗任茫然。

偶　述

匹夫践舜禹，童蒙臻睿圣。
将相与神仙，未暇悉论评。
人生百年中，成就称至盛。
古今四千载，史事书莫罄。
双轮互推磨，一室殊梦醒。
泡影唱新言，幡然移世听。
意亦相引维，聊以儆贪佞。
胡为颓放流，如朽弗思劲。
敢讥周孔劳，而同虮虱性。
问死未知生，若促蜉蝣命。
岁事成三时，农简器与政。
辰闰数屡积，一叶气先应。
志士奋厥功，感发征迈咏。
傥谓来日多，悠忽尤深病。
显藏愿各赴，造物无专柄。
期颐天所宽，寸阴圣所竞。

姚六雨岫移寓三山门外佛寺，雪后过访有作

朔风吹雪积寒阴，鸿爪遥踪野鹤心。

一径江城移榻去，连朝萧寺闭门深。
醉填注脚添骚怨①，冷送年华入梵音。
乘兴秦淮同剡曲，直将孤棹到双林。

上元五首

余自癸巳北上，阅十三年，始于春时住白门。上元之夕，宿雨转甚，一灯兀坐，回忆此十数年，一再出关，客京师，还游荆湘间。当兹夕之所历，岁易其地，黯然不能无感。因各志一诗，得家字韵。

年年见月苦思家，第一圆时惜岁华。
雨散歌声填里巷，风摧树影耀云霞。
香霏梅障春宜酒，冷对书灯艳有花。
欲向传柑寻旧俗，踏泥门外即天涯。

山能筑彩火能花，帝里风光一倍加。
马过衣香千队色，龙衔烛影五侯家。
共听北里歌方艳，独闭中庭月不哗。
两载题诗悲去境，直将冷咏答繁华②。

留都风景逼京华，金锁天开节候嘉。
北塔烧灯明宝髻，东陵积雪灿银花。
思归江国春无路，误认鄜州月是家。

① 原注：雨岫方释《离骚》音义。
② 原注：甲辰、乙巳客都门。

却忆山云邻远塞，易随清影望寒沙①。

忆将断梗托浮槎，无复春回志岁华。
宿傍渔灯村影寂，听残篷雨夜声哗。
鸿飞觅食频年路，茧卜随缘此日家。
一样愁霖惊节候，楚天魂梦恨犹赊②。

五年春酒侍边沙，万里空增物候嗟。
野戍灯连明短草，童歌风远答鸣笳。
关河已任分明晦，风雨谁能问室家。
白发良宵心最苦，莫移冷月照天涯③。

触　　感

住城无一椽，负郭无半亩。
凭高望黯然，吾土何足有？
年年空忆归，问心复羞口。
唯有丘垄存，他年庶可守。

卧稿荐暖甚

已从蒿满径，真藉草为茵。
布拥公孙被，门无陶氏宾。
长安三日雪，关塞十年尘。

① 原注：癸卯寄室奉天。
② 原注：壬寅自澧州至荆门，沙河舟中值风雨连日。
③ 原注：自丙申至辛丑留塞上，凡五历上元。

梦抱孱筋骨，飘蓬愧卧薪。

感忆旧物四首

青田石印

程穆倩镌文曰：“知足知止常足。”庚寅岁先君子赐承，宝之。壬寅赴京师，驴背震撼，遂致毁折。悔恨宁有极耶？

青田三寸石，碧水敲凝冻。
镌磨出好手，般倕兼籀诵。
趋庭拜赐馀，宝之不敢弄。
知足知止文，训勉意所用。
驴背走燕尘，疏防诚懵懵。
本求守勿违，毁椟为心动。
图书烬劫火，岂唯一物重？
手泽十年珍，触视增深痛。

金经字册

先宫詹公手录百本，承得第二十七本，命匠装璜成帙①，匠复转属他手，遗首三幅，求之不得，遂成恨事。

名书通今古，载多释氏文。
岂真福利见，前哲缘纷纷。
溺佛徇世好，愚智均所珍。
转以瞿昙法，为护钟王真。
宫端遗手泽，八法追先民。
临池晚弥笃，一字悬千缗。

① 编者按：“装璜”，当为“装潢”之误。

金经楷百部，用意良有因。
岁月考近远，散守遍交亲。
小子宝其一，琢玉求玉人。
焉知卤莽报，转将残佚陈。
山僧同有藏，梵夹完如新。
昨年忆展对，惭汗沾衣巾①。

茄南扇坠

辛丑岁失于巴浒塞上。

南海径寸香，希购同尺璧。
木德蕴奇馨，幽人器朝夕。
朴寓道味存，柔与女手适。
断瓢晰肤理，蒸梨滋润液。
不缀灵芳园，不近参军席。
怀袖承熏风，蒲葵芬一叶。
唯将铅养华，焉知尘注劫。
塞草失追寻，三年迷麝迹。
杳如芳佩春，永堕青冢月。
沉埋岂所甘，遭逢恐亦厄。
溲勃杂弓刀，兰桂从谁惜。

古　镜

镜体甚薄，以多土晕，命工新之。拙手劘治中裂，独郛厚处周遭无缺，重轮内外，一如环形。人谓非破镜不祥之比，故至今存之。时寓辽阳，盖康熙甲午岁也。

秋铜出古冢，玄光晕碧血。

① 原注：京师西山僧慧本藏有第六十二本。

蟆蚀逾千年，土花半磨灭。
黄尘携万里，云暗关山月。
慵窥皂帽霜，不拭毡裘雪。
愿从毚桂看，一使清光揭。
吴刚不用命，突凿蟾蜍窟。
凤翅瞥翻飞，菱花惜摧折。
幻兹璧影圆，复现重轮出。
破镜化为环，应非不祥物。
君恩盼余辉，或照乌头白。

三妹画牡丹，并题以诗，依韵和之，即索图墨菊一纸

别有秋风冷淡花，须将绘事洗铅华。
略如提瓮椎鬟意，服饰非宜处士家。

附 原 作

菊瘦兰贫植谢家，愧无春色绘年华。
剩来奁底胭脂水，学画人间富贵花。

城南口号六首

寒阴日日傍春城，但有微云不算晴。
却禁寻春人不住，铿铿屐齿踏歌声。

江上山连郭外山，层层图画水云间。
尘泥迹共风帆影，只有侬来一个闲。

城南第一数梅花，茶社三叉复五叉。
预识开迟游客返，不论花事只评茶①。

偶凭绀塔俯青芜，城郭江山揽画图。
不是高层停倦足，恐侵云雾转模糊②。

雨花台畔草初青，幅幅山开面面屏。
行倦即教随地坐，笑他骑马上高亭。

山根凿处水涓涓，消尽人间好事钱。
不是寻常看花日，也邀客试永宁泉③。

灯下兰影

美人蕙帐娇春目，畹露泫光傍银烛。
墨池不倩赵王孙，自写生绡真一幅。
洛女朝搴洛水滨，湘娥暮倚湘江曲。
瘦态相怜或共时，陶家形影篱根绿。
转忆无人空谷中，月下参差媚幽独。
香生静夜忽不闻，庭树回风灯掩幄④。
灵均作佩采仍疑，黯淡魂归宛相属。

---

① 原注：梅有三榦三色者，名三叉梅。五榦五色者，名五叉梅，最为奇艳。

② 原注：塔至五级常锁闭不得上。

③ 原注：泉在雨花台下。

④ 原注：叶。

赠中洲禅师二首

禅师本京口旧阀，避难披缁，住锡黄山三十年。著《黄山赋》，纂集古成句凡八千七十三言，非读破万卷书不能办也。

老任耽吟破俗禅，爱山本结住山缘。
半生痼癖同支遁，末路浮名笑阆仙。
凭眺犹伤江国旧①，交游每占坫坛先。
欲知身世经桑海，灵运支传是皎然。

清凉古寺最高层，瓶钵何来问废兴。
剩使长江供浴佛，犹延劫火到烧灯。
林灰梵叶重生蒂，山挂诗瓢便卓藤。
恰喜手扶龙象了，献花岩畔许同登②。

清凉山桃花十二首

水山高下石城根，莫认山村与水村。
只为花开迷去路，游人指作小桃源。

天与山河作绣妆，两家后主酿春芳。
倾将一井胭脂水，和就六朝金粉香③。

① 原注：师有《金山感怀》四律，传诵江左。
② 原注：师游金陵，息清凉寺，适寺火，遂肩重修之任。
③ 原注：胭脂井，相传在清凉山东阜，今灵应观前。

瑶池花发集仙班，应是天孙带醉还。
欲把神工夸阿母，直将云锦裹春山。

两山红隔一溪回，晓露繁葩相对开。
可是春风知斗富，王家栽与石家栽。

城上花秾十万枝，野云如火不胜吹。
好凭堞影江光里，看到余霞散绮时。

骖虬驾鹤影班班，千树桃花晓露山。
何处春光尘梦里？满城日出未开关。

桃源路衬野香深，菜正花时罨昼阴。
应怕锦林污寸土，直教满地布黄金。

脂肉芙蓉一色凝，仙家犹自思难胜。
灵源悟道关何事？来问清凉古寺僧。

进香河北倒钟场，千树花传府后冈。
几辈游人依水去，一时篮舆过山忙。

酒照红边路尽迷，草当青处坐全低。
携来晓幄蜂香队，归去斜阳騄耳梯。

雾转烟低夜径开，绛云堆里影楼台。
衣香人面归何处？独共山僧月下来。

落红片片载香魂，流入秦淮新涨痕。
从此渔郎重问渡，唯歌桃叶与桃根。

石东溪别墅[①]

石东溪别墅在都城东十余里。高阜长杨引连官道。予之南归，饯别于此，订后晤之期，余指席前所见曰："此花复芳，当共酌此地也。"时日易迁，关河犹阻，东溪即其地构小亭，颜曰"问芳"。书来道意，兼示《问芳亭》诗十章，奉答四韵，用致黯忆。

柳外一亭立，村边古道横。
地怜经岁别，书悉故人情。
草木知新候，关河阻旧程。
把诗增涕泪，敢忘问芳名。

题香海居荷花

初日照芙蓉，山围一镜中。
碧边微有浪，香外更无风。
分槛皆成画，连堤各映红。
青溪潮近远，桂楫若为通。

---

① 编者按：鉴于本诗题目过长，因此将诗题改为诗序，并另拟诗题《石东溪别墅》。

姑母涧滨阁[1]

姑母涧滨阁作《五日》诗，用前人“也将白水蘸菖蒲”句命同赋，姑母成五首，其一联云“友遗角黍如分囷，自写笺诗可当符”，为之阁笔。

也将白水蘸菖蒲，作客年年并此无。
续命丝牵游子恨，歌骚身共逐臣孤。
归来江国犹萍梗，望去秦淮空画图。
尊酒盘鱼供易醉，看人贫薄亦欢娱。

咏 风 兰

悬当风处，绝无水土之生，而花叶繁艳不殊，亦异种也。

疑是当门种被锄，芳魂吹度旧根株。
杜兰香坠凌空艳，少女风悬含笑图。
艺去湘江嫌土浅，倚来谢树倩人扶。
落花飞絮还惆怅，肯信飘蓬影竟枯。

过千里叔不值

问童忘去地，避暑及朝空。
路觉单回远，心商早出同。
几家南北巷，终岁马牛风。
不遇情偏洽，题诗送小筒。

---

① 编者按：鉴于本诗题目过长，故摘取首句为题，原诗题改为诗序。

早过千里叔，因邀同朱景山秦淮泛舟，即事十绝句

凉风不到读书窗，何处堪令饮兴降。
试踏青溪桥畔路，十分水浸玳榴桩。

阮曲南头隔巷邻，良游不易此嘉宾。
相邀一笑披衣出，也是今朝无事人。

近水轩窗一面开，市楼于此少尘埃。
游情饭罢从容甚，招手桥边艇子来。

楼槛宽围水近东，棋枰声落茗香中。
停桡恰受风来处，系得垂杨绿一篷。

帘影招招认客舟，张家浇店映淮楼。
碧栏杆外壶觞过，更为游人措令筹①。

水上琵琶月下箫，顺郎贺老艳相邀。
回舟试逐歌声去，缓浪轻风过定桥。

花函钗影鸟飞衔，竹写波阴柳欲兼。
随处闻歌堪侑酒，傍谁平槛莫窥帘。

① 原注：张家浇店见《食谱》。

柳外城低竹外亭，溪回钟阜列高屏。
不知王气何形似，但爱船头一片青。

轻阴楼上绿蒲觞，斜照桥边茉莉筐。
满眼佳游商后约，算迟几日是端阳。

灯隐帘衣两岸楼，独眠归棹水西头。
也因我醉诸君去，不是山阴兴尽舟。

雨

时赴安庆舟中。

雨入江枫冷，况当风正秋。
葛轻休傍夜，篷短且遮头。
潮势乘方急，芦声搅未休。
客程五百里，第一日淹留。

舟中蛩语

在野何因忽在舟，误从床下托绸缪。
应怜远道孤吟客，与话寒江入夜秋。
芦荻声中灯影乱，篷桅隙底月光浮。
须知觅遍藏身地，只有豳风不咏愁。

峡 中 歌

芦荻洲，江中流，

遥遥一绿不知处，分江作峡安行舟。
巴江峡束瞿塘怒，终古行人不敢渡。
何似铜陵旧县间，芦苇高横岸作山。
岸波不冲，鼋鼍何攻。
天风不怪，奔豚何拜。
有时白浪排云飞上天，
乃是芦荻之花秋风明月相盘旋。
江上波涛恶，江中估客乐，
大舟如山行自若。
篷影眠波欲蔽江，长啸呼风转篷脚。
隔洲相望攀难附，乘风破浪谁为助？
欲有其乐求其具。

舟　夜

弦月升仍落，湍风坐未眠。
枫林侦鬼火，鬻栗断江船。
地让乌栖树，空凌鹤唳烟。
无因诉飘泊，付与梦魂怜。

生　朝

皖江舟中。

此日又乘舟，吾生命合浮。
孤儿原忍泪，故国但牵愁。
用壮商蓍策，全形托水沤。
高吟江月白，对影傲千秋。

皖城中秋四首

时寓任氏之霄汉楼，少廷尉蘅皋先生开宴作乐。

忆对初弦后，都为冷雨时。
今宵逢忽霁，令节更成奇。
一镜光犹湿，千江影渐移。
高楼孤迥地，无感亦生悲。

有月人皆照，无家我未归。
每怜欢笑共，自觉性情非。
鸟避江湖影，乌觇庭树晖。
不应歌舞地，也作绕梁飞。

阶下月方满，堂前客未稀。
繁声歌桂树，纷影舞裳衣。
酒罢闻蛩语，更阑见雁飞。
向来广坐上，斟酌向隅非。

燕市昨年月，并州作故乡。
鹤归辽有语，雁入塞成行①。
忽照南天水，全疑北地霜。
扁舟系游子，流落近江湘。

① 原注：乙巳秋，家兄舍弟自塞外归，晤京师。

拜余忠宣公墓

墓在皖城西门外里许，旁有尽忠池。夫人蒋、妾耶律、妾耶卜、子德臣、女安安、甥福童，同时尽命。士卒从死者千人，有马卒某，冢犹存。祠前大观亭，前临大江，后拱二龙山，为郡胜地。

六载孤城控上游，睢阳壮节共千秋。
池留一勺清无底，江为三更咽不流。
死士冢边悲鸟集，大观亭外战云收。
试看儿女埋忠处，末路真令危素羞。

大龙山中初见桂花

鼻观香销十四年，年年虚对桂轮圆。
皖东山里淮南树，记得相逢樵径边。

庭前秋海棠，手植甚盛，行役来归，霜露已尽，诗以惜之

含娇怜几日？寂寞傍墙阴。
蛩语经秋恨，花开思妇心。
卷帘人已去，坠露夜初沉。
不分东篱菊，寻常色易深。

泊采石，梦与石东溪游咏竟夜

孤舟独坐忧难已，偶尔诗成亦心喜。

高吟月夜复风天，游鱼出听奔潮止。
佯狂忽忆同心人，万叠燕云山对峙。
三秋吹过鲤鱼风，洛下书生近何似。
梦中怪尔遽能来，凭谁指与寒江水。
君有盘山集再游，我添泽国吟千纸。
相逢不款互高歌，狂奴故态常如此。
语君此是采石矶，太白仙人元未死。
高踪更有谢玄晖，住近青山松柏里。
醉态犹传宫锦袍，游情莫问陵阳里。
仙灵许我叩岩扃，惆怅白猿呼不起。
恍回棹下海门东，烟树参差石城是。
吾庐旧即傍青溪，几度欢游待吾子。
晓风残月影苍茫，淡粉轻烟春旖旎。
请听一曲望江南，江南好景歌方始。
忽换甘州第一声，白鹤横江舟掉尾。
自提衣襟注目呼，劳劳亭畔君归矣。

寄　　内

游不成归漫五年，关心北塞与南天。
离情雁足纷难托，不得分飞到尔边。

舟　　夜

寒潮有暗声，初月少遗影。
一行芦荻秋，能助江风紧。

作寄东溪书

欲折梅花寄一枝，江南江北晓风吹。
书成那得诗重写，驿使匆匆正去时。

初雪怀东溪

雪作轻花晚更吹，茶香灯影傍书帷。
依稀君去盘山路，枫叶题诗寄我时。

病

论瘦才因病，何妨瘦有名。
对人增侘傺，问镜不分明。
故国身如寄，天涯梦屡惊。
转从忧极处，未敢薄浮生。

关不通南信，江能阻北程。
瞻云天万里，坐雾日重城。
岂独悲生事，都难语世情。
途穷翻忆昔，涕泪一身轻。

病中得东溪书

京洛交游地，唯君数寄书。
相怜俱故国，苦忆少安居。

身试惊弦后，家承堕甑馀。
尚闻宽吏议，慰我病新除。

自题《专席吟》

余在北为归，在南为寄，盖尝以此自悲。丙午十月，闻先王母之变，穷途惨沮，不知所出。皖采之行，将有所告也，而终不能为余计。苏子瞻云："苟无其财，虽圣贤不能自致于跬步。"况数千里关塞之远哉！一身狂走，无可诉语，一寓悲于诗。《记》云："有丧者专席而坐"。因汇丙午十月至丁未冬所得诗，为《专席吟》。

大功且废读，汝服齐衰期。
时见汝涕泣，何复为诗辞？
长者责诚是，违礼心自知。
聊云歌当哭，哭未如歌悲。
生久非所愿，死又非所宜。
百忧包一身，一身无家归。
或疾痛辗转，或风雨凄其。
一读陈情表，再读蓼莪诗。
灯昏少人语，窗外闻乌啼。
啼声宛音节，含悲诗和之。
诗成涕被面，鹃血积高枝。
命曰专席吟，此情将诉谁？

冬至前夜雨书悲

天地都归冷雨中，难从剥复问时穷。
滴残枕上三更血，吹入檐前一夜风。

雁正飞时濡短帛，乌当啼处湿寒丛。
梦中踏作边关雪，惊醒床头火不红。

寄三弟采石

归已无家聚本难，髫年离思剧辛酸。
江回百里风涛阔，梦醒今宵枕被寒。
长姊如依兄教训，慈亲代报尔平安。
伤心莫望边天雁，刷雨眠沙影尽单。

过中公和尚闲话

古寺阴崖闭雪寒，梵王高座亦眉攒。
须知世上逃名易，只有城中乞食难。
道在不离孤笠破，诗成常挂一瓢团。
空山笑杀寻山客，曾效冯驩铗再弹。

雨　　夜

忍泪不曾流，偏禁暮雨愁。
瓦寒声带雪，木落意兼秋。
对此灯昏眼，能令人白头。
窗风知卧去，猎猎更无休。

惊　　醒

猛然惊醒泪涟如，不合中原我久居。

万里寒沙虚斧鬣，一天衰草倚门闾。
风传江上鸡声冷，秋过辽东雁阵疏。
踏尽劳劳亭畔路，乘流无计泣枯鱼。

稿荐歌

稻稿编成者为荐，乡村即地陈稿，厚尺余以寝，谓之软铺。

打稻场边霜落早，家家门外堆黄稿。
饭牛歌罢牛不饥，盖屋编帘事皆了。
更须软榻选长条，几回妇抱同儿扫。
重茵不异习纤柔，暖德居然载枯槁。
蓬蓬笑指灶烟红，洗脚登床饭初饱。
城中充作马刀余，岂知梦托华胥好。
谁家卧起不朝餐？树仰空庭叶落少。
古有长安卧雪人，牛衣对泣声常悄。
抄将玉粒藉黄丝①，眠餐合让田家老。
自怜十载无温骨，铺茅遂换边裘秃。
问身本是蓬蒿人，寝忧今称齐衰服。
君不见，陶家剉荐为留宾，贤母千秋忆苦辛。
越王锦绣千夫国，还向深宫矢卧薪。

雨夜作寄三妹书

风雨中宵独尔思，依稀灯影对窗时。
一年本是愁中聚，百里初生别后悲。

① 原注：俗称荐为黄丝褥。

客舍有衣皆作质，贫家无米强为炊。
题书欲寄怜空寄，那得诗成不泪垂。

送别表弟高继允省亲长葛

辞家何地复趋庭，子舍还从客舍停。
千里征途能独去，百年离恨是初经。
长河冰画龙鳞白，少室山飞驴背青。
入洛机云收作赋，不关书剑叹飘零。

客　　枕

客枕愁无寐，因寒且任眠。
留灯照霜户，警柝入风天。
忧大从谁理？心孱强自怜。
隔窗闻熟睡，七十是衰年。

读《盦山集》题十四韵

盦山高祖行，诗法追香山。
词唯任淡朴，意本出咀研。
隐括尽纤毫，绪理常安闲。
栗里并夔州，参观得其诠。
绘四壬子图，名流艳争攀。
沧桑历事变，飘荡凋朱颜。
遗民见悲咏，鹦鹉非句妍。
自订四游草，谅节光山川。

嵚崎三十载，身贱名益传。
明农晚易号，意与□[1] 圃宣[2]。
药庐标巍行[3]，同志老益坚。
文章根至性，历历吾宗贤。
伤哉际劫火，客死终狂颠。
无儿当不恨，异代尊斯编。

炭墼行

炭长三尺称将军，鹁鸽色选胡桃文。
载向朱门取高直，朱门暖室生香云。
其次衡斤复不贱，北风一月江船断。
朝键雪户暮冰阶，雪里寒灰有谁念。
多劳炭贾妙新术，卖炭朝朝余炭屑。
炊芦灰和水为泥，截竹形成模用铁。
筑炭声如筑堵声，累累如堵以基石。
分明射利土苴尽，转称穷檐得暖情。
有客初归自幽冀，畏寒复少御寒计。
一钱入市一丸来，灶火胎红光欻丽。
扬州编篾号鸡笼，卵翼恒温的正中。
一轮袖纳东方日，每恨吹灰目易矇。
自怜冷骨无由换，土坐多年伸缩便。
薄窗短几坐来僵，敛身就热无微焰。

① 编者按：□，原缺，《存目》本作“明”。
② 原注：处士子留公。
③ 原注：密之文忠公。

无焰何须怨灰死，尚有坚冰填腹里。
手烘墨渖冻难开，眼冷乌银流出水。

再赴安庆

风雨迷前度，江流出旧痕。
舟牵须有际，蓬转忽无根。
导雁寻湘岸，歌鱼去孟门。
再弹人欲贱，敛铗问冯煖①。

北　望

有云但随向北鸟，有风但吹向北枝。
鸟飞树动有时息，云杳风回无定期。
客身如鸟心如树，云出不归风不住。
北风一夜向南来，鸟飞觅食江湘路。
剩有孤云化雪飞，回头千里心伤悲。

至采石

弟妹依依话夜阑，围炉小聚亦为欢。
谁知即是伤心处，慈母灯前影正单。

---

① 编者按：考弹铗为战国孟尝君门客冯谖（一作驩）事，故此处之冯煖当作冯谖。

搭船谣

船为桐槽子。

不篷不楼，何以为舟？有客乘之将远游。
五尺舱，四面木，灭顶凶，盖棺蹙。
其义何居名锁腹？
坐如瓮，复如井，帖耳江声忧伏枕。
一寸之下即黄泉，举手之高无青天，
但见船来须换船。
吹箫击鼓，楼船高堵，岂无虚闲，终不借汝。

舟中小年

楚俗以腊月二十四为小年，祠祀宴聚略如除夕。江南唯吾皖行之。

行人割豕复烹鲜，腊祀村村艳小年。
户肃先灵来水际，舟邀估客醉灯前。
依依旧俗眼真见，落落吾生心自怜。
倚待朔风人睡熟，衰衣一恸大江边。

舟谣二首

江行阻西南风，风皆有名称，因纪之。

雪后西

雪晴必西风也。

江水奔如万马蹄，长风初送一声鸡。

舟人不起寒相语，算定今朝雪后西。

送年南

冬月常北风，腊尽则复多南风，以便估客，谓之送年南。

短篷日坐水中龛，估客扬帆下石坍[①]。
自是多金归即得，天风特与送年南。

旅　夜

郭北门边茅屋欹，江南岸下波光驰。
偶然思出迷所向，还复归来空尔为。
雪积窗寒月初上，灯残夜永火欲吹。
野人不识歌骚意，怪我读书胡泪垂。

买得古铜短檠，字之曰“凝宵”，并宠以诗

善价归予日，凝宵锡尔名。
鼎彝分古色，几砚概深情。
跋短体原称，光微眼易明。
还怜残烬夜，消得泪纵横。

读《离骚》题六绝句

每怪三闾过激伤，焉知至性托文章。

① 原注：地名。

今朝忽有沾襟泪，好读离骚便不详。

家在吴头楚尾边，楚声悲激复婵媛。
一灯酒醉三更后，自命能谈山鬼篇。

曾泛江波逾洞庭，水仙祠下见精灵。
当时月白风清夜，悔不高声读与听。

疑鬼疑神作九歌，先王庙壁问还诃。
莫悲憔悴江潭甚，文字当时少网罗。

楚虽三户竟亡秦，冤愤难为逊国臣。
每读一篇临水哭，雪庵和尚是何人。

杞人何事独忧天，楚国空怜有坠渊。
未与美人成一笑，闲情且诵远游篇。

书　《骚》

大字书骚纸十丈，揭之窗间与壁上。
又将细字写蝇头，便面连行一目收。
二千四百九十字，不许人间俗子记。
纸锤湘竹叠斑痕，一字都凝千点泪。
携向秋风夜月天，更寻水际与山颠。
楚声读罢些声唤，奇服高冠忽见前。
暇时更欲书山鬼，一函寄向湘江水。
并将天问交还与大夫，说者纷纷殊聒耳。

守岁诗

人事息向晦，兹夕何多营。
不眠如岁何？守岁含深情。
丈人发嗟叹，儿女欢循名。
穷年汩征迈，善利焉能程。
独此寸阴惜，若与天意争。
去日胡以旧，来日胡以新？
我心漠视之，一灯坐短檠。
窗边函雪影，枕上来江声。
主人念寂寞，殷勤杯酒陈。
起酌借饯岁，不饮向谁倾？
岁行忽如客，客乃饯岁行。
荒鸡四五唱，星斗天纵横。
挥手谢岁去，一卧遂达晨。
岁住客仍住，白日开青春。

丙午除夕

生别离兼死别离，茫茫旧恨与前期。
也知天上无今古，底事人间有岁时。
雪后风还从北至，灯前影不向南悲。
何人尚作恒情看？道我穷途感泪垂。

丁未元旦

一灯除夕梦遥边，醒后新年忆旧年。

几欲褰衣驱塞马，翻令乞食上江船。
贱贫自觉悲原浅，身世谁能立不迁①。
最是依人添得泪，看人骨肉酒杯前。

元旦微雨试笔，仆子请作吉语，笑而从之

青帝行春仗，苍鳞导日轩。
洒尘芳甸净，验气水乡温。
瑞共占端策，恩应洗覆盆。
依稀凝掌露，微润拂衣痕。

元旦读《骚》

作客新年主人屋，望远衔悲不能哭。
不哭当歌歌奈何？闭门一卷离骚读。
离骚激楚无好声，思美人兮含深情。
含深情，当更读，大夫好语亦从俗，
开春发岁白日出②。

东 西 家

东家寡妇饥夜哭，夫死瓮中无一粟。
西家宾客召满堂，选艳凝情盛丝竹。
借问东家西家谁？同堂兄弟大功服。

① 原注：余今年三十。
② 原注："思美人"章："开春发岁兮，白日出之悠悠。"

咄哉此事在衣冠，礼不云乎功废读。
衣冠此事盖有由，太傅东山坏风俗。
君不闻，宰夫扬觯责调旷，悼子在堂犹未葬。
休论葛藟庇本根，邻有丧兮舂不相。

阻风安庆城下

客心乍见江水喜，一日东流五百里。
波迎鱼塍各殷勤，何须更唤樯乌起。
宜城渡①，妒妇津，此间宁复得汪伦。
多情剩有长江水，欲送行舟风与争。

舟行折抢

抢读去声。庾阐《扬都赋》："艇子抢风。"

张帆千里行，眠帆十日住。
逆顺遵天风，江程有常度。
咄哉下水舟，忽与风争路。
水势凭东来，风声勒西去。
黄头智狡狯，强橹力沿溯。
掉尾突横风，倾欹未暇顾。
侧柁剪飞涛，危帆撑破布。
如窃封姨奔，急避飞廉怒。
宽流三十里，截断沙崩处。
蛟龙亦蜿蜒，苍鹰势盘互。

① 原注：皖江渡名。

周览巨滔中，往复若抒戽。
参差射潮军，鱼鸟各趋骛。
未问输羸[1] 齐[2]，犹嫌指挥遽。
暮雨激寒潮，高云吹败絮。
百折历危矶，两岸茫所赴。
篷窗卧渐濡，舱席坐屡仆。
众舟呈险色，顾我复何据。
因感志士心，修途悲日暮。
倒行而逆施，一掷轻瓦注。
瓦毁不复全，波惊岂容误。
惭非破浪雄，每为恒情惧。
愿付榜人歌，尽唱公无渡。

暮抵采石

归来骨肉慰情亲，日暮看催进橹频。
不是舟人知客意，舟人即是此间人。

春　阴

春晴行亦阻，何事怨春阴？
总是无归客，偏愁强住心。
座中谁旧雨，江上自孤吟。
过尽千帆影，惊攀柳色深。

---

① 编者按：“羸”，当作“赢”，其注文亦当同此。
② 原注：抢有输羸，得风为羸。

饥

饱亦与饥同，长饥客意中。
何心甘寄庑，此日耐飘蓬。
交远书难寄，忧多告合穷。
昨朝江路见，元有信天翁。

帖灵吾辈乞，手腕亦何辞。
敛色惭佣仆，高声读旧诗。
门从昨日闭，卧得古人师。
亦有茅檐月，清光到缺时。

又　饥

诗富岂支饥，因饥更作诗。
来朝原不问，去境几曾悲。
鹤瘦鸣皋影，蝉清带露枝。
谁言人梦饱，病亦未思医①。

客饥因赠

我幸昨朝饱，君胡此日来？
堂前温旧榻，灶下冷残灰。
此意惭妻子，高情重溯洄。

① 原注：黄山谷云："饥人常梦饱，病人常梦医。"

古人蔬粝薄，犹有客成猜。

三妹寄腌萎蒿

香启夺盘齑，遥函到暮炊。
色分春水淡，味渍海霜宜。
弱妹中闺手，思兄异地悲。
食贫怜共尔，满嚼爱连枝。

雨后偶步秦淮

端阳前一日。

晴光时一揭，意若为端阳。
柳外风犹湿，鸦边影乍忙。
千舟思鼓健，一水贮溪长。
独有行吟者，看云绪尽忘。

五日书感

屈原贤大夫，曹娥弱女子。
千秋有五日，端在两人死。
末俗成欢朝，天中节何始。
人传续命丝，我忆胡绳缅。
人喧竞渡舟，我忆怀尸起。
投荒触深痛，风木摇荆杞。
终古大江波，不为沉冤洗。
人情重阳辰，忽忽愁霖里。

心伤见晛期，游子何栖止。
蒲香不设觞，湿坐窗阴启。
一摹齑臼碑，再书离骚纸。
高歌忠孝魂，涕下不能已。
侧耳何多声，箫鼓秦淮水。

丙日晴

久雨频看历，真占遇丙晴。
干支何理数，月日此期程。
特显当阳照，如舒见晛情。
浮云倘竟蔽，千古孰能争。

麓庵上人书《闲情赋》揭壁，索诗解嘲

熟诵闲情赋莫猜，何妨题壁傍经台。
渊明携入庐山社，惠远当年也爱来。

偶读家鹿湖先生咏物八诗，亦各系一绝句

丹霞蕊映碧松乔，莫问千条与万条。
总为芳心知托附，一时枝叶尽凌霄①。

① 原注：凌霄花。

寸草能分东壁光，不愁蓬户暗宵长。
从知身后为萤火，还与车生伴夜囊①。

忽见春枝眼倍华，休疑幻术问仙家。
五侯烛影开繁蕊，也是人间顷刻花②。

好共忘忧对一枝，世间无病更须医。
神农百草尝皆遍，似此花应气味奇③。

一丛抱影影周遮，倦绣床前日又斜。
底事情多销不得，合欢草伴合欢花④。

葛花香染一丛青，兴庆池还近内庭。
欲问当年妃子睡，可曾倩唤海棠醒⑤。

叶底吟蛩枝上鹃，禁他月夕与霜天。
独怜寸草多情甚，常伴愁人夜不眠⑥。

命名还惬窭人情，觅遍穷途何处生？
自种门前君不识，年年夏麦与秋粳⑦。

① 原注：宵明花。
② 原注：顷刻花。
③ 原注：疗愁花
④ 原注：合欢草
⑤ 原注：醒醉草，《类书》载此草生兴庆池南。
⑥ 原注：不寐草。
⑦ 原注：救穷草。

秋海棠[①]

客窗旧植秋海棠，传恭大兄以主人将去，地亦他属，春月移去。后兹布转盛，谓当贶以诗，予亦因之有感，不能默然，遂得二律。

栽花难问看花期，心为怜花花转移。
此日幽人凝手露，昨年思妇断肠诗[②]。
轻阴密叶娇相倚，旧梦芳丛冷自疑。
莫是萍蓬同客恨，新从池草托根枝。

较来肥瘦影参差，应有香心报主知。
开径客寻云月夜，卷帘人问雨风时。
庭依春树联芳谱，砌倚秋阴托桂枝[③]。
犹恨宵零回首地，菊花不是旧东篱。

三十初度

弱冠孤儿泪，伤心又十年。
无家归故国，有梦落遥边。
死抱高阁诉，生尊瘦骨坚。
薄寒催早起，孤影曙星前。

寒雁惊霜阵，林乌啼夜天。

---

① 编者按：此诗诗序原为诗题，以其过长，故据诗序代拟此题。
② 原注：去秋归自皖城，花已过期。
③ 原注：兄庭前植有海棠、桂树。

生应人共命，秋对汝增怜。
莫漫悲栖食，无劳问岁年。
江湖飘远影，前路总茫然。

山寺一朝过[①]，依依出世情。
聊因忘我相，不是证无生。
钵冷分僧饭，灯高静夜城。
笑他弧矢意，终古劝长征。

高台悲远望，江气挟云昏。
几许孤帆客，都争一水痕。
羁情惊去梦，萍迹守枯根。
冷眼颓波里，真孤日月恩[②]。

清凉山中秋

万里清光咫尺间，更高寒处作跻攀。
枯声鸟乱投霜树，白发僧同立夜山。
满照江流无浊影，下临城市尽秋颜。
征鸿莫认南飞翼，来路分明是塞关。

挽陈奏飏

余归自采石，奏飏殁将一月，已卜葬南郊矣。

一棺何处土，人共哭元方。

---

① 原注：坐清凉山寺尽日。
② 原注：客岁是日在安庆舟中。

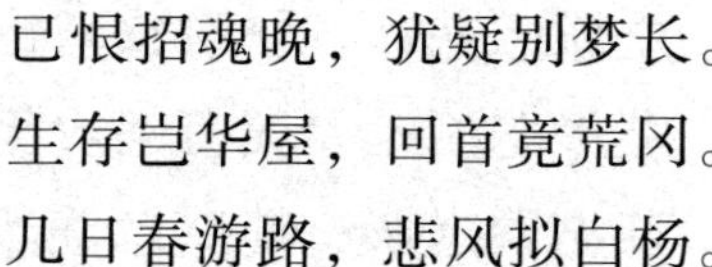

已恨招魂晚，犹疑别梦长。
生存岂华屋，回首竟荒冈。
几日春游路，悲风拟白杨。

高斋相坐夕，孤棹欲行时。
谓我春归路，应多江上诗。
后期犹远念，小别竟长辞。
风雨孤琴在，临弦久泪垂。

不遇年堪待，长贫道益坚。
才偏来鬼妒，名且借诗传。
心血奚囊尽，蒿歌里巷连。
共悲新麦谶，大札祸才贤①。

老父风尘去，孤儿弱抱存。
家无储儋石，泪已尽闾门。
友道惭终古，骚歌问旧魂。
玉楼天上路，倘得慰烦冤。

送麓庵上人归省武昌，即往游匡庐、黄山

一笠飘然又下山，征途尽在水云间。
人贻南阮双游屐，笔写西江两翠鬟。
路到还乡生我相，心劳将母寓尘颜。
何因弟子临歧语？转送湘舟属早还。

① 原注：奏飏病疫卒。

西上江流邈暮烟，凭高记此怅离筵。
花开别院三秋老，月过空山一夜圆。
菊远枫微彭泽岸，瓶轻衲重石城船。
汉南到日如相忆，杨柳曾经客旧怜。

云海天都幻涌泉，香炉紫气远生烟。
爱山癖寄孤云外，归路闲收一杖前。
萍梗无缘成独住，江湖有兴欲同颠。
新诗纪胜应投钵，添得怀人定几篇。

破砚残书学打包，骑驴常是费鞭敲。
未从东郡逢韩愈，访得诗人是孟郊①。
池口停桡长荻岸，山中验雪老梅梢②。
归来依旧跏趺坐，钟磬声频为解嘲。

姚氏妹生女

女子亦称祥，啼声宛在床。
多情怜自出，降代少同行。
内外家难问，劬劳事始尝。
含饴虚远望，聊藉慰高堂。

谢友人惠齑，因录放翁《腌齑》十韵诗答之

只是贫家味，还因馑岁奇。

---

① 原注：天长陈厚村麓庵拟至贵池访之。
② 原注：麓庵期冬月还山。

正思饘食下，不为酒酣时。
手诀中闺妙，颐香下士知。
冰壶思有报，聊倩放翁诗。

淅米声

读书窗镜晓，淅米忽成声。
正欲饥驱出，如传梦饱情。
邻炊烟并袅，客计耳偏清。
当日庖厨远，叟叟义未明。

旧砚制匣成，归自扬州，晓窗试墨，柬郭鉴堂

迎砚清江上，珍归片椟轻。
新诗吟早起，一物爱初成。
髹几光同润，元香色共莹。
多君书画舫，远载有馀情①。

哭石东溪

风吹江上旧魂来，梦里分携晓雁哀②。
已到相思成死别，重教泪眼把书开。
秋坟几日生新草，梁月何心照夜台③。
回首交游京洛地，寸心凄折欲成灰。

---

① 原注：袭美寄砚，鲁望作诗迎之。
② 原注：前数日梦与东溪作别甚悲。
③ 原注：东溪殁于夏杪，至是冬初始闻信。

依依郊墅引长杨，驻马曾为罄别觞。
顾我衣风吹败叶，看君泪眼落崇冈。
因寻歧路怜芳草，遂有孤亭倚夕阳。
望远深情频问远，几回书扎最难忘①。

秋雨城南句可怜，江湖别恨几新篇。
题来一卷书同寄，望去千山泪暗悬。
遽尔音沉生死梦，翻成谶尽合离缘。
平生好我吟情在，乍忍寻声楚些边②。

平生志业总蹉跎，铜柱家声马伏波。
久被明珠谗薏苡，宁辞巨栋委岩阿。
一鸣共信文终贵，再献谁知泣更多。
绛帐不褰陵草冷，致身儒术竟如何③？

天远难教寿尔躬，几年末契饮高风。
承家事已同杨侃，争死心常义孔融。
沸鼎惊波成阅世，冷吟狂醉当书空。

① 原注：都城东郊二十里为东溪别墅，余之南归，东溪饯于此，殷勤订后约，余指席前所见曰："此花复芳，期共赏耳。"天涯转徙，遂负夙诺。东溪因建亭其地，颜曰"问芳"。作诗十章见寄。呜呼！故人往矣，嘉树之封，黄垆之感，宁堪回首耶！

② 原注：今年季夏，检旧与东溪唱和及别后相忆诸作，汇书一帙为寄，抵京之日，东溪殁将一月矣。

③ 原注：东溪以先世遗累，锢废十年。甲辰举顺天乡额会试，两被荐，终不得第。石氏世承勋贵，至东溪始以文学掇巍科。

何人一辈知名姓？贾谊无官纪太中[1]。

湛湛江流淼逝波，心伤宿草更如何？
天涯剩转孤蓬在，蓟北应无旧雁过。
此日招魂谁作赋？当时击筑共闻歌。
素车白马重来路，想到悲风易水多。

梦中哭忆东溪

一片飘零泪，千端生死心。
故人恩最重，悲梦夜常深。
雨雪孤前路，风尘满旧襟。
诗成无可诉，弦断晓窗琴。

检亡友石东溪旧寄《见怀》诸诗幅，绒而藏之，寓悲一绝句

故人手迹数篇诗，曾为相思泣路歧。
今日重看两行泪，可能长是别离时。

除夕步至清凉寺

我意寻山出，人情逼岁除。
唯应行避市，不问坐无庐。
矫鹤凌空水，飞鸿点太虚。

① 原注：东溪以先世负官物，输己财既尽，待罪所司，终无一言及诸弟。

尚嫌僧有事，供佛采园蔬。

句容道中

以下《杭游草》。

朝辞白下城，衣裳浥行露。
揭揭道傍风，尘影不暇护。
人我秘一趋，如织复如骛。
望中句曲山，烟光凝日暮。
远翠不因春，一气但清布。
知是神仙居，犹传绛岩著。
许葛杳难攀，经楼高莫赴。
百里近乡关，初矜眼在雾。
虚愿结岩峦，侈言求鹤羽。
孙绰图天台，词人唯作赋。

海烈妇祠

烈妇北徐人，随夫陈容，侨寓毗陵。奸人林某诱附漕艘家焉，计遣其夫，因逼奸海。海度不免，密纫衣上下体甚固，乃自缢死。事觉，林伏诛。毗陵人为立祠，祀之。

良人作事误，既往无可悔。
念此身后身，未应死即委。
针痕密自殓，且缓须臾死。
吁嗟乎！烈妇能死亦犹人，匪同沟渎但自经。
千条万缕纫血痕，强暴前无骨肉亲。
必如烈妇死，始足称守身。

崇祠岁岁长河岸，过客衣冠无裸裎。

短簿祠

祀几废王侯，祠犹崇短簿。
香烟不求福，但勿令公怒。

专诸墓

骨肉与寇仇，匕剑异所用。
抱义秦庭死，远胜鱼肠中。
吾因吊专诸，转忆易水送。

西湖

渌水宽随一棹新，缘堤山色近依人。
频游恨不晴兼雨，小住须拚暮复晨。
到眼景光无好句，回头尘土岂闲身。
情怀此日知何似？病树前头万木春[1]。

岳墓

天王不葬南朝土[2]，埋恨埋忠此终古。
眼迷花柳作旌旗，耳幻江潮突金鼓。
旧京陵庙风沙路，焉知更有兰亭树。

---

① 原注：用刘宾客句。

② 原注：金归宋伪骨见《癸辛杂识》。

异代常留南向枝，衣冠再拜鹃啼处。

湖上六首

梅花落尽到孤山，过客空怀处士颜。
惆怅断桥溪畔路，闲吟疏影暗香还。

四面湖山一棹开，两堤花柳尽新栽。
城中官换苏和仲，更有何人载妓来?

长弓大箭底纷纷，惊断笙歌几处闻。
多谢将军真解事，湖边不用射潮军。

湖上吹箫傍月明，依稀常忆美人情。
当时传遍新词好，且试先歌曹妙清①。

罗江东杳旧吟魂，墓草空教沥酒痕。
麋鹿牛羊君自谶，无人知访定山村②。

碧琉璃泛胜金羁③，行过南屏日又西。
一半湖光看未足，岂徒留下是西溪④。

① 原注：杨廉夫作《西湖竹枝词》，和者甚众。予独喜士女曹妙清一词，云："美人绝似董娇娆，家住南山第一桥。不肯随人过湖去，月明夜夜自吹箫。"

② 原注：昭谏为钱王上表宋祖，诡言钱塘兵火凋敝，有"天寒而麋鹿来游，日暮而而牛羊不下"之语。昭谏墓在定山村。

③ 原注：西湖舟名。

④ 原注：宋高宗幸西溪，以天暮不及至，乃云："西溪且留下。"

又一绝句

玉宇琼楼水接天，人言月下是真仙。
可怜今夜一轮满，欲借湖干底处眠。

感宋祖许钱王归国事

独容归国事超伦，北汉南唐总战尘。
自是赵家干净地，他年留与渡江人。

渡钱塘江

海上潮生霸气强，湖边春是美人妆。
已难射弩为军士，更逊吹箫学女郎。
锦绣千夫空越国，布帆五尺去钱塘。
诗成不见罗昭谏，几处烟波下夕阳。

钱塘江观潮

海天乍拥一痕青，灏气初乘月魄形。
战胜鱼龙无退志，喧排鼓角动寒听。
伍员泪血双睛死，半壁山河万弩灵。
我忆英风凭下拜，鹭鸥飞导满沙汀。

富阳道中

理楫去钱塘，迎潮生戒心。

舟人算期信，避地有常程。
心悬一潮险，转狎江流平。
一日尽百里，风便水不争。
船头出青山，岸肃影并迎。
山亲知水狭，江忽换河身①。
江峰亦对峙，黛色浩难名。
安能帆桨间，揖让如故人②。
气静验潮远，揽胜得吾情。
行过富春水，看山应渐深。

严州道中

春山三百里，青苍延一气。
儿孙与丈人，焉能辨名字。
近睹草树形，远疑陉岘势。
乱水抱回岩，人家补断位。
樵迹验幽深，舟行别向背。
暮或散春烟，朝唯聚云气。
万状走鸿濛，心喻口莫譬。
薄才愧昌黎，南山聊举例。
羊裘寓客星，中间钓台置。
辑瑞朝五岳，蓬壶成避世。
斯地有斯人，山川非无谓。
至今严州名，千秋并流峙。

① 原注：叶。
② 原注：叶。

七里滩

江潮止此。

千里江回伍相潮，子陵台下水萧萧。
鸥夷为感羊裘意，到此都教盛气消。

又

问水何能清，严陵钓台近。
终古验潮平，斯人心不竞。

钓　台

避地一竿水，清风百尺台。
也因天子贵，知有客星来。
鱼饵香应悟，羊裘冷独裁。
经过愧尘土，且欲濯缨回。

谢处士墓

皋羽宋遗民，心伤丞相戮。
挟酒上高台，设位三日哭。
流歌招楚声，悲吟不能续。
凉天风正高，壮气助击竹。
竹石一时碎，死葬此山麓。

友人方吴辈[①]，感诵许剑录。
因筑许剑亭，交道敦末俗。
清风傍钓台，水山护回曲。
终古客星孤，唯君继芳躅。
治世不能臣，乱世不能辱。
伤哉不辱心，谅节耻周粟。
何似汉祖时，千秋处士福。

翟溪道中

山脉引地峻，水下若奔弩。
帆牵不受风，终日费篙橹。
水狭山益高，山回舟若阻。
直疑舟在山，如鸟事翔舞。
百里三日程，重峦坐城府。
转惬丘壑情，幽胜恣讨取。
咽其青苍气，涤我尘肺腑。
宁徒故人面，他年存记睹。
犹恨梦中舟，已失几峰数。
问地复问程，蓄眼归时补。

归舟连雨

潮声兼雨至，潮退雨犹闻。
众水轻孤棹，千山唯一云。

① 原注：方凤、吴思齐。

台高容独钓，客过洗余氛。
行到严滩上，淋漓知为君。

舟　漏

客子卧方静，舟人语乍欢。
雨声争水急，云气压山寒。
避漏披衣湿，留灯照梦残。
短篷三尺外，何处更求安。

杭州旅次有感

湖上寒风树不花，城中烟缕日将斜。
可怜春燕来无主，门掩王家与谢家。

姑苏道中

石绕长堤树绕烟，橹声吹过乱流边。
月明满照前湾水，两两吴歌答夜船。

舟过惠山，因雨不得谒武公祠堂

公讳承谟，令无锡三月，治行称最，卒于官，邑人立祠惠山祀之。

望中风雨惠山阴，旧宰祠堂立上岑。
数里烟波成浩渺，五年松柏忆萧森。
碑留岘首思恩地，人抱西州痛哭心。

正使舟行难遽去，不愁胜迹负登临。

镇江观打鲥鱼

层矶截蹴江新涨，夜网能知鱼所向。
山椒月出引虹绳，银鳞光帖金波上。
此网常从四月开，汝鱼何事定能来。
深潜水底非不智，鱼亦于人何预哉。
东离海门无百里，鱼乎初路贻深悔。
不寻神物侣蛟龙，误触危机均鲂鲤。
侯门一箸透深渊，头网擎来值万钱。
兵船岸马无颠蹶，敬忆先皇绝供鲜。

船　谣

春水不停桡，春风遍柳条。
不愁风逗水，常是夜乘潮。

归之次日，送别亮书伯父，翼亭、泳亭两兄之扬州，舟中谈诗抵暮，感成四韵，余亦将赴采石

昨朝江上归来路，今日舟中送去时。
万古不消衣带水，数行何处月明枝。
乡关聚首皆成客，我辈赠人唯有诗。
阮籍咏怀康乐梦，暂时裙屐得追随。

谪仙楼观萧尺木先生《画壁歌》，同吴四世勋

壁西峨眉、华岳，壁东匡庐、泰岱，峨为太白故乡，晚卧庐山，有读书堂，泰、华则太白尝游之地。

太白仙人去何所，游踪正尔江山古。
锦袍片石艳余辉，层楼占胜依江渚。
明月波光四面空，长庚不坠影曈曈。
鲸蛟欲动础痕湿，岚树常围烟雨中。
烟雨空濛疑泼墨，惊看海岳齐飞立。
谁探万古鸿濛奇，扫开四壁丹青色。
峨眉积雪千崖冻，庐山对峙寒阴重。
银河一派喷珠帘，华岳三峰压高栋。
秦松岱影各森森，海风似有涛声送。
真图惆怅落人间，川岳精灵视眩然。
当年画此伊何意？萧翁妙手来芜关。
闭阁深思三阅月，一朝落笔玄精坼。
手皴脚踏无不为，直欲飞身壁上石。
胸中吞却几云梦，九点烟凝眼底窄。
精周八极入无间，意象山河同凹凸。
举手赠与谪仙人，一笑长江横远碧。
岷峨秀毓降精乡，屏风叠峙读书堂。
登览题诗发浩唱，云台日观争光芒。
骑鲸此地恣来往，烟云变态宜供养。
况托平生游览情，高深拂拂凝英爽。
萧先生，古逸民，烧残劫火空一身。
文字功名掷敝屣，秃笔年年涂故纸。

非关丘壑寄超然，指点沧桑有如此。
幽衷一卷离骚读，行处江皋闻痛哭。
拜手三闾招古魂，仿佛高冠曳奇服。
高冠奇服何为乎？含情绘作离骚图。
椒兰凤虆妙渲染，瑶镌一幅千璠玙①。
吁嗟乎！绘事通神何足怪，张吴粉本今安在？
一艺平生见性真，有意须存笔墨外。
青莲晚去夜郎西，湘楚情深猿夜啼。
朅来去国孤臣泪，况抱丘芜易代悲。
清风久溯鸠江上，对此题诗增怅望。
楼凭海月郁青苍，人与江天共清旷。
吾闻鲁国亦有青莲祠，安得萧翁持帚挥垩之。
即今护持鬼物愁燃犀，后来吊古会须知：
须莲不独能诗客，莫认萧翁是画师。

采石江岸感所见

昨朝江上闲游处，镵柄人趋沙岸路。
更有轻舟逆浪来，风吹近岸闻悲呼。
伤心浪逐十三尸，一一移来辨亲故。
炎天肉腐无收人，耕夫买席埋江步。
传言舟近九华山，千里进香来妇妪。
佛声夜半竦鱼龙，冲飙忽起长鲸怒。
千寻虐坠冥冤深，三皈不展慈航度。
吁嗟乎！世间求福何终极？客心久畏风波觑。

① 原注：尺木有《离骚图》刻本传世。

尔妇依然执爨身，何处深闺有沉溺。
君不见，皖江之北不祥人，母老家贫不治生。
金钱舍寺香焚顶，怼母临行出恶声①。

伤心行

孤儿哭母江头立，母死风涛尸亦失。
江边路近燃犀亭，安得燃犀之火烛渊深？
照遍海门三百里，沉冤一一呼全起。
生何为？死如归，仰视白日无光辉。
君不见，曹娥江，波茫茫，
曹娥十四弱女子，抱父出水称无双。

巫绪传舅氏用余《舟行折抢》前题成四韵，复和一首

忽惊捩柁锐前冲，剪断江涛几万重。
起落一帆争鸷鸟，纵横千里斗鱼龙。
云吹败絮朝难尽，矶激寒潮晚更逢。
逆境几人成利涉，轻将天险试行踪。

赠日者王宗周

月窟天根待探奇，道前民用得称师。
成都市有高人在，处讷名从世学知。

① 原注：此余昨年所见，亦拜佛九华，曰“朝山者”。

一寂心原涵万有，双瞳路转眩多歧。
蓍筒香静帘阴晓，爱听清言析旧疑。

吴钝人先生邀同穆升九诸君集饮太白楼

旧是骑鲸地，闲凭载酒来。
江山初过客，今古一衔杯。
壁写苍崖合①，天垂净练开。
振衣逢远霁，倚槛信悠哉。

夜热闻蝉有作

一气炎风里，齐声碧树端。
平生清露饱，此夜万星干。
倦骨已无痳，孤吟亦未残。
低蛩忽分响，汝意倘知寒。

戽水歌

道傍斜日炎埃飞，田中无水禾不肥。
农人夜起看天色，密树影干星四垂。
柳边瑟瑟风乍起，家家人向圩塘水。
赤脚单衣晓露凉，一歌著力齐声始。
层层波踏雪，刮刮车翻轮，

① 原注：萧尺木画壁。

绿萍逐水泛禾根。
高田水满低田灌，迢遥阡陌连还断。
莫愁无雨劳人力，且喜春前浚沟洫。
待雨犹堪迟十日，谁家已到苗枯色？
水深一寸千黄金，一碧更借邻田深。

太白楼

又名江东第一楼。

才名死已艳江山，第一楼头客共攀。
靴冢千秋同醉里，锦袍何日不人间。
长庚已失燃犀影，贺监应从跨鹤班。
最是关情波际月，夜郎曾伴逐臣还①。

三官洞

在采石矶。

直下江流深不测，何年架屋住孤僧。
凿开井灶依山石，过尽帆樯见佛灯。
鼠旧拖肠成隐穴，犀谁燃火近高层？
从知水断崖悬处，陵谷都教泯废兴②。

---

① 原注：楼西为温峤燃犀处。
② 原注：洞有白鼠，闻呼鼠道人，则出山穴中，为异迹。

《采石图》[1]

先君子旧为外祖平和公制《采石图》，三妹于甲辰夏购得之。乙巳冬，携弟本归金陵，展视之下，触意成悲。今妹于归采石，弟相依焉。承与伯兄亦有愿卜居。笔墨前因，重增哀感，濡泪题诗，得四十二韵，兼呈怡斋、绪传两舅氏。

吾宗溯柱史[2]，笔墨传三绝。
侧闻身后悲，门内鲜遗迹。
能事迫世好，每后儿孙获。
况兹爱日心，忍为终天设。
念此痛失声，十载麻衣血。
先人耽著述，不为穷荒辍。
岁月隘箪瓢，遗编恨犹缺。
生平水石情，图画每为悦。
尺幅重寰宇，一朝空笥箧。
请乞向他人，重缇孰予锡。
弗播均厥辜，悲心结惭舌。
兹图忆儿时，屡闻外祖说。
经营京国年，意象山川摄。
患难隔故乡，迁变无由觌。
风雨系哀思，流转从谁惜？
弱妹守深闺，孝思力能竭。

① 编者按：以本诗题字数过多，故改为诗序，并从中摘出“采石图”三字为题。

② 原注：侍御邵村公。

多方费钏金，百年归手泽。
承也羁燕尘，书来称幸剧。
自昔谢庭怜，聪明兄不敌。
一事见性情，离思增愧积。
是时甲辰秋，星霜驶再历。
归来拜灵前，展图当几席。
绢素缀残痕，香光凝旧泐。
幸全天地恩，不入诗书劫。
品题征众赏，父执皆前哲。
生死触堪悲，遑问升沉别。
片椟入眼明，吞声读未彻。
我祖当年诗，志返林泉蹀。
忍看江上云，冷堕边山雪。
翠螺非不高，苍江非不洁。
不底汨罗深，不梯帝阍接。
小子亦何心，居然理归楫。
有弟依妹居，于兹新卜宅。
捧图感前因，计兆钟离画。
妹甘瓮自提，弟谨门常闭。
堪依郗氏恩，根绳慰飘泊。
次第骨肉完，重闹迓归辙。
此山鲜可茹，此水甘可啜。
我祖富吟情，庶足娱衰白。
独是陟岵心，山云望已灭。
塞雁飘惊弦，霜乌栖夜魄。
图中千万松，风木常呜咽。

传咏八题

义取于老成，五咏后，馀老儒、老农、老仆，兴阑辄止。姚雨岫易以老马、老鹤、老树，欣然如其所拟，而成八数。

老　将

千场曾出塞，不损一人还。
此日逢亭尉，何年入玉关？
剑风飘素发，铜鼓羡乌蛮。
枥马衰同命，情深秣饲间。

老　僧

空山无岁月，影静佛灯长。
杖倚南朝寺，龛披一镜霜。
悟深天入定，身在世俱忘。
白发人间有，悲心企象王。

老　女

未易良谋托，方深隐愿酬。
雨昏菱镜夕，风起藕塘秋。
坐立唯依母，针缝不下楼。
笑他杨柳色，少妇转多愁。

老　妓

珠箔旧恩空，春移翠绣丛。
莺啼元有梦，絮落不生风。

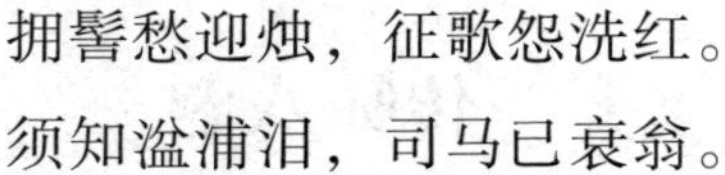

拥髻愁迎烛，征歌怨洗红。
须知溢浦泪，司马已衰翁。

老　贾

客争心力尽，家付别离频。
渐觉黄金满，难消白发新。
五湖身退越，七国祚移秦。
迁史功名外，多传富寿人。

老　马

力尽归荒秣，寒嘶动远天。
骨从时眼贱，功失故人怜。
旧识关山路，新收苜蓿边。
犹堪一雪夜，稳导万军前。

老　鹤

几经毛羽变，不入劫尘风。
正尔孤山路，相逢梅影中。
龙鸾依偃盖，云水契高冲。
莫向辽城去，千年语暂通。

老　树

昧种春秋始，深盘兵燹中。
神依孤庙破，势拔一山空。
枯有傍枝叶，声多夜雨风。
拟从榆枌社，重问旧阴崇。

游白鹤观旧址示某道者

白鹤去何所？高台荒几年？
江声孤殿坼，松影一山圆。
旧迹求前侣，新规寡胜缘。
黄金走都凑，人不好神仙。

题 画 葵

晓日侵寻夜露凉，真宜出世道家装。
抚图忽忆伤心事，太白题诗去夜郎①。

张建卿为务滋弟作《松下长竿图》索题长句

长松作势随奔潮，山崖一色青嶕峣。
僧繇妙手辟灵境，苍然尺幅风萧萧。
松为格韵石为骨，写真益见形神超。
一丘一壑自谓胜，谢庭玉色凝清标。
青鞋布袜良有愿，长裙高屐还相嘲。
位置居然烟雾质，苍髯皱面称平交。
钓竿入手意颇称，庄筌坡笠随所操。
水心岩梦堪自鉴，濠上之乐无尘嚣。
潜鳞一跃鹤双起，水流不竞云飞高。
世间桂饵触芒刺，湖山风月输渔樵。

① 原注：太白有《流夜郎题葵叶》诗。

客星隐映桐江水，淮阴乞食徒尔曹。
百年此意且心领，东游渤海观飞涛。
翡翠丝垂虹百丈，珊瑚树拂枝千条。
未求五岳真图见，暂踏三山试钓鳌①。

渡江访郭劲草真州，同寓项园之百尺楼，夏景即事漫赋长句

楼高百尺双桐树，楼上清风自来去。
曼都仙人鹤不归，自有此楼无人住。
遥凭黛影隔江山，一线江光依北固。
净练余霞高唱间，待来我辈登临助。
犹恨楼亏二尺功，江身不贡帆樯度②。
门外河通一叶舟，乘兴江头数鸥鹭。
几处名园曲水幽，一声渔笛中流暮。
归来暮笛送江风，直到高楼人住处。
转从凭槛理游踪，隐隐园花与江鹭。
不巾不袜自萧然，竹床髹几元粗具。
眼前败意无俗子，梦起怀人得佳句。
北窗一枕碍凉飔，恶竹何妨饱刀锯。
万瓦平移鸟影来，一塔正放珠光注。
渡江我亦上斯楼，榻分十日消良晤。
回首京华车马尘，客悰宦迹何依附？
大江南北弥炎埃，於越勾吴聊作赋。

① 原注：时弟有山左之游。
② 原注：楼更增高则大江满望，故云。

小住为佳住奈何？欲往心犹畏前路。

红桥偶成

帘屏移近棹歌声，曲港寒潮暗浪生。
不肯回舟风雨夕，输他游女爱山情。

扬州程洴江编修家，喜晤伯父扶南先生，兼读《春及草堂诗》，呈四韵

十载诗名日月边，江天星有少微悬。
得归难后桑麻愿，未了人间文字缘。
太史榻分书四壁，竹林酒对月初弦。
宗风句淑夔州老，翡翠兰苕莫浪传。

扶南伯父问及近诗口占

缶还似瓮歌相和，瑟不如竽调未明。
千首诗函两行泪，哀笳一半是边声。

立秋雨夕

落日无馀影，微灯有近光。
三秋初向夜，一雨欲终凉。
客梦扁舟水，边衣八月霜。
西风莫吹急，南雁是孤翔。

石东溪死期年矣，届日为诗哭之，并寄令弟东村都门

死别已无梦，焉知魂所归。
秋应添宿草，泪但裹征衣。
昔寄书犹在，重看雁不飞。
人琴同一恸，千里共依依。

车笠叹

君乘车，我戴笠，
他日相逢下车揖，此道今人亦恒习。
君担簦，我跨马，
他日相逢为君下，纷纷世俗无难者。
非关忧患与死生，斯言何足概深盟？
有客疑兹转相诘，我闻太息增深情。
乘车乘马将奈何？是车是马何足多。
车傍但恐旌麾拥，马上休教头踏诃。
车傍马上何喧赫，光延大道连阡陌。
流苏队结锦障泥，画毂光联珠曲轭。
后奉先驱云雾屯，行人敛避飞尘窄。
轻裙长袖知何许？颐指之间随仰俯。
自怜趋走生光辉，笑看途人衣褴褛。
驸马都尉尚书郎，避导抠衣谒路旁。
艳称金谷昨宵宴，击碎珊瑚七尺长。
西第东园多食客，五侯烛影蝇声热。

箠策宁须骨相奇，腰胰最厌鰽盐色。
曳裾有客自命贤，可怜裘马无新鲜。
当关不纳遭诃斥，马上车中岂易前？
莫问新交与旧识，自道尊严体无匹。
况隔云泥二十年，步行者谁头戴笠。
步行者谁头戴笠？岂期今日车中马上羞相值。
亦有回车屠市信陵君，屈己求贤非故人。
又有刘峻车中人衣葛，故人之子聊求活。
唯有当年丞相名张禄，车下人犹呼范叔。
绨袍恋恋故人意，马刀一死诚堪赎。

贞观叔见示《读史》诗，亦得四首

爵崇五等位元枢，漫拟奇勋入画图。
汗马忽教辞朔塞，蹇驴安得傍西湖。
长城月堕高秋冷，大树风摧一夜枯。
望断北邙山下路，墓门无地觅啼乌。

元规尘欲污千里，楼护鲭还饲几班？
此日清流投浊水，何人热客不冰山。
青蝇尚自忧丛棘，黄雀曾谁识报环？
莫笑鸡鸣称下士，一声人已度秦关。

百拜尘高上将坛，人人功绩著呼韩。
唯闻小弁归尸革，岂脱宽袍出箭瘢。
籍注伍符争鬻爵，身称都尉忽销官。
翘关负米终何益，不系爰书法已宽。

兵符只合散貔貅，手版何曾贯绛侯。
空说将军专阃外，敢辞廷尉望山头。
一时名士趋芒屩，八百孤寒饱麦舟。
莫论千秋青史事，恩私人自忆崖州。

京邮至得石东村书，闻令侄润郎坠井死，润为亡友东溪长男，哭以二十二韵

既得故人书，兼询故人子。
书中祭侄文，惊呼汝遽死。
泪眼疑书辞，分明证来使。
虫沙化井泥，轻生讵如此。
而翁宿草思，为尔悲重启。
童年实冢嗣，泉路何依止？
南国叹萍蓬，北风摧乔梓。
暂别历三霜，同声付一涕。
自汝诵读年，深知性纯美。
十岁学余书，波磔宛长纸。
十四为文章，清词萃牙齿。
诸弟而翁前，尔貌称神似。
玉质凝庭阶，雏凤冬郎是。
殇寿亦何常，凶填胡屡倚？
遗诗出箧笥，哀音兆妖鬼。
谁遣薄浮生，仙童话奇诡[①]。

① 原注：润数月前，常语人云：“我会当辞人世为仙童矣。”

季父抚诸孤，真闻夜十起。
人琴继夙恸，呼天但疚悔。
塞井亦何为？此意同复醢。
唏哉孝友门，福善无恒理。
东园邈旧游，阮谢成凋萎。
试语待重来，遥声咽千里。

有　　赠

万里关重钥，何天客径归。
危情乌鹊夜，间道雪霜衣。
石欲填精卫，人难识令威。
伤心乡国近，侧翅更冥飞。

送松安上人省亲再赴卜魁塞上　有序

上人名重闲，吴县陈氏子也。年十四，父母以罪戍边，寄养舅家。既长，授室。阅岁，有言其父母在卜魁者，无从问而知也。日夜涕泣，誓求二亲所在。度其行，当逾万里，资给不可继，遂弃其妻，为僧杭之灵隐寺。五年下山，游方五台，遍历雁门诸关塞，无知卜魁之名者。遇同里僧印唐告以故，唐有兄为刑部吏，戍籍名地悉可稽。闲走京师叩之，始知卜魁为黑龙江地，而龙江在山海关外也。行抵关下，适新令禁僧道甚严。久之，居人导从大毛山口得出。危磴绝涧，虎狼交迹，于道数迷，惑不知所向，然邂逅必有所藉，为食顿地往往得之望外。逾柳条边，以达沈阳，凡千余里，自沈至卜魁，又二千余里。附边贩出巴汻口，皆蒙古境地，严冬野宿，冻瘃无完肤。行者咸藉炙酪得饱，闲拾马矢，炊稗一盂，风雪昏晦，辄不得食也。行偶后，遇盗尽掠衣装以去。

寒噤几死，遇救乃得达。计初夏出关，凡八阅月抵卜魁。父母穷老为官奴，闲首香拜道，募金赎免。往谒峨眉云：将祈福以报施者，时康熙己亥岁也。后数年，复至卜魁，就父母所居，缉茅一椽，为斋诵地，人争给钱米，有余悉以拯罪配之冻馁者。居八年，父母相继殁，负骸骨归葬于乡。遣戍为奴者，得归骨，前此未有也。闲广颡坳目，槁项柴立，终日默坐，不苟言笑。习于释氏学已久，自谓有所得。而至性深厚，托身缁流，以赴所愿，用心艰苦，则古之独行无以过也。

旧是伤心地，同为屡役身。
十年欢暂面，万里痛衰亲。
古有瞿昙法，今知慈孝真。
一瓢资吻雪，双踵策山榛。
路入羝羊队，关开虎豹尘。
春仍枯漠草，冰欲泮荒津。
亘古悲穷发，吾生属鲜民。
乌头瞻岂白，鹃血拭犹新。
羡尔伊蒲供，依然菽水陈。
含情看暮景，回恸向高旻。
已证观空义，还熏异类仁。
因风一振锡，遥海忆声轮。

看蚕词

方观承

自　　序

蚕之事，自初生至下簇，常四十日而毕。顺其俯仰之候，时其饥饱之节，谨其寒暖燥湿之宜。均叶饲，拚曲薄，远秽厌，避蝇虻。聚精壹志，与之始终。俾惰者代之，一食之顷，往往逸去，延缘梁壁间，多坠而死者矣。其守视之勤，有如此，故曰看蚕。蚕当大起后，准六斤为筐。《考工记》："筐人职阙。"余谓当是蚕丝之事。《戴记》："蚕则绩，而蟹有匡。"又《月令》："具曲植籧筐。"则筐以贮蚕，古所同也，杭人呼筐为腔。人看六筐，极八而止。分力合作，称丝效。功惰而营私者，咸共诟耻之。是其所以为蚕者，又善教也。吾以所闻于越人者，作蚕词四十章。章四句，注加详，以补诗之不及。因其里质，寓以劝讽，采谣而喻俗者，或有取焉。

节待中春川浴，精传大火星灵。
渍卤抟灰勤在，他时补入蚕经。

二月中旬浴种，奠蚕连于筐，以百花叶水洒之。先是，腊月十二日淹种，以石灰汁或盐水，曰抢。或只沃以清水而风之，曰露。各从其用，干而藏之。盖蛾洒子，气有不齐，不必粒粒成蚕，故淹之，以去其秕薄者。蚕纸曰连，淮南王作《蚕经》。

寒食节为令节，马明王是蚕王。
红女来修庙祀，灵阴指近公桑。

《周礼·夏官》："（为）〔马〕质掌质马，禁原蚕。"郑注："天文，房为天驷，辰则大火。蚕与马同气物，莫能两大，故禁再蚕"。此蚕书"月值大火，则浴其种"也。旧祀先蚕为马祖，晋杨泉《蚕赋》："既差我马，唯蚕之祖。"盖为马祈福，谓之马祖。为蚕祈福，谓之先蚕。蚕有龙头、马头之形。《搜神记》载："蜀人祀蚕女为马头娘。"又马明王、蚕王，皆今之俗称。然宋嘉祐方书名蚕蜕，为马明退，其义必有取矣。蚕王见《续酉阳杂俎》。

为满为收日吉，在床在抱身劳。
报道长娘新育，乌儿合记生朝。

清明前期裹蚕连以重棉，置暖地。视桑叶大如钱时，择满收成。建日怀之，夜卧亦令近身，视种放绿色，则蚕出如蚁。《海物异名记》："蚕初出曰眇。"越人呼为乌儿。又以最先出者为报。头二眠后间有形化者，呼为长娘，以其育自牝蚕也。然亦不得而迹之，有之为蚕旺。方其初生，小大迥异，既大眠，即差若。及其上簇，不复可辨。越俗以腊月十二为蚕生日。

翠屑暖生蚕纸，采饶百草春深。
不信谁家女伴，只教斗取钗金。

清明日，采百草，干为屑，蚕初出时罨覆之，则得暖易长。亦《采蘩》之遗制也。

正用糊筐作具，还须补牖迎暄。
人趁楝阴绿后，一肩纸卖前村。

桑皮纸糊筐，贮初生蚕。蚕畏风，室有微罅，皆弥以纸。

处处桥通曲水，村村径绕柔桑。
去去柴门忌客，家家书揭蚕忙。

蚕家忌客，皆揭“蚕忙知礼”四字于门。范成大诗云：“三旬蚕忌闭门中。”

十二形成支属，百五日际佳辰。
任饱汤团叠雪，欣看粉茧钞银。

糁肖茧面，肖十二支属之形，并汤团以祀蚕神。面粉白则为丝白之兆。《汉旧仪》载：“苑窳妇人、寓氏公主，为蚕神之二名。”又《山海经》载：“女子殴丝，其蚕神乎。”

正是禁烟时节，休教乞火邻家。
那问传来蜡烛，恐妨分去蚕花。

清明日，人家彼此不得相过取火，谓之分蚕花。为大忌也。

鹅羽摊乌细细，蟹沙刮替层层。
匙杓网盘异用，不离人傍宵灯。

视蚕蚁蠕动，以鹅羽拂而匀之，为摊乌。饲二三日后，残叶沙矢，积为替子，亟体刮之，以免蒸湿，为过替。头眠后日一替，三眠大眠日再替。每将眠之时，更须急替。迟则斑病，至老不作茧也。以竹片或桑木为匙，用以擘分初生蚕，桑杓大如杯，柄长三尺许，蚕盘空隙，或布叶不匀，则以杓挹而补之。麻线结网为兜，蚕除沙要具，较箔稍小，漆而干之。视沙燠已厚，以网盖蚕，布叶令满，蚕穿网而上，则舁网除沙毕，连网置箔上，待有积沙，又将网一扇如前递用，最为省功。网目疏密，视眠之次第，三眠之后，使可容指，无其具者，率用手捉，常苦人力不给，而误盘。于上簇时用之，以竹木为框，疏箪为底，长广小于箔，而大于筐。

糁粉斑糠早具，香枫细箬均携。
桑分家町野町，炭采梅溪画溪。

白米绿豆为粉，罗叶上，以饲三眠蚕，解热毒，出丝白韧。箔蚕饲粉十余两，即减叶三四分，可助叶荒。豆以腊日藏者为佳，清明日火米糠令焦，研极细，谓之斑糠。于眠起时，密洒蚕身，能收湿气。其非应眠之时，忽不食，是为被厌，焚香枫、箬叶可解。诸物皆于平时备之。桑经接换者为家桑，叶茂而厚。《种树书》云："桑以构接则大。"构即谷桑也。其不接者，葚生枝捩，谓之野桑，但以食原蚕，不贵也。蚕炭产梅溪、画溪二镇，一在安吉，一在长兴。

蝍（且）〔蛆〕蛇蚿并毒，苍蝇蚊蚋兼哗。
攫鼠先通窦径，迎猫略似田家。

蝍（且）〔蛆〕，蜈蚣；马蚿，形如蚯蚓；皆能食蚕。蝇嘬则生蛆，蚊嗜辄死。鼠亦食蚕，为蚕室者，必有猫径。蚕时，猫价顿增。□蚕家伺蝍（且）〔蛆〕至，则密置之瓮中。投汤煮茧，能使新丝加重，此又理之不可解者。

束秸为砧代木，采桑切叶成丝。
验取初眠七日，头扬不食其时。

束麦秸围尺余，齐其两头，用为砧。切叶如缕，以饲初二眠蚕。戒用木，蚕食木屑，损肥泽也，又名叶墩。蚕出后七日，色尽变黄，结口不食，为初眠。首喙上仰，不动如眠也。眠时宜倍暖静，室密饲勤，眠亦不待七日。间有一、二不眠者，去之。

放食蚕逢齐起，二眠叶待加盈。
正好携筐结伴，愿教夜雨朝晴。

眠经一日夜，尽蜕而起。拣俟起齐，饲之。如投叶太早，则以后眠起不齐矣。起时，食叶倍加，谓之放食。复三四昼夜，二眠。二眠初起，饲宜倍勤，为看蚕要候也。饲一二次后，叶不必缕切，剖之可已。大眠前，食湿叶则病不成茧。宜布拭之，箔晞之。《记》云："桑于公桑，风戾以食之。风至叶干，乃以食也。"

䕃分一薄数薄，薙合三眠大眠。
食叶声知何似，终宵风雨灯前。

移蚕就宽为䕃，音宜，一作𥫗。初眠后渐长，宜渐分箔。三眠、大眠后，为薙。《海盐图经》云："薙早则足伤，而丝不光莹。"迟则气蒸多湿病。即分箔之谓也。二眠后约四五日三眠。眠成过替，又五六日大眠。三眠后，可饲以整叶。大眠起，雨叶、雾叶皆所不忌。叶燥并当洒水，令微润饲之。

四月轻风麦秀，连朝细雨村寒。
炙薄须防僵病，中宵盆火勤看。

蚕妇常著单衣，以节寒暖。寒则进火，暖则减彻。

采采筐盈几过，分番沃叶频输。
信约黄金桑下，不同鲁国秋胡。

桑叶二十斤为一过，贵直钱数百，贱或粪置之。畜蚕而买桑者，必预约价。届春以时采给，不则诉于官，罚违约者。或不复需之，亦必准所订而与直焉。谚云："桑树底下不点头。"言不可轻诺也。又有以叶输租者，曰抄桑。

割麦插禾早起，扎山看火宵勤。
底事怕桑贵了，依依鸟语频闻。

割麦插禾见《乐府禽言》。扎山看火亦《禽言》也。湖人谓之蚕鸟。蚕室多用火，育人倦可虞，鸟语其警之乎！又桑间有鸟，呼桑贵了。蚕家饲养不如法，迟至食小满叶，则费多而丝转少。

抽饲齐看吐喙，沸丝又到扬花。
已见考娘箔满，须教缮妇灯遮。

量减眠蚕之叶，专饲未眠者，使之速眠，谓之抽饲。俾眠起齐，而无罨热之患。眠时，验其喙有紫荫，为吐嘴。受风则不能吐，惊怖则已吐复缩，皆为不成眠也。将眠，则吐丝叶上，为沸丝。将起，替上丝满为扬花。四眠皆同，大起后六七日，视蚕身喉足俱明，必懒食。昂头缘筐绕走，是老熟。将茧之候，俗呼为考娘，亟须上簇矣。越俗呼竹灯檠为缮妇，上簇时用以照夜，而不可使蚕见之。茧成，辄如其状。

出火初暄窗日，亮山略受帘风。
捉向新筐旧纸，文心益妙蚕功。

三眠蚕，一名出火蚕。盖前此天寒，蚕稚须暖以火，至是可出也。大起上簇后，间一辟户，曰亮山。蚕二眠后，分健弱并置一处，则三眠不齐，拣捉已未眠者，分饲之，是为捉绩。贫家间以字纸糊筐，谓资于文人之心巧云。

虹起旋收东渚，雷行渐远南山。
处处棚围色喜，家家地碓声闲。

蚕见虹骤减小十之一二，声响皆所谨避。闻雷，在箔辄昂首不食，作茧往往丝断。宜闭室，周列盆水，以止其畏。竹木作棚，高四五尺，奠以薄束稿，层簇如山，名为山棚。围以草藉，五日而去之，曰除托。

草缚参差似树，茧攒磊落如星。
吐尽千丝万缕，受人几度丁宁。

稻草去衣，截长三尺许，束而陈之，火炙薄下，蚕皆缘草而上，吐丝作茧自卫，为上簇，俗呼上山。乃祝之云：“丝须白，茧须重。”喃喃不已，勤视两昼夜，而茧成矣。

阿母中宵倦眼，小姑尽日蓬头。
忽见双公作茧，顿令新妇含羞。

有不戒其容止者，蚕感其气，雌雄一茧，名曰双公。然亦尝自有之，名同功茧。以织则粗，作绵则纯。

下簇纷纷窖茧，里邻相贺成风。
共喜衡斤论值，十分收比年丰。

茧成一昼夜，采收之，为下簇。闭置瓮中，为窖茧。下戒迟窖，必密防化蛾嚼茧也。一眠后，斤蚕得斤丝为丰，减十之三为歉。斤茧得良丝二两，为对花。茧十二斤，治丝一车。

丝白何殊粉白，早知吉兆清明。
可记清明粉茧，都从儿手亲成。

喜见朱丝作茧，频教客至开尊。
八十前村翁姥，也扶杖到柴门。

茧贵白黄，但织绢亦有绿者。微红者，杂用作绵。朱色茧间一见之，则村闾传观相庆焉。

验取青阑合绪，剥除蠓透柴坳。
礼献大眠夏候，祥腾巨焰春郊。

蚕大起后，吐丝以青阑为佳。红阑，则知其必歉。丝之精者为纬，三茧丝充贡，名合罗。初下之毛茧，外有浮衣为蠓，透子剥而摊之，令通风凉。茧之帖草凹瘪者，名柴坳，茧不堪治丝，只可做绵。三眠既成，百室赛祀，谓之献。大眠自元旦至上元，村民以竹苇束炬燃之，名曰照田蚕，火光巨者为胜。

茧煮千丸出水，丝抽百尺当风。
行去绿杨村里，家家络纬声中。

釜注清水煮茧，即盆缫也。去其乱茸，淹得清忽，以箸挑之，其名朵际。又有送丝钩、收丝轴等具。一引至尽一茧，为一忽。十忽为一丝。三茧合一丝者为最细。手足并用，轧轧有声，受佣者擅为能事焉。

节届樱桃九熟，听鸣小满三车。
卖出筐丝匹绢，门前添种棉花。

九熟者：麦、梅、笋、王瓜、桑葚、枇杷、蚕豆、豌豆与樱桃，并熟为九也。三车：缫车、水车、油车也。杭谚云："樱桃尝九熟，小满动三车。"

为织为绵异制，作经作纬殊筐。
已分湖郡嘉郡，更辨西乡北乡。

丝之良者织贮与罗，次绸帛，又次织绢。色驳及同功、蛾口，柴凹等茧，缫剩软茧，唯堪作绵。涚桑木灰煮熟，滤以清水，扩而重之，为手透子。复制竹为绵环，扩手透而重之，成大绵兜。捻线亦可织，即绵绸也。□湖丝甲天下，而以归安、德清为最。其次，嘉之桐乡、崇德，杭之仁和，丝产北乡者，可作经，三眠之初，南乡移北亦然。大眠后，则不能变矣。石门又以西乡者为经，其西北气劲之故与？

缣素擘来倍洁，缥玄染就犹香。

好付佳人刀尺，制成公子衣裳。

死尽春蚕八百，采丝未以斤论。
更费千梭众手，忍教裁割成裈。

茧重者，五斤可得斤丝，薄止十余两。

称重莫愁桑少，生儿已救家贫。
添种柔条昨岁，期迎新妇明春。

凡蚕布种，先知布种之纸轻重，加重几何，即知明年蚕成当几筐。审桑之多少，为畜种之准。大率蚁四铢出蚕一筐，食叶可二百斤。又云斤蚕即需叶百六十斤。蚕多桑多，而人力不继，亦无能为功也。

坼破茧头缕缕，布生纸上斑斑。
好付主人遗种，明年代作丝还。

雄茧尖而小，雌茧圆而大，均择坚白厚重者收之。七八日后，化蛾啮茧而出。视其拳翅、秃眉、焦尾、赤肚者，初出与最后出者，去之；留美好者交合。周一昼夜，解之以小筐，铺甚厚桑皮纸，雌蛾布种其上。仍令覆养三五日，而后摘去。《海物异名记·蚕卵》曰："蚘眇如半芥而扁黄，渐变黑，点点匀布，无一重累。"唐李郢诗云："漠漠蚕生纸。"

隐去蛛丝匝匝，幻来娥翼蓬蓬。
不学蛛牵蛾扑，龙精本是天虫。

蚕成茧六七日，则眉羽而蛾。天虫者，蚕字之文也。读天上声，俗用为蚕字。以为崇蚕之称，又写作蜄。其文合神虫二字，取义亦类此。

报信丝担江上，早生蚕在春前。
估客歌忘唱税，牙行评不论钱。

柘蚕之丝粗劲。《禹贡》檿丝，《尔雅》棘茧之类，是也。产诸暨县，出最早，来杭贸者，称为报信丝。过关不税，入市不争直，盖贵其早获，而岁产不过百斤，为易与耳。《孔帖》载："滇池食蚕以柘，蚕生阅二旬而茧。"即此。

试问寒珍几辈，二蚕又见丝成。
爱尔天生聋瞽，都无近触遥惊。

永嘉人谓再蚕为珍育，至八辈，有蚖珍、爱珍、寒珍之名。嘉湖至五六蚕，杭至二蚕而止。二蚕之早者为头，二蚕即原蚕也。芒种时出蚕忌香秽，触变畏声响。二蚕则否，人谓二蚕实聋瞽也。其丝多纇，绵气微不洁。所生之种，又为明年头二蚕矣。

三眠子陋北种，二番叶盛新枝。
葚酒桑羊越乘，献羔斯飨豳诗。

越蚕四眠，有一种二眠后即大眠者，名曰三眠子。期早、收薄，丝亦粗，南中不尝畜之。桑饲头蚕而叶尽，新条复生者，为二叶。五六月间，以饲二蚕。采而不剪，桑葚酿酒，枯叶饲羊不膻，皆桑之利也。

恰恰仓庚春鸟，依依络纬秋虫。
几处星河织女，也应偏照吴东。

蚕事唯浙西湖、嘉、杭郡为盛。浙东之宁、绍，江南之苏、常，尚不及什一也。

舞袖千层彩影，缠头一曲清歌。
那见寒灯少妇，儿啼几度停梭。

锦绣千夫越国，彩帆十里吴航。
只为曾栽境内，成都八百株桑。

桑之宜蚕者：海桑、油桑、黄桑，葚少叶密而厚；子桑、花桑、草桑，葚多叶稀薄，蚕食之不肥。《东阳县志》："桑种甚多，世所称者荆与鲁也。浙西所植，枝条柔短，鲁桑之类也。湖桑即荆桑也，荆桑饲蚕，其丝坚韧，本邑颇近之。"

说者谓：前人咏一物而多篇者，皆取于无漏。事见余蚕诗而少之。夫蚕事著于经，而杂见于载籍。采而类之，当非甚难。余则谓所闻于越人者如此。苟非其俗之所有，不暇记也。程子谓："吾辈不耕而食，不织而衣。"夫力既不出于己矣，使闻吾言而一动心焉，因以思其作勤之苦，则吾之有言，不当于其事近而尤有征者耶！若夫辞之不达，言之不足以讽，则所愧于前人者，宜不少也。宜田自记。

跋　一

晋简文见稻不识而愧之，凡三月不出。曰："宁有赖其末，不识其本者夫！"衣之赖蚕也，犹稻也。然而识稻者或不识蚕。余惟《七月》，豳诗首陈："衣食乃复。"以衣先食，而言蚕事，又视稼为详，礼之祭义也。亦云：盖稼更四时，加日县久，明动晦休，尚有余闲。蚕则三阅月而岁已单矣！其节短，故其期迫。其物瓎，故其事猥。少迂缓之，即偏然而反。古人所以郑重言之，而土非涂泥，不宜桑柘，则有老身长子不知此事者。彼抱布蚩氓何足道，而士大夫履丝曳缟亦复茫然如坐云雾，此与菽麦不辨何异？然不闻有抱简文之愧者，何也？

吾家宜田中丞，所生长非蚕乡，而民寒寒之，务求尽物之性，穷物之理。人民谣俗，条举件系，歌以永言，举百杂碎，著之篇，而名之曰《看蚕词》。其词含英咀华，而绎之，即不识字者皆晓。因忆六十年以往，某公莅浙，人有言蚕上山者，某公不知何等语，顾反怒曰："蚕安得上山?"其人力辩数乃置。闻者皆犹然笑之。呜呼！使此词出于数十年之前，锌于申之俾皆相传以熟，即安有惛惛不辨为千古笑端者。扬子云曰："蜘蛛之务，不如蚕之綸，为九州被补五色。"裳皆于蚕乎是赖，即皆于中丞是属。然则此词也，《无逸》之陈艰难也。设有以茶经、酒史相唐突者，幸勿以知言许之。

淳安方椠如文辀书后。

跋　二

黄省曾著《蚕经》一卷，言吾杭蚕事甚详。至禾中、苕上，土俗宜蚕，往往见于丛书、小说，未有专家。夫十日十二辰相次，知其把蚕几女，食桑几叶。然则兹事甚大，非止一物之勤而已。士大夫之学，至于主名山川，托兴草木，于此一事，讽咏阙如，岂通人之识耶?

吾师问亭先生，以命世之英，余事及于翰墨。早岁客吴中，于土人所得蚕事如干条，纪之韵言，凡四十首，自为之注。其缘物丽则，则《尔雅》之音也；其释文该博，则又古人之选也。寄怀遥远，取其近而有征，于民事尤致意焉。光因忆宋人建行都于杭，太常王湛，请设蚕室、茧馆，行亲蚕礼。当时廷臣，无风雅之才，不能第其嘉颂以道其事。今时大典聿行，诚以吾师之词，被之神弦，使八能之士，按律而吹，于以宣布天时，阜繁品类，当无愧雅颂之遗。况于衣被之泽，犹在湖山千里间耶！光生长是邦，居田间久，不能无在躬不知之耻。然则，读吾师之词，知不可以韵言忘著作之本意已。

受业仁和顾光谨跋。

跋　三

曩闻之仲兄说经之言曰："蟋蟀在堂，咏勤苦也。蜉蝣之羽，刺惰游也。"古之诗人，思虑深远，感时寓物，则往往于一事见之。所以念民劳，勤本务也。《豳风》一诗，农桑衣食之语，纤悉已甚。自古之人言之则经也，而非诗。至于掇拾花草，描绘风日，乐征事之多，寓闲时之景，则诗也，而非经。若夫使人闻声怆怀，睹物兴事，是非得古人之意其能若是乎？善乎朱子《葛覃》之笺曰："后妃亲执其劳，知其成之不易。是以心诚爱之，虽极垢敝，而不忍辄弃也。"说诗若此者，可以知小民之依已。三吴古农桑地也，仲兄往游其间。既闲无事，人有以蚕事告者，喜其详尽，用韵言谱之，疏其义，名之为《看蚕词》。归而篝灯相示，口吟手画，如见红女之辛勤，回顾当身，不觉敝衣之有余温也。逭兄开府两浙，抚念前事，停轩驻盖，询老进髦，凡有裨于蚕桑者，辄条件而疏陈之。盖昔者采之于谣俗，今者措之于政事，若操左券，不为空言焉。夫汜胜之书，龙辅之志，文矣而不近；齐民之术，致富之书，近矣而不文。岂如是词，义依于经，言取其雅。虽一方之风之诗乎，而能使读之者，憬然念夫寸丝一缕，成之不易。则所以节物力，去逸淫，民劳则思之。意虽风人，所称何以加之。爰亟请于兄而付之剞氏。

乾隆己巳孟夏上浣弟观本谨书。

松漠草

自军中往返京师有作附后

方观承

自　序

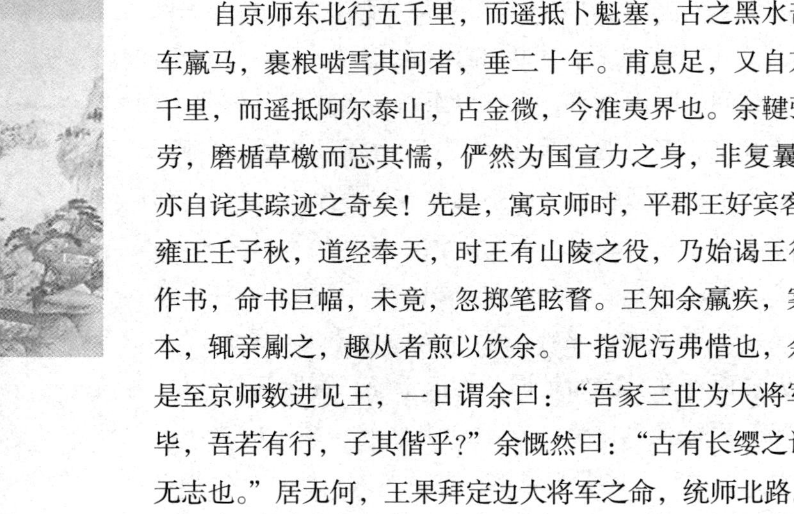

自京师东北行五千里，而遥抵卜魁塞，古之黑水部也。余以敝车羸马，裹粮啮雪其间者，垂二十年。甫息足，又自京师西北行八千里，而遥抵阿尔泰山，古金微，今准夷界也。余鞬弭弓矢而不知劳，磨楯草檄而忘其懦，俨然为国宣力之身，非复曩时羁旅之状，亦自诧其踪迹之奇矣！先是，寓京师时，平郡王好宾客，屡召未赴。雍正壬子秋，道经奉天，时王有山陵之役，乃始谒王行馆中。王方作书，命书巨幅，未竟，忽掷笔眩瞀。王知余羸疾，案前莳人参一本，辄亲劚之，趣从者煎以饮余。十指泥污弗惜也，余心感焉。自是至京师数进见王，一日谓余曰："吾家三世为大将军，今西事未毕，吾若有行，子其偕乎？"余慨然曰："古有长缨之请，草莽臣非无志也。"居无何，王果拜定边大将军之命，统师北路。责前诺，愿以布衣从，王许之矣。继复言之相国鄂公，以军府书记无私往者，乃上余名，蒙世宗宪皇帝垂询先世，嗟叹久之，授内阁中书舍人以行。於戏！过越之恩，不世之遇也。偕大队以癸丑八月戒途，十一月至军门。明年六月进屯阿尔泰山南，十月回乌良苏泰大营，又明年冬撤兵台米尔，从王还朝。是行也，师无震惊，简书之暇，得诗三百余首，并录王所作近百篇。移帐仓卒，值野水大涨，驼陷而笥颠于背，尽失之。塞外山川百韵，及诸长篇不可复记。所辑拾者，

仅三之一。或谓宜补作，余以过时而溯言之，是强言也。强言非诗也。于耐圃学士以为然。爰以所存若干首，叙而录之如左。

上平郡王新拜定边大将军统师北路

宗贤升夙誉，密勿赞讦谋。
特重元戎命，能分圣主忧。
全符新铸字，玉节远凌秋。
告庙陈斋斧，临轩锡路钩。
霜初遥雁翮，日尚近螭头。
师吉猷增壮，边长地尽收。
纵横图可指，主客势须筹。
夏草才肥马，春屯渐习牛。
真知多算胜，直使负隅愁。
勋烈承三世①，忠勤盖四陬。
行方乘岁德，归定捷星邮。
一听灵鼍曲，环看介马俦。
犹闻誉琳瑀，曾是愧应刘。
愿述青城事，崇祠拜费侯②。

癸丑七月承以布衣蒙恩授内阁中书舍人，随征北路感赋四韵

官重丝纶地，恩深草莽臣。

① 原注：王曾祖以下三世为大将军。

② 原注：大将军费扬古讨平准噶尔，归化城立祠祀之。归化城本名枯枯和屯，译曰青城，为北征孔道。

薇香联四世①，槁雪觇三春。
剑佩新戎幄，衣衫旧塞尘。
廿年毡雪泪，此际倍思亲。

从征定边大将军王掌书记，与诸兄弟叙别书情四首

作赋曾容为揖客，论兵更许列材臣。
烽区虎穴今何地？火色鸢肩古有人。
望去旌旗横旧剑，携来笔札近新纶。
封侯骨相知谁似？触眼秋风起塞尘。

军声直北犄秦关，上相筹边驲正还②。
共识皇心忧阃寄，重劳隆准出畿寰。
旌门始令勤谋敌，纶阁微衔亦缀班。
自愧无才思有报，敢同拄颊向西山③。

平生极塞几驱车，冻吻曾经毡雪馀。
马角永怀天外梦，鸾光新捧日边书。
廿年风木悲歧路，此日江舟返敝庐④。
封树犹依南望泪，从戎即在致身初。

① 原注：先曾祖观察公、先王父水部公，皆筮仕中书，先君释褐后，亦铨次中书。

② 原注：相国西林鄂公，经略西北两路军事。

③ 原注：杜诗："高帝子孙尽隆准。"

④ 原注：大兄南归。

枞阳江接秣陵船，故国分从带水还[①]。
讵有高车嬉宛洛[②]，偶因五马向蛮滇[③]。
一时雁影凄寒阵，几处骊歌逗别筵。
京邑前期游与宦[④]，遥氛何日靖归年？

居庸关中秋同大兄作并寄诸兄弟

堞影苍烟锁乱山，旌旗开处月临关。
光遥古塞霜同满，秋在高峰夜正闲。
侧耳雁鸿天远际，腾身鱼鸟队中间。
停骖命酒酬佳节，好好清晖映佩环。

过岔道镇读延庆州牧郭劲草去思碑

看山尽处复看碑，大字丹题治绩垂[⑤]。
旧守平生称久故，居人十载系讴思。
儿童竹马争迎路，过客辖骖小驻时。
为语使君清兴在，重劳官职尚能诗。

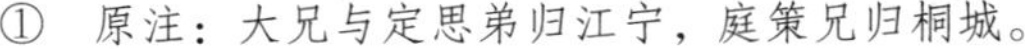

① 原注：大兄与定思弟归江宁，庭策兄归桐城。
② 原注：益思弟游南阳。
③ 原注：瑾怀弟随陶镜园太守赴滇中。
④ 原注：高说、高逢、惟端、绮亭诸兄弟，皆待选京师。
⑤ 原注：碑用朱书，示异他碑也。

招　华

在张家口外三百里，有城基，周十里余，视积土之高以准，牙城历历可数。近北废堵，周立有碑。载：“皇庆中，加上孔子大成封号。檄下诸路，勒石庙学。”完好可读。盖元静安路集宁县地，而废堵则县学宫址也。堂庑特高，泮池桥柱础尚存。有石像二，一侯服，带下垂剑；一伯服，执圭。当是四配十哲之遗，皆欹仆荆榛中矣。碑阴列官吏姓氏外，书名者又四等：一乡党耆艾、玉堂缙绅，尝以诗文褒颂输所有而赞成者；一时习斋文士、经生，日以讲承道艺者；一里闬疏通慕义以劝工者；一部民复其家以供香火者。余手录存之，为文以记，并作古诗一首。

顿辔荒山限，高原宜骋瞩。
丰草畔周回，城隍势隐伏。
池水折西坳，山形敞南陆。
稍看壕路平，犹有细流曲。
建置繄何年？方广量马足。
砌础石微呈，罂瓮土半出。
近北立颓垣，门径宛相属。
樵卒指古冢，斜日丰碑矗。
摩挲字半明，尊圣详记述。
遥遥元郡县，庙学仿荒麓。
高者堂庑基，低应泮水畜。
唏哉俎豆场，顿觉心意肃。
回头语后来，骑马入无续。
琢石貌先贤，皆具侯伯服。
佩剑兼鞶珩，执玉端蒲谷。

溲勃尔边儿，忍令污颠仆。
恭承贤圣祀，日星遍九域。
何论一隅地，赪糊兴废速。
所悲虫鹤化，终远牛羊牧。
碑阴姓氏繁，衿衮第名目。
学博与农官，当年烦教育。
蜃气散楼台，箛声换敔柷。
推磨四百年，过客碑重读。
腥风晚更来，尘暗狼狐族①。

归 化 城

平临朔漠控诸边，犄角云中势更全。
万灶不惊烽在野，千夫尽辟草成田。
名王驼马秋高后，贵主楼台山翠前。
一笑功名夸卫霍，易寻残碣度燕然。

遥看漠色开穹帐，亦有光风遍里阎。
三晋流人依土木，廿年兵事富渔盐。
山连贡道青常拱，草向残秋绿尚兼。
试问干城膺重寄，可能轨辙倍清严②。

归化城拜大将军费襄壮公祠堂

一战收边日，先皇驻驾初。

① 原注：地多野兽。
② 原注：归化地暖，九月犹雷雨，草有青者。

御衣亲赐著，硕画史详书。
地历军容盛，人瞻庙貌如。
功名隆怯薛，姓字拜休屠。
冢象祁连峻，胸吞瀚海余。
关山遗壁垒，烽火又周阹。
眇尔貔新孽，依然狼故墟。
频年勤庙略，此日费边储。
圣主恩相倚，诸公计岂疏。
英风怀往烈，伫马久踌躇。

青　　冢

一抔秋草艳春生，千古香名恨亦平。
举似宫人斜畔土，岂无颜色是倾城。

大青山

归化北三十里，寒暖迥异矣。

大青山外夕阳收，阴壑风高凛暮秋。
回首孤城三十里，一时马上尽披裘。

鼠蒿歌

驻匮吞，无水，井隔重岭，非宿所。马矢绝少，有地鼠，啮蒿坟穴口，掠为爨薪，可供千人之炊。鼠名侏㐷里罕①，足前短后长，性恶湿，近水则无之。匮吞者，寒也，地高寒故名。

碛中鼠爬沙，作穴深何许？

① 编者按：“罕”字漫漶不清，本书后文，实为“罕”字，据改。又，“㐷”字，后文作“马”。

草间出入路分明，穴口蒿封一尺盈。
自非饮河腹，不幸太仓饱。
蔽风蔽雪兼糇粮，三冬计足荒原草。
边儿已免牛羊牧，过客偏逢车马宿。
俯拾须臾满抱来，水担隔岭炊俱熟。
暮餐得饱更朝餐，相看行侣各欢颜。
等闲瀚海复天山，努力休嗟行路难。
君不见，马通尽处鼠蒿干。

暮

山近道仍赊，弓刀暮影斜。
有程空数[①] 驿[②]，无树与栖鸦。
马嚼冰连铁，狼奔雪带沙。
莫教轻一听，头白是悲笳。

雪

白日荒荒暮，黄云黯黯深。
风凝寒一概，雪入夜初沉。
拨火冰连草，眠沙铁是衾。
旌旗呈类色，刁斗和孤吟。
幕柱埋全短，弓衣重不禁。
驼鸣僵更起，马失远犹寻。

① 原注：上声。
② 原注：余取道军台，台今废。

亘古悲行役，遥天宅至阴。
吞毡千载事，挟纩一时心。
已报单于逐，休迟瀚海临。
擒吴悬一旅，险迹动雄襟。

煮　雪

雪供炊代水，裾影撷纷纷。
近幕抟荒草，遥山割冻云。
雁声孤喙冷，羝队一餐勤。
旧梦奢江国，梅花煮共芬。

鄞踏步

两山夹峙，中亘黄沙，曲曲平衍，宛若河身，不知所极。

草经昧劫烧全断，沙拟河流合更分。
地隔一山陲瀚海，天低万里涨黄云。
寒鸦远没知何去？饿马长嘶忍乍闻。
百战匈奴迷失道，令人悲忆李将军。

十一月三十日夜抵军门

障道驰重险，军门辟大荒。
旌旗山并举，冰雪幕同光。
辨面戈攒火，开关钥坠霜。
星河寂刁斗，万里正苍茫。

寄怀大兄归金陵

别已怜秋晚，归应逼岁除。
途经九折后，家创万端初。
腊酒成先祀，春花识敝庐。
遥知三径好，棣萼近楼居。

寄忆三弟

京洛思归已不任，看云复此塞垣深。
兵前草木风生野，江上枫芦叶坠林。
王事非关毡雪恨，乡书偶托雁鸿音。
只今忆尔双衔泪，永痛当年慈母心。

傅上公惠几赋谢

荒林规片木，隐几客从今。
图史供常俭，风尘坐偶深。
未飞磨盾檄，那废据梧吟。
喜润龚开室，知勤拂拭心。

月中野望

辕幕无声碛影移，中天明月望生悲。
烽闲尘静马初去，云远星寒雁独迟。
悬度山边千磴索，遮留谷口万旌旗。

沙分似水山横阒，何处高昌觅故碑？

癸丑除夕

深尘积雪带烽烟，销尽关河几岁年。
壮志悲心同此夜，吹笳击鼓竟何天。
三更酒对玄戈下，万骑云屯赤岭前。
遮莫离情与乡梦，一灯人抱羽书眠。

甲寅元旦

朔日戊寅立春，三辰皆寅，岁德胜于东方，为兵占佳兆。

紫塞坛开第一春，青阳历纪肇三寅。
山迎剑佩光初晓，风到旌旗色倍新。
吉颂韩碑书试笔，炉烟仗彩忆趋晨。
橐衣笑释儒冠后，礼共龙沙祝雁臣①。

友人寓屋悬纱灯属作诗

室处宁馀事，嘉辰亦概迁。
幻来兰炬艳，逗此月华妍。
土壁衔霜影，星门接戍烟。
夜长光正好，须避枕戈眠。

雪

山云忽吐墨，空雪已成花。

① 原注：礼次有蒙古数藩王。

影乱日方午，暮飘风更斜。
草痕青乍歇，阴地白还加。
起灭妖氛易，胡天共一嗟。

待　　雁

绝塞古金微，春归雁未归。
一天烽火夕，万里雪霜围。
已识书难寄，宁关影避飞。
江南江岸上，信有稻粱肥。

望　　远

启户朝朝雪，抟沙面面风。
一年三月暮，孤戍四山空。
草短迟邮骑，烟寒入旅鸿。
乡书足万里，望远意先穷。

五　　日

五月五日酒研朱，几人绝塞为欢娱。
刲羊幕外悬皆赤，掷雉沙间叫得卢。
乡味到时思麦杏，清阴何处泛荷蒲？
未离冷雨毡裘秃，才见熏风草木苏。
湘水千年沉愤骨，娥江此日殉贞躯。
何妨魂魄为雄毅，亦有功名入画图。
月下吹箫空梦水，风前竞渡是援枹。

高旗西日群鸦落，倦羽南天一雁孤。
少妇深闺缄锦字，含情远寄辟兵符。

金莲花

泽生，高尺许，五月开花，如黄薇而色深，层瓣五出，微香，蕊药略具莲形。其含放之顷，亦仿佛焉。叶在蘩菊之间，茎中空。西北塞至准夷境内皆有之。《拾遗记》载："沧洲产金莲花，如蝶形。"当别是一种。

菡萏疑香色借金，佛图澄去塞垣深。
干戈复是腥风里，何处堪依不染心。

芍　药

花层瓣，香色略如中土。东北塞艾浑、卜魁诸处皆有之。

钗茎髻朵宛芳丛，谁种燕支山下红？
应笑江南人万里，看花几历塞西东。

媚蝶花

五月开花满山谷，深翠如马兰，瓣如檐卜，五出。别又五瓣，其前半蹴撮为一房缘，黄深粟许，五合如腊梅花，含蕊如兰，其后半与巨瓣错出，花背为翠管五，如蛩之股末，细而内钩，如鸟爪之抱木。茎细曲，有如槅者，叶三歧，如荇。一茎三四花，娇翠可爱。以其形之似蝶，而分合有媚致，平邸命名媚蝶花，属志以诗。

兰心学缀蜂房小，翠影穿疑蝶翅连。
谱入滕王图画里，也胜独媚漠风前。

示友人二首

频年征戍祝刀环，几度呼韩夜叩关。
不为林猿穷益附，即教宛马得应闲。

至尊宵旰岩廊上，元宰驰驱朔漠间。
闻道秦中诸父老，十行诏下泪潺湲①。

寄怀沈阳康东侯

廿年关塞路，沈水最淹留。
宛在伊人室，都消异地愁。
招魂凭剪纸，命酒出新篘。
检尔三年字，眠余百尺楼。
麻衣方踯躅，皂帽屡沉浮。
永结冰毡痛，空怜马鬣求。
乌啼鹃共树，骊唱犊乘辀。
忍别今何地？难期后重游。
燕台犹过雁，楚泽未盟鸥。
诗和空中字，心同物外游。
自惭非骏骨，安问脱鹰韝。

圣代恩如海，衰门暖换秋。
薇香叨奕叶，莲幕借前筹。
幸不霜生鬓，何妨剑佩钩。

① 原注：辛亥岁宣谕陕甘，吏部学习同邑左鹏使归为言如此。

寸心唯许国，此意岂封侯。
已用毡裘俗，须销烽燧忧。
勋名傅介子，诗思李凉州。
往哲期相企，孤怀孰与俦。
故人康伯可，高卧想林丘。

寄怀沈阳艾大伦元

伦元为笔帖式，属三陵佐领。

郊园犊驾访犹曾，潞水骊歌黯不胜[①]。
书寄尘泥唯旧雨，恩恢煦日到层冰。
从戎不敢羞孤剑，载笔还闻近五陵。
万里相思翻少梦，也知荒阔太无凭。

七　夕

时驻夸舒鲁图，傍科布多河源，大风尽夜。

半规月照双星迴，万里天从大漠横。
卧铁几人闲更望，惊波此夜恨难平。
任教马渡羌浑去，那得衣烦织女成。
梦醒针楼寒已近，可怜砧杵玉关情。

毡　庐

时驻科布多河源。

大荒西外藐行庐，纫柳椭毡广厦如。
青草牛羊依户牖，白云鸿雁旷天除。

① 原注：壬子别于通州

山连狡窟盘沙远，风卷寒河响夜初。
一笑干戈兼几砚，古无行路况端居。

寄怀叶圣嘉

关程如织信仍稀，况是天涯卧铁衣。
塞障东西七千里，可怜雁不解横飞。

几回相见各萍蓬，皂帽丹砂作寓公。
他日扁舟归竟得，西湖原在五湖东。

从军杂纪一百首

余赋述征百韵，既残佚不复记忆。耳目所经，荒漠鲜据，聊复缀以小诗。川岭、境俗、气候、物产、情志、事实，各以类附。而其中时与地，仍相次焉。裴矩西域之图，居晦于阗之记，邈难靓矣，企其似之，亦欲使树绩西遐者，征诸异日耳。

宗城寄重大将军，授钺专征扫塞氛。
御赐谦公勤勇字，捧从金殿护彤云①。

皇子诸王手玉卮，军容祖帐盛郊圻。
牵来御马端黄辔，排去丰驼植绣旗②。

① 原注：雍正十一年六月，命平郡王为定边大将军，统师北路，进剿准噶尔，上亲授敕印，朱笔书四字佩之。

② 原注：大将军王具旌旗仪仗，出京师德胜门，皇子暨诸王大臣，自圆明园至清河祖饯。

短衣入座酒盈觞，内府珍烹任饱尝。
圣主恩无遗小弁，书生荣更列前行①。

军都关外滃云收，木脱风疏气已秋。
过岭不知何郡地，行人马上早披裘②。

涧落千寻眼怕开，马头一线倚崔嵬。
奔腾水舞蛟涎去，曲折山盘龙背来③。

鸳鸯泊下水分流，鸣咽关门起暮愁。
北渡风还依去马，南流水不送行舟④。

严程四十七军台，漠漠风沙远渐开。
坝外莫言边口近，马头唯送雁飞回⑤。

残阳如水照寒沙，黄叶枝头赤嘴鸦。
今夜客从孤帐宿，莫教风起逗鸣笳⑥。

---

① 原注：命内大臣海望赐宴随征官校于清河。

② 原注：居庸关旧名军都，出关过八达岭，秋气已寒。谚云："行过八达岭，皮袄加一领。"

③ 原注：宣郡保安州之西山，名老龙背。一径崎仄，不可方轨，下瞰桑乾河，深数十丈。

④ 原注：张家口外百余里，两泉起处为鸳鸯泊，分流至口，会入洋河。

⑤ 原注：自张家口至乌里雅苏泰军营，凡四十七台，十六腰站，出口九十里至大坝为第一台。坝即岭也，蒙古称达巴罕。

⑥ 原注：边外鸦赤喙。

一程界岭路东西，乍觉巉岩费马蹄。
几处牛羊新垄阔，乌桓今亦事耕犁①。

依山穴室起炊烟，接垄人耕屋上田。
秋至输粮无别役，客来卖酒有余钱②。

云西堡上云冈寺，百尺楼头万佛身。
稽首津梁同有愿，慈云长护万征人③。

榆柳阴高桦木稠，交柯接叶亘长沟。
都无猎骑兼征骑，一任山鸡野鹿游④。

健儿捉马如捉羊，身骑骣马无辔缰。
鬃尾入手双耳下，跳踔莫去空怒张⑤。

大青山下古青城，青冢依山一例名。

---

① 原注：出口以坝岭为界。

② 原注：自张家口至山西杀虎口，沿边千里，窑民与土默特人咸业耕种。北路军粮，咸取给于此，内地无挽输之劳。

③ 原注：云西上下两堡，在大同城西三十里。上堡有云冈寺，依山凿石为大佛三，并高五丈三尺五寸。殿楼三层，环山左右，就石之大小，凿为种种佛相。龛洞层列，不可数计，后魏拓跋氏建。

④ 原注：近归化城，有遮勒得沟，东西长二十余里，山高树密，中多雉鹿，呦鸣雊集，不惊过马。

⑤ 原注：马之未鞍者曰额尔宾，踶啮腾趠，不受衔勒。蒙古健儿以竿索约系其脑项，捉而骑之。行次招华，敕就牧所赐大将军马数百，阑废堵中印烙。有伍巴什者捉马，马怒立，什于马上罄身擒其双耳，股全离鞍，马前后努突，项益下，终不得脱去。又一马逾墙惊奔，逐之三十里，络脑而还。什是日，凡羁数骏，未尝少喘息，亦壮士哉。

只为才人多傅会，便教春草亦含情①。

过城人拜费公祠，长此英风镇月支。
更有六郎山下庙，三军齐道好男儿②。

土木兵连河套雄，台阶不正帝移宫。
可怜一代门庭寇，角稽今如鸟在笼③。

征车绎绎路滔滔，快马明驼客自豪。
累石道旁知有井，爬沙穴口信多蒿④。

水得清甘草亦丰，马情客意两从容。
边途此事关心甚，略似江湖晓暮风。

橐笥纷陈累马驮，仆夫僵冻讵能诃。
沙堆影里行庐晚，煮雪敲冰事正多。

高秋碛月影徘徊，万幕无声一雁哀。
最是五更眠不得，铁衣传警带霜来。

---

① 原注：大青山在归化城北三十里，产石青。归化城旧名枯枯河屯，蒙古谓青为枯枯，谓城为河屯，盖因山得名也。故明妃冢亦称青，非冬草犹青之说。

② 原注：大将军费扬古，平定策妄阿拉卜坦，英风远振，归化城立祠祀之。杨延昭庙在大青山下。

③ 原注：今土默特部即明土木，世嗣告绝，朝廷择部内一人，授为都统，以领其众，居归化城。

④ 原注：荒漠井泉埋蒿雪中，不易觅，行人于道旁累石志之。野鼠名侏马里罕，后股偏长，前爪甚利，作穴沙中，啮蒿垒穴口，以蔽风雪，雪深埋草，又以充食。蒿长尺许，无一参差，余作《鼠蒿歌》。

独树高榆数亩阴，枝枝叶叶自萧森。
神栖争下行人拜，悄托灵狐语夜深①。

麻尼竿子植风旗，旗上经文面面吹。
功德直如人自诵，旗破风吹无止时②。

乱石堆成崿博高，断鞭折矢掷周遭。
行人有赠神皆喜，马鬣何妨拔一毛③。

山能倏雨水能风，信有凭依在此中。
衮衮征尘宁尽洗，纤纤咒石亦微通④。

雁影西风去不回，寒鸦何事远能来？
黄云渐起清泉少，行过关程十六台⑤。

一鸟不飞冰雪寒，百虫不憩沙草干。

---

① 原注：荒漠旷碛有大树，则神祀之，不敢戕其枝叶。

② 原注：麻尼犹言转也，白布为旗，书梵经其上，风往复之，准诵者功德云。

③ 原注：岑岭高处积乱石成冢，名崿博，谓神所栖。经过必投以物，物无择，马鬣亦可，将诚云。按《周官》有犯軷之祭，封土为山象，以菩刍、棘柏为神主。崿博意亦近之。

④ 原注：塞外山灵憎客至，尘沓辄雨雹骤下，长河巨浸，不容秽弃，必有甚风以示荡涤。蒙古西域祈雨，以楂达石浸水中，咒之辄验。楂达，生驼羊腹中，圆者如卵，扁者如虎胫，在肾似鹦武嘴者良。色有黄白，驼羊有此，则渐羸瘁，生剖得者尤灵。

⑤ 原注：自张家口至博罗哈苏图为第十六台，入瀚海，庐帐不居，凡七日程。余于雍正癸丑十月六日抵此。

此是洪荒枯后海，要留万古劫灰看①。

不草不木蓬蒿齐，蟠沙压雪碛高低。
采之刺手爨无焰，骆驼饱眠马饿嘶②。

易折难斯支干殊，无皮不叶似常枯。
沙寒水浊山容丑，画出薪樗恶木图③。

谁从古洞导流泉，石井丹砂汩塞烟。
独向幽岩摩剩字，清甘一呷已如仙④。

叠石台高瀚海中，边人犹指汉时功。

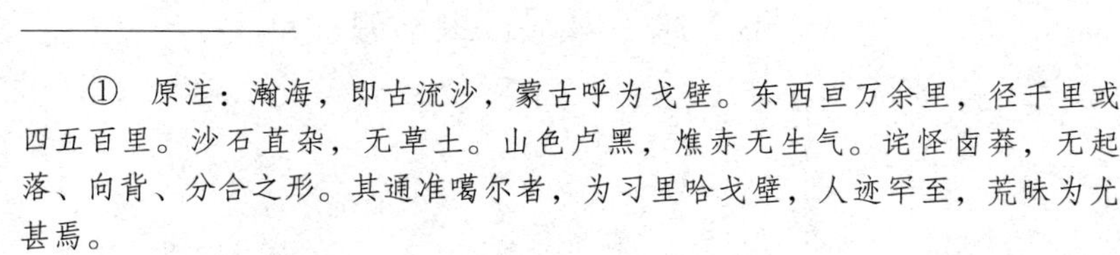

① 原注：瀚海，即古流沙，蒙古呼为戈壁。东西亘万余里，径千里或四五百里。沙石苴杂，无草土。山色卢黑，燋赤无生气。诧怪卤莽，无起落、向背、分合之形。其通准噶尔者，为刁里哈戈壁，人迹罕至，荒昧为尤甚焉。

② 原注：瀚海中木之似草者四种。一类针松，茎粗于指，屈曲纠盘，折之如朽索，缕缕零落。一结实类蒿，紫绿色，凌冬不变，味咸，名布都鲁哈那，驼食之如马得豆。一细蕊如蓼，色红味苦，茎稍柔脆，马饿亦食之，辄病泻利，其性寒也。一丛枝如菊，末细，茎无叶，相去粟许，肤辄周断若刀截者然，根与布都鲁哈那皆腐黑如出烬余，拔之即折。四木高不逾二尺，根荄纠结，沙石坌积，丛丛累累，望之莫能穷际。

③ 原注：流沙中生木名查克，大者合抱，高丈余。杈丫突坳，无叶，如常枯者然，外白中黄，若去皮之桑，小者细枝蓬蓬如柽柳，质坚重而脆，斧斤不易入，而折蹴之无难，折处呈纤孔，削之则否。盖沙气劲忍而质虚陷，故所殖如此。行人资为爨薪，微作硫气，土人烧灰，疗胃病，复利女产。

④ 原注：入瀚海二百里至麻尼图，一井清深。井东数十步有泉，泉上石洞可容数十人，镌“涌泉洞”三字，颇有笔法，行人指为仙迹。

行行七十峰何处？愁见飞沙与断蓬①。

拣同晶玉任披沙，小比葡萄大比瓜。
汉使尽教携满袖，却愁归路少星槎②。

金钱不惜买明驼，龙额鸡膺具相多。
五日犹齝二日饮，等闲瀚海几经过③。

一帐孤存绝漠边，披毡饫草自年年。
呼儿半匕沾羊酪，羡客长缯作马鞯④。

牧人遗火夜烧荒，近幕风来地柏香。
何处马通烟更起，健儿猎罢焨生獐⑤。

塞草名传得理苏，冠丝细织费工夫。

---

① 原注：诺明戈壁旧有石台，呼为达兰土鲁，相传汉时筑。蒙古谓七十之数为达兰，峰为土鲁。今其处平沙无山，或云峰乃烽之讹。古谓墩为烽，汉时传烽塞上，此为第七十烽，犹今言七十台也。台杂土石为之，石莹透如晶玉，蒙古谓青金石为诺明。

② 原注：瀚海产石如玛瑙，具五色，中空。随其大小、攲正，治器颇可玩。大道所经，行人拾掇殆尽。

③ 原注：驼具十二肖形，鼠目、牛蹄、虎耳、兔唇、龙额、蛇项、马腹、羊首、猴毛、鸡膺、犬股、豕肾。瀚海乏水草，唯驼不畏。牛食已复出，嚼为齝，一作呞。“韩诗”：“合口软嚼如牛呞。”驼能回嚼，则不饥乏。

④ 原注：余行顿瀚海中，忽妇孺数人至，盖望烟知客过也。问其居，孤帐无邻。问所有，乳羊数十。问所食，则指道旁草茎。其质脆，其味咸，冬月不枯，瀹而食之。偶呷乳酪，比之肉食。给以饼果，为未经见者，不敢辄以入口。尝见蒙古毡帐，皆相就而居，此或其罪谪之人乎？

⑤ 原注：地柏纠盘高一二尺，又名倒地柏，蒙古名阿尔察。与内地侧柏无异，马食之粪作柏味。

谁知马到那林路，不耐环看色尽枯①。

百里山长似案平，曾邀玉几锡嘉名。
六龙行处旌旗色，犹有云霞早暮生②。

作炭空山银似水，淘沙深井粟成金。
由来此地称多宝，佛字元碑细细寻③。

战云层罩塞山低，一鼓声传万箭齐。
多少游魂归不得，夜闻钟磬傍招提④。

栅木为城阻峡中，终年无雨更多风。
屯田方略同西夏，端赖酾渠灌水功⑤。

① 原注：得理苏草洁白光韧，京师用以织凉冠，一冠直数金。过瀚海至那林，一路产此，枯劲遍野，马不食之。

② 原注：各多里巴尔哈孙西北，望鄂里鸡图有山如案，其颠平衍，长百余里。军中老辈为言，圣祖亲征至此，蒙赐名玉几山。

③ 原注：厄尔得尼招在喀尔喀王策令部内，厄尔得尼，宝也，招乃招提省文。地产金银，故称宝寺。寺前有元至正年梵书碑文，犹可辨析。又鄯踏步地滨瀚海，高山攒戟，石色光莹同云母，石缝中片片层叠如鳞，耀然映日，刮之成屑。人言矿产铅金，此其苗芽之外见者，皆在荒漠不毛之地，造物之精英盛矣哉！

④ 原注：雍正壬子六月，准噶尔寇边，至吉尔马泰，距厄尔得尼招已近。虏据南山，我兵列长阵，与山对，分兵绕至虏后，炮发半山，虏阵大乱，山尽处即鄂尔昆河，时方屯种，堰水益深，多坠河死。索伦精兵万箭齐发，杀数千人，余皆夜遁。凡临阵，有若云雾笼罩，视人面目不甚辨，则为胜气，反是必败衄。老于行阵者，言之皆同。

⑤ 原注：查克拜达里城，在三十六台地，产查克木，故名。南阻山峡，北犄推河，为重镇。引鄂尔昆河屯种，略似宁肃渠功，不资雨泽。

断碛寒沙亦异哉，草无生处木谁栽？
昨朝查克城边过，多为行人送炭来①。

遥指毡庐傍路歧，何来水草见新移。
操斤琢石谁能尔？地亦呈形地所宜②。

连屯列戍古河滨，稞麦陈因燕麦新。
地暖霜迟今似昔，年年田鼠化为鹑③。

黄羊之角青羊皮，皮可缝裘角可觿。
何似当筵倾酪酒，烹将大尾饱凝脂④。

盘羊角重苦身轻，何事翻教陟险行。
到死不消狼腹恨，空余嚆矢效鼍鸣⑤。

春草青青秋草黄，獭衣一色草中藏。

① 原注：烧查克木成炭，掷之铿然有声，得火即燃，高焰终夕，埋深灰中，阅日不耗。评炭之良，宜无逾此者。

② 原注：四十台毕尔格图道旁，白石枚列，圆下锐上，不相著附。凹处门形俨若毡庐，行人昏暮望之，每欣然有投止之思。

③ 原注：绿旗兵屯种于吉尔马泰，傍近鄂尔昆河。稞麦即青稞，燕麦即穬麦，元太祖曾垦种于此。田鼠曰吉尔马，有曰泰。《月令》："田鼠化为鴽。"鹑之属也。

④ 原注：喀尔喀羊尾独大，呼为大尾羊，味胜他产。

⑤ 原注：盘羊喜行山颠仄径中，狼自后挠之，还与狼斗，其角视水牯为大，而作势常猛，狼徐避去，如是者数四，力惫而坠，狼遂食之。其角为觿，有远响。

年年猎取无虚日，歘遍征人裤褶装①。

碛转山攒我马劳，行人休倚少年豪。
未寒已觉天风劲，不酒能令肺气高②。

草初青处马添程，万里军书十日行。
漫道一烽连远塞，平安火至只空明③。

御札琅函秘六韬，军门迎拜五云高。
开时珍重投灵钥，礼罢从容解佩刀④。

元日风光满旆旌，军门宴赏洽欢情。
高擎鹿尾兼羊尾，喜听鸦声似鹊声⑤。

礼重朝元集首春，穹庐大可坐千人。
两行宿卫分骑士，一辈名王列雁臣⑥。

① 原注：四十二台察罕托辉产獭，有二种，马獭大脂黄，羊獭小脂白。夏月蒙古人资为肉食。其皮为裘，毛色春青、秋黄，与草同候。性洁，窟中有上下层，上卧如床，而粪溺其下。更穴其旁，以积草御冬。

② 原注：过推河以北，冬月人多喘急，盖天高风劲，气不能敌耳。或谓瘴毒，非也。

③ 原注：自京师至军营，计六千余里。邮筒八日可达，草青马壮，才须七日。

④ 原注：将军大臣皆颁赐钥箧，陈奏批答，以重机钤，迎送行九拜礼。军中带刀为仪，自大将军至士卒皆然。相遇辄比试，以为乐。

⑤ 原注：鸦声如鹊，归化城已然。

⑥ 原注：元旦行朝贺礼，蒙古诸藩皆至。礼毕，班坐庐帐中，命茶如仪。大将军王亲兵，多卫士。

射鹄抛球兴未阑，相逢博塞亦为欢。
倾囊买得汾阳酒，自古沙场一醉难①。

龙堆六月草生油，羊满山坡马满沟。
检点征衣磨箭镞，由来防夏不防秋②。

眠深夜雨醒朝春，何处晴云拟夏峰。
怪底风来寒扑面，四山雨歇换冰封③。

雨欲生寒风正斜，奔雷掣电势交加。
龙来阴岭真儿戏，雷电光中舞雪花④。

花开短草锦如织，冰砥长河石似浮。
寒燠不知何向背，盆蔬六叶已迎秋⑤。

香脆真教沁齿牙，矜看碧蒂裹琼纱。
一千里外推河水，浇出炎天径寸瓜⑥。

① 原注：烧酒产汾州，贩自归化城，直增十倍。

② 原注：五月草生，六月羊马得饱而肥，入秋一霜尽枯矣。山沟多草，冬夏各有所宜。史称以谷量马，谓盈沟也。

③ 原注：盛夏夜雨，晨起则四山皆冰矣。

④ 原注：暑雨变雪，摇空蔽地，与电光相映，亦奇观也。

⑤ 原注：盛夏野草长仅逾寸，开细花，具五色，纵横穿插，连数里，烂然如锦。河冰有不化者，烈日光映，如石在水。种蔬截篓为盆，晓移就日，晚置室中，经月余，具六叶，而霜秋已至，无复生意矣。

⑥ 原注：推河种瓜蔬，六月中旬，王瓜长半尺，邮至军中，矜为奇味。

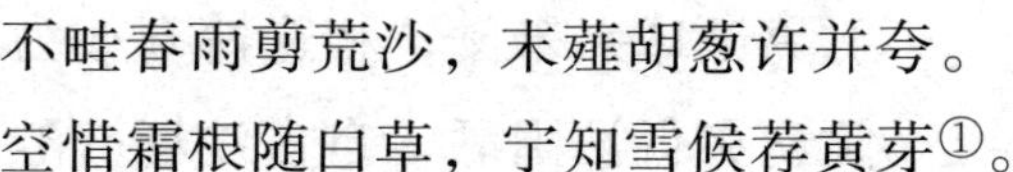
不畦春雨剪荒沙，末薤胡葱许并夸。
空惜霜根随白草，宁知雪候荐黄芽①。

曾传葱岭近燉煌，更历千山葱故乡。
苜蓿未肥春马力，休循先健橐驼装②。

野鹿多酸宁作脯，山鸡太瘦只盈拳。
饱餐不离烂羊胃，一割难求生彘肩③。

已餍朝腥与暮荤，黎祁一味倍清芬。
多煎崖蜜菹园芥，莫吃河鱼嗅水芹④。

难消腹闭鱼羹饱，剩可牙疳马脑医。
身病不教同伍觉，正逢敌至报恩时⑤。

高山易积雪边雪，浊水难敲冰上冰。
窟冻三冬愁饮马，气膻六月喜无蝇⑥。

---

① 原注：野韭长三四寸，味同家植。内地冬月窖韭生芽，名黄芽韭。

② 原注：沙葱细于苇，锥长数寸，辛香可食，驼嗜之而肥。唐时休循部，居葱岭下。

③ 原注：北边无豕，军中有畜之者，味亦劣。

④ 原注：贾人运豆为菽乳，得之以款上客，人人食甜，与夙嗜顿殊，盖沙碛气燥，脾液耗也。河鱼唯似鲩者一种，味腥肉腐，多食损人。水芹与燕产绝似，有大毒，误食之，洞泄不可救。肉食多腻，唯芥能爽。

⑤ 原注：喀尔喀兵之戍札布韩河者，资河鱼为粮，多病闭，治以大黄之剂。寒中肾经者，两腓暴黑，病深则齿落血出，名青腿牙疳，急以酒和白马脑食之。札布韩译曰流沙。

⑥ 原注：浊水硷赤，凝冰亦然。而冰下之水因冻而澄。于冰裂处，复上溢而凝，是为冰上冰，辄变清甘。

筹支仓粟连肩负，车载山柴众手推。
日午城中烟未起，夜来井冻罢朝炊①。

队引千驼复万牛，龙庭转粟草初稠。
于今上海新开道，日夜粮城听唱筹②。

筹兵转饷廿年中，贾客牵车百货通。
复使金钱归内地，莫言若辈尽无功。

一纸官程下朔荒，任骑大马割肥羊。
圣朝威德真无外，不比供租与纳粮③。

亥步山连首尾长，昆仑脊毳略相当。
诸藩夙效驰驱地，圣代今娴驾驭方④。

---

① 原注：军中届冬，马悉归厂，绿旗兵采薪南山数十里外，推挽至城，以供炊燎，而售其余。甚寒，井冻即无从得水，近城又鲜积雪，此行庐之逐水草为得地宜也。

② 原注：察罕搜尔栅木为城，驻大军。近移乌里雅苏泰，遂屯粮于此。运道由上海，较军台为近。

③ 原注：役外藩者，持理藩院印票，所至供羊马如数。羊或全、或半、或一蹄，视使者贵贱。妇子露处，空庐帐以居使者，名为拿骛拉，即捉役之谓。始于康熙年间，诸藩咸愿效公，遂著为例。

④ 原注：张家口外九十里，山名察罕拖罗该，为白首，六千里至军营粮城，山名察罕搜尔，为白尾，中间如住鲁科山，为心，鄂姑思奇山，为肺，额斯格山，为肝，阿鲁山，为脊。亦如句曲地肺，大伾地喉，岐山地乳之类。盖诸藩地境，起止联如一身，而行地莫如马，故以为喻也。昆仑柱天，万脉由起，西北绵亘，幽寒莫诣，为背为项为脊为毳，见《赤霆经》。

玉节金符肃队过，风清大纛拥雕戈。
两行翼附千熊兕，八面旗行万马驼①。

黑水生兵控万弦，穿熊殪虎势无前。
虏中咋舌传新谍，獭帽将军副定边②。

转战金河寇已深，裹创唯见血衣襟。
伤多马蹶鸣还起，同是将军报主心③。

严烽别队议分兵，诸将书名各请行。
见说扬威新授印，一军勇气倍前旌④。

战马环陈十万匹，椎牛遍飨五千人。

---

① 原注：甲寅六月，大将军王自乌里雅苏泰，进驻科布多城。师行，节印在前，内阁学士领亲军护视。骏马颜行，星旗前导，王属官吏、宦者，各执其物随纛后。又一队大将军辎重，以次文武官弁，及辎重各一队。八旗兵校及马驼辎重，凡十六队。又一旗殿后，以督兵重之不前者。纛旁两翼，各精锐数百名，以备不虞。先锋二队，行住常在数里、十数里外。

② 原注：索伦八围隶黑龙江将军，即古黑水部。其人劲弓善射，以猎为生，衣帽皆以獭皮为之。准夷畏之，见辄却走。定边右副将军塔尔岱，黑龙江新满洲人，屡破敌，有威名。戴獭皮小帽如索伦制，准夷称为獭帽将军。

③ 原注：副将军塔尔岱，尝深入敌阵，身被七创，马亦带伤，复中火枪仆地。塔射杀一贼，夺其马，裹创复战，仆马忽苏，扬首长鸣而起，冲突与俱，不离左右。马色正黄，索伦产也，塔公置栈亲饲之。

④ 原注：凡分兵命将，先选兵如数，自参赞大臣以下，有统兵之职者，咸集军门，随印内阁学士以名上。大将军择将既定，用红贮奉令箭下，教具机宜，授之以行。当待命之际，诸军不知所属，诸将未悉所向。令出，而一军趋之，如水之赴壑焉。副将军印唯分驻乃用之，同在一营，则送大将军所。其诸将印，如建武、扬威，有名号者，皆颁自内府，遣发时佩之。

就中孰是龙骒种，破敌君来看阵尘①。

沙惊兔鹿走山前，雪裹狼狐出道边。
五百关东射生手，一时马上尽搂弦。

何处泉流觅草莱，遥山指似暮云开。
不愁雪至兼尘至，碧眼袪衣导弁来②。

狼跳河宽五尺盈，潜通海眼接涛生。
埸来断碛惊沙地，耐可鱼龙逼侧行③。

颀霭高峰祖少天，时逢冷瀑复温泉。
松奇石美层层见，千里名山一脉连④。

山北千松青翠稠，山南无草水西流。

---

① 原注：征兵三万，配马十二万匹，择地分厂，委蒙古官兵牧放，以时验其肥瘠。

② 原注：蒙古人名椎者，身不满五尺，双瞳碧色。三十里外，物大如羊，能辨其形。极塞山川，起止名目，靡不备悉，如所尝经。泉伏蒿沙中，既识其处，再至，虽昏夜不失。塞上雪密，为舒里罕，与暴风尘起，皆易迷道。椎在则万无一虑。特赐三品职，宠以英冠军，行则从。蒙古谓经典曰椎，读吹。

③ 原注：狼跳可过，河窄故名。然其深莫测，土人谓通海眼。车马有覆溺者，瞬顷即失所在。

④ 原注：颀霭为喀尔喀境内名山，松多泉美。其最高峰，曰鄂托浑腾格里，译言少天也。山南温泉数处，泉有鱼。产黄石如琥珀，蒙古名胡巴，制为器物，莹透可爱。颀霭绵延千里，或断或续，蒙古人以其所产木石辨之，或连数山，或相间数百里，皆确知某山为正脉也。

移从王会图中看，禹画今知隘九州①。

马头遥映最高峰，雪积冰攒几万重。
更看雪边云起处，两般白共一山浓。

三十三山一脉蟠，中峰特拔冠群峦。
飞泉洒作平湖水，环映山山积雪寒②。

黄尘讵堕鳞千尺，绿玉犹擎角一双。
行到空阴河上望，灵云漠漠水淙淙③。

叶不成团藕不丝，湖光朵朵认琼姿。
将开欲堕无人见，一样风清月白时④。

皮厚斑匀桦树高，丛丛柽柳复荆条。

---

① 原注：颀霭阿尔泰山阴，盛产松榆，山阳濯濯无寸木。鄂尔昆河源出颀霭，图拉河源出韩山，会入厄格色楞河。绕俄尔斯南界，西流与结谛河合，归伯该尔湖。阿尔泰西面之水，皆入额尔齐思河，西流空窝图湖。又万余里，归西海。鄂尔昆，宽阔也。额尔齐思，峡也。峡束如江，为西北第一巨流。

② 原注：阿尔泰之东，有三十三库伯，其中峰特出者，曰汗库伯，犹言祖脉也。下临希尔吉思湖，流泉飞瀑，颇著灵秀。

③ 原注：康熙辛丑六月，信勇公傅尔丹于空阴河北得龙角，长六寸许，短杈，近根坚，绿若玉，奏献之。其地名卢丫素泰。龙曰卢，骨曰丫素，盖向多龙蜕也。空阴译曰渊，蒙古字为空各衣，各衣本一字，读为空阴。

④ 原注：札布韩河西北喀拉湖，产白莲，茎朵亭亭，无异中土，唯瓣厚、无香，叶歧如芡，根似藕，而无节窍，当别是一种。雪莲花，产雪山，叶如蒲，皆以其似莲而名之耳。

弓材箭笴宜频采，又落阴山八月雕①。

纥干冻雀倦飞鸣，鼠穴相依倍有情。
负雀乘暄矜乍见，不知原是舅怜甥②。

不胜绥曳不鞍骑，似马名骡种亦奇。
贤岛深围湖水阔，有生真可脱衔羁③。

慈母湖涵百顷波，穷鳞乞活事如何？
余氛净洗师行地，饮马才争一窟多④。

如是山名毕赤图，度人经字用金涂。
一番雨洗风磨后，犹向层岩礼曼殊⑤。

何年成吉思皇帝，琢石兹山事亦奇。

---

① 原注：塞外山多桦木，纫其皮为屋，并可为舟，容二三人，与荆皮并充弓材。柽柳柔而直，宜为箭茎，箭羽以雕翎为贵。

② 原注：鸟鼠同穴，科布多河以东遍地有之。方午，鼠蹲穴口，鸟立鼠背。蒙古人谓雀为鼠之甥。鼠名鄂克托柰，译曰野鼠，色黄。雀名达兰克勒，译曰长胫雀。陕西渭源县有鸟鼠同穴山，鼠名鼵，雀名鵌。

③ 原注：野骡较家畜者稍大，唯土黄一色。慈母湖之南，有山如椅，名墨尔根西克，译曰贤岛。三面临湖，中多茂草，骡踞为窟，出饮湖水，常百十为群。有豢其驹者，终不受鞍，勒乘之，曾不能成步。

④ 原注：距科布多城二日程，有湖名窝克阿拉里，译曰慈母湖。相传康熙年间，大军征策妄阿拉卜坦，败遁此湖，居经年，所部食鱼为活，因比之为慈母。今王师驻此，北抵阿尔泰山，尚千里，天威所暨，视昔为远矣。

⑤ 原注：毕赤克图，有字之谓也。山在颀霭之南，石壁如削，镌度人经，用古梵书，填以黄金。旁有“毕赤图坝”四楷字，遒整径尺，盖元时遗迹焉。

冠剑若为威远服，雨风犹与濯英姿①。

频疑月夜与霜天，星斗全低毳帐前。
积雪难消烽在望，更于何处避愁眠②？

报恩何日斩楼兰，壮志休嗟绿鬓残。
冷幕相逢杯酒后，呼灯各解佩刀看。

挽强上马雪黏天，十指如槌乍举鞭。
赐出名香不龟药，顿回余暖在鞍鞯③。

称身衣履正寒深，驿到家书复好音。
唤起古来征战士，也应同结感恩心④。

炮声初散晓霜天，阵影旋移令再宣。
万马如云分五色，一旌映日在中坚⑤。

八月金微雪已深，奇兵飞度最高岑。

---

① 原注：北渡科布多河，至萨克里山麓，有石人，具蒙古冠服，相传为元太祖像，以示远国之愿瞻仰者。

② 原注：喀尔喀韩山诸部，夏昼冬夜至六十三四刻，地轴已高，晷影为近，夜帐恒明。

③ 原注：广南巴尔萨油、丁香油，皆能治冻疮，涂手鼻不皲。

④ 原注：征兵之家，寄衣屦，通书问，函重十斤以下，佥旗籍姓名，汇数千函，驿致军中。自古未有之旷典也。

⑤ 原注：合满、汉、蒙古、索伦兵，大阅。

纵横虏境三千里，惊散牛羊不敢寻①。

野焰烝薪座焰釭，山风勃窣上旌幢。
弓刀一道呼名急，碎叶城边夜受降②。

唱罢阴山敕勒歌，归程骑马复牵驼。
遥怜罣碍山边路，犹是孤城阻橐河③。

诸藩帝胄悉边臣，藐尔西羌旧牧人。
善马不知修职贡，大宛无计御强邻④。

西上河流有断沙，蛟鲸聚沫便为家。
他时万马投鞭过，更听嘶声向渥洼⑤。

封狼故碛复生貔，兔窟深深虎负隅。

① 原注：阿尔泰山译曰金山，或云即古金微。极高峻，八月雪齐马腹。定边左副将军喀尔喀王策令遣兵七千，以十一月度阿尔泰，越二千里至额尔起斯，准噶尔部众遁去。

② 原注：兵过阿尔泰山，准夷乞降者数百帐。

③ 原注：科布多河在乌里雅苏泰西北千里，滨河为城，大兵驻此。科布多，箭橐也。阿尔泰山东面之水，皆入此河，与札布韩河合，由爱拉克湖伏流入于乌卜藏湖。爱拉克译曰酸乳，乌卜藏译曰宝藏。橐河西岸，山名推忒呼，为罣碍之义，语本梵经。

④ 原注：准噶尔本蒙古厄鲁特人，元置驼马牛羊四部，分驻西北边，准其牧马部也。今外藩四十九家，多元后裔。准噶尔语言、字画皆同蒙古，而讳言为蒙古人。以此哈萨克在准噶尔之北，与布鲁忒连界，即古大宛国。其人悍鸷，善火枪，来去倏忽，准夷畏之。

⑤ 原注：准酋阻伊里河而居，其河深广，须舟筏乃渡。西路自巴尔库尔军营至其地，二千六百余里，较北路为近。大宛渥洼水，在准夷北界，或云在沙州，盖鸣沙山下沙井之误。

王师贷汝十年死，恶劫凶锋自剪屠①。

紫极新纶下万方，春嘘露渥遍遐荒。
一烽未彻金微戍，忍见萌芽悖太阳②。

畏吾儿部古缠头，烽火连城苦未休。
愿掇葡萄随汉使，年年瓜熟贡伊州③。

大行皇帝挽词四首

雍正十三年八月。

凤纪方重数，龙髯竟莫攀。
哀音闻率土，遗泽诏遥关。
永念承平业，何殊缔造艰。
忧勤十三载，日昃几曾闲。

① 原注：准酋策妄阿拉卜坦，康熙年间来犯边败死。其子策凌袭为台吉，杀其异母弟舒努达瓦策凌二子，嫡子多尔际那木札儿，庶长子喇麻达尔札亦相仇怨。

② 原注：雍正十三年七月，撤兵移驻台米儿。十一月，大将军王奉诏还京，议西北边备，立巡哨阿尔泰山东西，禁准夷游牧。

③ 原注：哈密，古伊吾庐地。唐改伊州，与畏吾儿、土鲁番，皆为回回部。其俗以白氈缠头，为贵酋礼服，故通称缠头。自哈密西至土鲁番城八百里，又西约三千里皆其境。土库察城、阿克苏城，凡十数处，一城多至万余家。其人循分务耕作，锦帛略如内地。产绿葡萄，无核，味甚美。其城民近准夷境者，颇为所侵暴，慕圣朝宽大，咸思内附。循此一路至叶尔奇木为回部远境。在伊里西南，准夷地瘠，人复婾惰，食用皆资于回人。哈萨克亦回属也，由兀良海可通。彼北困强邻，西南尽失其外蔽，则伊里所恃之险，如他犁奇等岭，亦无所用之，当坐见困敝矣。此合西北两路之全势而言之也。

照不遗金镜，权宁假太阿。
神功奠青海，瑞应烛黄河。
鼓舞风雷捷，生成雨露多。
如何回日驭，虚拟鲁阳戈。

传闻大渐日，犹自切边筹。
赤岭初分界，乌蛮旧仰流。
绸缪临玉几，付托重金瓯。
未怅幽寒地，重轮焕九州。

薄植叨殊遇，全家荷洗湔。
许身戎马地，遗恨鼎湖年。
枕甲惭何补，含毫黯莫宣。
月陵松柏路，翘首郁寒烟。

次土木驿，见郭劲草使君《过延庆感部民树石兴讴》题壁之作，即次原韵奉怀

羁情宦梦两俱销，自写新诗慰寂寥。
壁有纱笼知岁月，人从碑字证讴谣。
青山白发今何许？黄叶缁尘且任飘。
万里离怀宽入塞，细徕风韵未全遥。

为舍弟瑾怀作

北塞不知处，滇南万里征。
梦中呼忽起，与子俱有行。

可怜相背飞，焉知鸿雁程。
我际秋风初，一一吹边声。
憯焉念此别，落叶驱风萍。
相思轮四角，相望晨孤星。
何关旧栖归，倦羽远如迎。
奇情敛亥步，壮观回沧溟。
重慰京洛面，兼写晨夕情。
邻屋表高树，凉风满前楹。
余痈戒近出，得酒呼同倾。
试问点苍山，携来几障屏。
我游亦有诉，绝漠难为听。

又

故人麾五马，省兰握馀馨。
蒙睽古何地，白发远不惊。
风波遽失坠，瘴毒无全形。
仲也久不乐，故人恩可铭。
坦夷万里至，崎仄变所经。
念此意萧索，丝绣空尔情。

访麓庵上人[①]

麓庵上人主席平山，因荐赴京，养疾夕照寺数月矣。时余至自军中，将复他往，前一日晤郭劲草知之，同车往访，留连尽暮。盖与师别七年，而离合又并此一日焉。归途诗以志感，遂得四韵三首。

我远能归师下山，相逢幻迹异欢颜。

① 编者按：本诗题目以其过长，改为诗序。此题为编者所拟。

迦陵鸟唱云随路，瀚海鸿飞雪度关。
幸缓尘歧千里去，且回车作一朝闲。
七年世味纷何许？暂得依公麈杖间。

瓶钵千山意邈如，高怀觐近圣人居①。
缓栽昙贝诸天上，妙写金丝一奏馀。
只有维摩能示疾，却教何季肯餐蔬②。
支公健兴殊凡辈，赠我虬文亦异书③。

清凉山径古莲台，听讲听钟月几回。
开士忽教成独往④，浮生未免有馀哀。
天童弟子传衣重，夕照因缘客屐来。
话旧一堂兼话别，郭林宗对共徘徊。

绮亭弟赴龙南任，即扶二亲柩返葬桐城，诗以忆之

年来兄弟各乡关，独尔羁栖籍未删。
那道明珠归合浦，即教攻玉借他山。
君恩定契天心在，官赴能修子职还。
廿载雨风沾薄禄，松楸血泪已难攀。

我亦天涯属鲜民，暂从远塞作归人。

① 原注：师赴京时迂道谒孔林。
② 原注：弟子龚某衣冠从学。
③ 原注：师贻印谱皆名笔。
④ 原注：尊师中洲和尚。

宫衣未脱戎衣重，暮树常遥陇树春。
待与吹篪宽旅抱，旋闻载鹤向江津。
寄书一语为君愿，官好依然客旧贫。

题王甘泉侍御画卷

甘泉二十年前，与同学十二人，分咏花果，因绘所咏为一图。各手录其诗于后者十人，告归者三，未仕者二人。原叙云云。

忆昔驱车关塞路，稽林镇倚松花渡。
林峦千里辅膏舆，韎韐丛区杂泉布。
分明屏翰迩神京，客子何心向戍城。
焉知蓄眼弓刀地，倏尔依人弦诵声。
妇孺翁杖儿童舞，父母吾侪来召杜。
伊谁硕画献彤廷？吴东柱史畀宁宇。
百年生殖启成规，邛筰开疆事总非。
不烦忍土牛羊牧，略似新丰鸡犬归。
经过我亦萍乡客，戍鼓不惊行受牒。
听讴满属召公棠，有愿欣瞻乌府柏。
青箱白简袭清风，朝退萧然一室中。
坐深夕漏章初就，思入停云句尽工。
停云思逊丹葵愿，岂容回首枌榆羡。
金铿玉叩萃嘤鸣，春华秋实图群彦。
廿年中外各芬扬，礼圃书园丽泽长。
餐英自饫高人味，不采依然王者香。
秋容墨采纷群族，晚节非关媚幽独。
五云瑞荫育灵根，君家自有音声木。
鸿名峻业嗣高华，雨露终期万汇加。

颂公之德非浮夸，耕廛乐土籍荒遐。
君不见，平将大漠三秋草，化作河阳一县花。

寄怀石东村盘山二首

犹厌喧多迹近村，恒游地复慕仙源。
曾传此意闻鸿塞，真见斯人住鹿门。
岩畔易成新井臼，云中还长旧鸡豚。
谁知万里思君处，转隔盘阿翠一痕。

山好曾邀谢咏多，当年岩壑意如何。
人琴已痛埋残叶①，尘鞅空知黯逝波。
酒命柴桑邻处士②，花参檐匐病维摩③。
西征幸未君虞老，待我将诗到薜萝。

哭麓庵师④

麓庵师卒于京邸，师于余为物外交，而情契深至。余得以世法哭之，声长词溢，遂积四首，并寄暐公、霞公两师各一纸。

相逢匆匆叹离群，别几何时又哭君。
直作浮生无住著，也愁造物太纷纭。
半生知己尘中泪，百拜高踪杖外云。
惠远书同灵彻句，剩遗篋笥用香熏。

---

① 原注：令兄东溪屡游盘山，曾以霜叶题诗见寄。
② 原注：眉山。
③ 原注：法天禅师。
④ 编者按：原诗题以其过长，故代拟此题，原诗题改为诗序。

清凉古寺昔频游，每罢钟声为下楼①。
江上梅花寒共觅，山中蔌叶晚相留。
虎溪桥外三更月②，燕子矶边片席舟。
送我长淮风雪去，关心破衲伴征裘③。

何心客路问平台，鹫岭孤云去不回。
十纸书残飞絮冷④，双林榻伴旧花开。
可知隋苑钟初度，讵有瞿塘棹即回⑤。
辛苦频年江上寺，见扶龙象出寒灰⑥。

一代宗风叩帝都，唯从夕照坐团蒲。
空知示疾同摩诘，最有精言付曼殊⑦。
定水潜神疑化速，名山旧约觉情孤。
暐兄霞弟渊源在，记得中公座有吾⑧。

《焚诗歌》为石东村作

嗟予与子吟诗癖，掇拾多年作无益。

---

① 原注：师旧为清凉上侍，常暝坐击幽冥钟，则谢不面客，唯余不例。

② 原注：余每至寺辄尽日，师常欢送，（半）〔当作伴〕余归路。

③ 原注：戊申师（朴）〔当作襆〕被同舟至宝应，大雪始返。

④ 原注：师在平山，曾十寄书约余南归。

⑤ 原注：师殁时年才三十八。

⑥ 原注：清凉寺灾，尊师中公构复之，师用力居多。

⑦ 原注：师以文觉禅师召至，即闭关夕照寺。禅师甚相推重，不以弟子畜之。曼殊为世尊友，故以为喻。

⑧ 原注：暐灵、霞外两师，并中洲大师高弟，与麓公为一堂法眷者。

君诗脱手人尽知，每迟予和愁新敌。
石闾兄弟工选体①，放谲乃有黄松石②。
君才掉臂行其间，眉山一老甘避席③。
眉山昔住盘之中，幽回万朵青芙蓉。
高情亦寄盘山迹，从此新诗益倍工。
朝吟暮宿东西涧，唯从冷钵分僧饭。
坏壁微呈虫篆痕，幻来山鬼灯前看。
灯前酒罢独高歌，山空夜永将奈何？
意象之间启窥伺，虚名宁复事揣摩。
不有功业炳日月，复鲜浩气流江河。
何事声音出蚊蚋，坐令岁月成消磨。
千古文章定何似？杜老恒饥李贺死。
冷猿乍啸林霞生，猛虎欲动崖风起，
此时东村意良喜。
对客焚诗客尽惊，无复光英救片纸。
吁嗟呼东村！善为拙，善为工，
嗒焉一笑天地空，敻绝此意将谁同？
我有多篇焚不得，教儿且诵伴衰翁。

题吴翼堂太史《静观图》

九州不可极，寓境即吾有。
波远鸥自驯，叶静蝉相守。

---

① 原注：陈石闾景元，橘洲景忠。
② 原注：黄松石榖。
③ 原注：李眉山锴。

寂寂涧与莛，闻歌识户牖。
江湖近婺光，茅檐宿牛斗。
盱彼远帆人，蓬莱可到不？
褰裳往从之，此意殊不苟。
信美亦云乐，珠宫列蕙亩。
人情惜故栖，那能不回首。
松竹籁高风，冰雪镜纤垢。
俯仰讵有待，去住良亦偶。
披图非陈迹，坐我踌躇久。

后序一

司马子长之述《离骚》，称其志洁行廉，而极之明道德之广崇，治乱之条贯，其言为甚备。论者以为，原遭乱无聊，不能自已，非如后世能文之士，竭心力以供著作，从事于此，而幸其传焉者也。然其二十五篇之中，情至而物芳，辞繁而义苦，无论后之人也，即其弟子宋玉、景差之徒，为之登高望远，临水送归，以自为文则可矣，视原之作，相去为何如耶？刘扬诸人，袭其词而不得其意，拟之反之，为原诟病，于原何损益乎？唯唐杜子美，以五、七韵言，陶铸风雅，得原之意。其生当天宝乱离之际，家国播迁，愁苦堙郁，有所感触，一见于诗，其托意也深，其取类也博。其于文也，直而不疏，丽而不杂。子长之称《离骚》，无少异焉。夫是二子者，遭遇特穷，其心皆不欲以文词自见，乃其所作，成一家之业如此。此固才之过人，而实其人原本自有所不可及也。世之艰饥、羸寒、蒙难、抵厄、捽抑无告，穷矣而不能文，文矣而不能传，传矣而不能大且远者，是岂不系其人耶？

吾师宜田先生，少更患难，从其先人羁栖塞上，凡二十年。斯人之奇穷，自古之难处，其与左徒之在江潭，拾遗之居同谷，孰难易焉？而先生系怀君父，流连友生，恻然一出于忠孝，作为诗歌，恢奇深厚，浸入于前古。盖其本原之地，有大过人者。不求见于文，而文已传。推此意也，虽奴仆命骚可也。嗟夫！夫古人之穷，或终其身而不息。而今先生已致身通显，其所遭遇，前后若出两人。是天所以成先生之奇，而益不可以穷达论先生矣！先生家多名人，祖孙父子之间，渊源有自，而多穷于遇。今其诗具在，先生刊而行之，以其少作，附存于后，不自别异者，盖有小宛念昔先人之意焉。嗟夫！是不可感也耶？先生集凡有名者十数种。自出关至从军，皆自为之序。光受而读之，抑塞感激，泫然不知涕之流落也。于是以有古穷人之说，以白于先生，当寓言之意。若以此为论次先生之诗，则浅之乎言先生已！乾隆十有八年太岁在癸酉四月八日受业仁和顾光谨序。

后序二

才不巨不能发造化之微，遇不艰不足彰性情之至。故文章如李杜，则三才万象尽见端倪；原本出风骚，斯孝子忠臣并遵轨则。迁流百代，屈指几人？泥古者肖貌求声，谁复空诸依傍。炫俗者标新领异，曾何裨于兴观。惟公间世而生，得天者厚。桐山钟阜，地兼吴楚之灵；玉树琼芝，门掩郗王之秀。论家学，则书诒丁觊，卷至八千；擅文名，而赋拟陆机，年才二十。胸中武库，早知万甲能藏；手底蚕丛，真似五丁独辟。属门庭之多故，遂险阻以备尝。重闱侍毡雪之乡，双踵策风沙之路。间关负米，马头生角以何年？薄幕呼灯，鼠穴乘牛之入梦。身同鹤骨，炼冰雪以逾坚；色映鸢肩，表风尘而直上。无何宗王授钺，幕府谈兵，朝为韦布之儒，夕拜丝纶之命。金微连紫塞，那知堕指寒深；玉帐枕雕戈，只觉酬恩气壮。师占贞吉，雅歌而穆醴还陈；烽报平安，磨盾而班铭载作。坐使欃枪之气净扫遐边，归依日月之光洊通显籍。枢机密勿，家声联四叶薇香；简要清通，人望属一厅藤荫。不数稔而旌麾自致，武纬文经；以一身而水土兼资，皋飏益赞。惟遭逢之旷绝，兼根柢以盘深，故其激宕为声诗，实可陶镕乎品汇。金元迹古，霜笳共铁马齐鸣；燕赵歌悲，渐筑与雍琴迭奏。一览众山俱小，烟光遥点齐州；三秋万弩争开，潮信初回江上。题壁吊青莲学士，月拥蛾眉；登楼招黄鹄仙人，花翻玉笛。鱼龙夜水，添来绕笔惊涛；兰芷春风，并入盈囊碎锦。盖才多而善用，十万可将于淮阴；亦气盛无不宜，八九真吞夫云梦。若夫侧身天地，结念君亲。风雨泣梁山，衔索抱曾参之痛；江湖怀魏阙，搴芳萦屈子之思。遭□道兮曷归，憯予家而遑恤。书传雁碛，几回对月思兄；梦隔鸰原，尽日看云忆弟。历历大雷之景，依依采石之情。仰慈荫以靡瞻，俯悲泉而忽涌。推其友爱，及尔交亲。葛藟思庇其本根，松柏贞盟于晚岁。石曼卿蓉城已化，契若平生；陶渊明莲社来游，情深方外。酹酒桥君之墓，偕辽鹤以同悲；分瓢支遁之林，指海鸥而独笑。穷达不渝其素，性天弥见其真。乃其束腹高吟，心殷饥溺；褰裳问渡，志切澄清。谱蚕事于卌章，豳风可绘；纪军容于百首，王会成图。此皆政学所见端，遂为古今之绝调。裒前后廿年八集，寿金石以长存；合祖孙三世一编，信渊源之有自。凤孙窥同萤照，学类蛩吟。念蓬梗于当时，谙知辛苦；预铅黄于此日，粗识指归。讵云馀事作诗人，真觉斯文若元气。佐虞帝挥弦而理，益奏九功惟叙之歌；从卫公削简以须，还裁一品会昌之序。东吴后学张凤孙拜手谨序。

龙沙纪略

方式济

方　隅

边荒沿革，传闻异辞。黑龙江尤为绝域，古史书而不详。盛朝大一统之化，方隅日广。余备极搜讨，得梗概焉。盖自奉天过开原，出威远堡关，而郡县尽。外有七镇：曰稽林乌喇、曰宁古塔、曰新城、曰伊兰哈喇，属宁古塔将军辖；由新城之白都纳，渡诺尼江而北，曰卜魁、曰墨尔根、曰艾浑，属黑龙江将军辖。皆在奉天府东北。

《广舆记》载：沿脑温江上自海西，下至黑龙江。按：后魏有黑水部，唐有黑水府，府治在今开原县。而今之稽林、宁古塔、新城隶焉。以黑水名者，因黑龙江尾也。黑水部四至无考。今脑温江在蒙古境内。

卜魁，站名，土人谓驿为站。在新城之北八百里，距七站。或曰大力人为布枯，曾有布枯居此，故名，今曰卜魁，误也；或曰有达呼里人名卜魁，耕于此；或曰元置军民万户府五，一曰孛苦江，今卜魁枕脑温江，而孛苦江未知所在。旧站去城十五里，地名齐齐哈喇，立城后移站于城，城因站名，官文书皆称之。

墨尔根，河名。镇城依河西，在卜魁东北四百二十里，距六站。相传康熙初年，掘井得石，有“莫来耕”三大字，系唐年号。余按：唐疆宇不及此，且非诰诫勒石语也。

艾浑，在墨尔根东三百四十里，距五站。一名艾浒，言可畏也。镇城在黑龙江西岸。江之东有旧艾浑城，相传元黑龙卫城也。自镇城西北千一百里，为雅克萨城旧址。过此而西又千余里，今边界立有界碑。

按《舆表》，黑龙江将军境，东至海五千里，西至喀尔喀界一千八百里，南至松花江八百里，北至俄罗斯界三千里，据卜魁言也。其言松花江，指白都纳之左与诺尼交会处。俄罗斯自西北袤延至正北，为地甚广。今界碑在西北昂班格里必齐河之东，而北有山为限。

考四境，元时尽隶版图。明代皆蒙古、席帛、达呼里、红呼里、索伦散处之。国朝之初，悉归附焉。后俄罗斯侵入境内，筑城曰雅克萨。又顺黑龙江而南，据呼麻拉。康熙二十三年，上命宁古塔副都统萨布素，率舟师由松花江溯黑龙江上流伐之，彼自呼麻拉退保雅克萨城。大兵于艾浑立城，与之相拒。康熙二十八年，围雅克萨城，攻之急，彼遣使间道诣阙吁请。命解围，听其去，而雅克萨城废。西距千余里立界石，艾浑遂永为重镇。以萨布素为黑龙江将军。从征军士，自宁古塔迁妇子家焉。复于墨尔根设参领，卜魁设副都统，分兵为协镇。康熙三十二年，萨帅以墨尔根居两镇间，首尾易制 ，奏请移节，而艾浑改驻副都统。康熙三十八年，复以墨尔根地瘠不可容众，奏移卜魁。而墨尔根增置副都统。今将军仍称黑龙江者，沿艾浑立官之始也。

俄罗斯，古大食国，历今一千七百一十余年。元太祖与其弟分收地，其弟灭俄罗斯，即以封之，曰察罕汗。白为察罕，汗即可汗之称，国仍旧名。元入中土，沿脑温江、黑龙江置驿，岁与察罕汗通问慰，江岸残址犹有存者。其王都曰脱博斯奇城，近边曰泥扑处城、色楞额城、尼尔苦斯城。尼尔苦斯有总管驻守。入通市者，皆泥扑处人，别其种曰罗刹，误老枪，又误老羌。

卜魁城之南，诺尼江以东，通铿河以西，蒙古杜尔伯特地。

《舆表》云："杜尔伯特，东至黑龙江将军界一百四十里，西至札赖特界三十里，南至郭尔罗斯镇国公界一百四十里，北至索伦界一百里。

杜尔伯特以南至松阿里江北岸，蒙古郭尔罗斯地。按《舆表》：郭尔罗斯，东至杜尔伯特界八十里，西至本部辅国公界一百四十里，南至乌喇将军界一百四十里，北至杜尔伯特界一百二十里。盖杜尔伯特地象曲尺，与郭尔罗斯错，故东、北皆倚也。

卜魁城西渡诺尼江，蒙古札赖特地。《舆表》云："札赖特，东至杜尔伯特界三十五里，西至郭尔罗斯镇国公界二十五里，南至郭尔罗斯辅国公界一百五十里，北至色衣铿山无交界。"余按：西至当是科尔沁镇国公界，郭尔罗斯似误。《舆表》载："科尔沁镇国公地，东至札赖特界"可证。

黑龙江以南，拖心河以北，诺尼江以（东）〔应作西〕，鄂尔姑纳河以东，八围人索伦地。

黑龙江以北，精奇尼江源以南，虞人鄂伦春地，其众夹精奇尼江以居。

鄂尔姑纳河以西，枯轮海以北，鄂罗斯虞人地。

枯轮海以南，喀尔喀河以西，巴尔虎地。

山　川

卜魁以南至新城，数百里皆平漠。其三面之二百里内亦无山。过此，则岩峦环叠，多从兴安岭发脉。而溪涧陂湖之水，潆洄于境内者以数百计，皆蒙古名，莫晓其义。最大者三江：黑龙、精奇尼、诺尼也。宁古塔属之松阿里、乌苏里二江，与诺尼、黑龙会为混同，而受境内诸支流，故并纪之。江曰乌喇，河曰必拉，湖曰诺罗，海曰鄂模。

黑龙江源，《明一统志》云："出北山。"《盛京通志》亦只云：

“出西北塞外。”今按：江源出俄罗斯境，其上游为敖嫩河。敖嫩源出阿母巴、兴安诸山之南，东流六百里与科勒苏河合，又东北八百里受众流为黑龙江。北会泥扑处河，经泥扑处城东又三百余里，北流至昂班格里必齐河界碑，入我境。东抵察哈盐峰，凡一千五百余里。复东南流六百里，经多斯峰、呼麻拉故墟之间，至额苏里与精奇尼江合。其合处，犹未至艾浑数十里也。

过新艾浑城东门，稍东南流，经拖里尔峰、博枯里山西北，至苏尔喜峰之北，又折而东，经茂峰、峪木之间，至叶尔白黑河，与松阿里江合。西北视艾浑城，已千里矣。

江在俄罗斯境内，河之自西而东入江者九：曰巴尔稽、曰阿哈楚、曰他尔巴哈泰、曰图鲁泰、曰他拉巴尔集、曰特楞、曰俄克硕、曰俄伦、曰昂依德。河之自南而北入江者三：曰扑拉诃集、曰图里格、曰温多。

其自界碑横而东也。河之由西北而南入江者九：曰阿集格格里必齐、曰卓尔克齐、曰昂班格里必齐、曰俄罗、曰倭尔多昆、曰乌里苏、曰博伦穆达、曰额尔格、曰必勒覃也。自南而北入江者四：曰鄂尔姑纳河、曰末河、曰厄牧勒河、曰旁库河。鄂尔姑纳为俄罗斯界河，故其名独著。小河汇此而入江者十有一：曰依木、曰牛耳、曰墨里儿肯、曰特尔布尔、曰根、曰开拉里、曰伊密、曰特纳客、曰魁、曰莫勒根、曰札敦。而伊密、特纳客、魁、莫勒根、札敦五河，又汇于开拉里以入鄂尔姑纳达于江。

枯轮海，周匝千里。在黑龙江之南、开拉里河之左。其南有乌里顺河、乌阑泉及俄罗斯之克鲁伦河，皆北来汇于此，由鄂尔姑纳达江。克鲁伦河发源之山与黑龙江源阿母巴兴安，南北相望，亦大川也。

枯轮海东南八百里内，又有噶尔必海、乌阑海、市育里海，以受南北山之水。其支河七：曰阿母巴哈尔浑、曰伊阑色模、曰喀尔札布鲁克图、曰诃尔诃齐、曰西巴拉泰、曰呼鲁思泰、曰喀尔喀。各以距三海近者入之，而仍由乌里顺河北注，以枯轮为归宿。

江自察哈盐峰而南也，至呼麻拉城始有支河。曰呼麻拉河，由西北入也。其汇入呼麻拉之小河四：曰他哈、曰呼集里、曰窝勒科、曰呼兰。其发源多斯峰下者，有河曰模林；发源阿拉尔山下者，有河曰墨勒尔，由东北入也。斜与墨勒尔相对，由西北入者曰枯丁河。又新艾浑城之前，曰昆河。博枯里山麓，曰孙河。入孙河汇流者曰占河，皆由西北入。又朱德赫山发源者，曰墨里尔克河。图勒尔山发源者，曰博吞河。皆由东北入，与孙河相(射)〔当为对〕。

江自苏尔喜峰复折而东也。峰之左，曰牛满河，峰之右，曰哈拉河。又茂峰之左，曰吉林河。茂峰之右，曰枯木奴河。又有朱春河、枯育鲁河、苏鲁河、必占河，由东北而入江者八也。又卧龙旗河、五耳噶尔河、西林母地尔河、西鸦蛮河，汇牛满以达于江者也。与牛满斜对，曰扩尔芬河。过此又有五音河、嘉里河、富河、债河、叶尔白黑河，由西南而入江者六也。

《盛京通志》云："黑龙江即萨哈连江。萨哈连者，黑也。"《金史》云："混同江，一名黑龙江，水微黑。"考混同源出长白山，旧名粟末江，辽改为混同江，土人呼松阿里江。《金志》误"宋瓦"，又传误"松花"。其流自南而北，黑龙江自北而南。其与黑龙会，历二千五百里之遥，则两江不得混称，明矣。松阿里江北与诺尼江合流，折而东北受黑龙江，又南受乌苏里江，汇注于海。因其纳三江之大，故名混同。则其上游未会于诺尼，仍当称松阿里江也。金祖伐辽，将攻黄龙，次混同江，无舟楫，乘赭白马竟涉。世宗大定二十五年，封混同江神，立庙致祭，盖坤灵所钟，由来旧矣。

精奇尼江。《盛京通志》不载。精奇尼，形容之词，如云"诚哉"是也。江源出境内极北之山，在察哈盐峰之北将及千里。江形如弓，东南流八百余里，合西里母低河。复折而西，三百余里，至额苏里，与黑龙江合。

河之自西北而东南入于精奇尼江者二：纳尔赫苏希河、拖喀河也。自东北而西南以入者十有七。最大者曰阿尔集、曰宁尼、曰西里母低也。其小河由阿尔集以达者：额尔格也、乌能也、乌拉喀也。由宁尼以达者：勤都也、帖牛也。由西里母低以达者：阴铿也、毕沙也、阳奇尔也、那拉也、鄂尔模尔科也、木黾也、翁额也。外此，曰乌尔格、曰托莫、曰贝敦。乌尔格与江发源一山，双汊并下，不百里而合。托莫、贝敦发源于都立奇山，后迤逦以入，而江将尽矣。

诺尼江即脑温江。《盛京通志》作诺尼，蒙古谓脑温为"碧"。诺尼，意同。今呼嫩江。《明一统志》云："源出西北边外，不可考。"盖江之在明为瓯脱，而《一统志》载之者，第指其与松阿里合流处，故不知其源。今按江源出宜呼尔山，山在黑龙江之南、兴安岭下。江流自北而南，经查克达奇山之东，额勒克尔山之西，循墨尔根城北门，复稍转西下，抵卜魁城西门。凡一千四百余里，与松阿里江合。

河之自西北而东，注诺尼者十有八：曰东郭罗、曰喀挐、曰孤垒铿、曰讷都儿、曰多布科尔、曰讴铿、曰甘河、曰鸡窝儿、曰努敏、曰必腊、曰格尼、曰阿伦木、曰枯尔奇鲁、曰枒儿、曰机勤、曰哈岱坎、曰拖心也。东郭罗发源于兴安岭，与江源斜并。遥望水光夹泻，近接宜呼尔山，故误谓诺尼两源并出也。至诸河互有支干，鸡窝儿由甘河达江；必腊、格尼由努敏；机勤由枯尔奇鲁河；哈岱坎由枒儿河，拖心由绰尔河。

河之自东而西入诺尼者十有二：曰纳玉儿、曰喀鲁儿、曰倭多、曰密奇尔、曰墨陆尔、曰木讷尔、曰诃鲁尔、曰墨尔根、曰罗拉喀、曰讷木尔、曰塔葛尔也。密奇尔由墨陆尔达江；木讷尔由诃鲁尔达江；罗拉喀由讷木尔达江。又，纳玉儿、喀鲁儿之间有湖，曰依克车勒克奇湖，不通江。

境之南界，松阿里江发源长白山。北流四百余里，经稽林镇城之东，又西北流二百里，出法塔哈边、折而西，绕白都纳城南、西、北三面，凡三百余里与诺尼江合。其上游之支河不具载。自合诺尼，东北流一千六百里，北会黑龙江。又四百里南会乌苏里江，是名混同江。江之南属宁古塔，其北为境内地。河之自南而北入江者六：曰拉林、曰阿尔褚库、曰非克图、曰奇普拉、曰马淹、曰呼拉哈。西北入江而流长者，曰亦肯河。其小河由亦肯以达者曰希非勒、曰博诃里、曰发儿图浑。又有敖乾河、音达母河、阿母巴河，皆西北流以入焉。河之自北而南入江者，曰呼轮河。其小河之由呼轮以达者，曰通铿、曰纳民、曰额浑、曰额集米、曰呼拉库。其呼轮以东，河之南汇于江者，曰硕罗、曰富特库、曰木淋、曰阿集格富拉浑、曰昂班富拉浑、曰西林、曰昂班乌那浑、曰西帛、曰昂班呼特亨、曰巴兰。江之北三百余里有团海，发源汪涉。出坎，汇小河十有三，东达于江。曰乌莫卢、曰哈木奇、曰依春、曰查里、曰必罕、曰窝集、曰活、曰吞、曰洪鸟、曰木孙、曰图、曰哈罗、曰阿西克滩。

乌苏里江发源西噶塔山之北，在宁古塔之东千余里。历千二百里，北与混同江合。将入之数十里，东西歧而为二。自是东北流。合黑龙、精奇尼、诺尼、松阿里、乌苏里五江之水，历千余里入海。此千余里内，河之自北而南汇入者二：曰奇母尼、曰枯鲁。河之自西而东汇入者十有九：曰努雷必儿特、曰克赤、曰富达儿他拉哈、曰莫儿奇他拉哈、曰格林、曰勾根、曰科儿古、曰卓罗、曰多林、曰赤克图哈、曰必占、曰犀陈、曰梅枯、曰亨滚、曰齐林依、曰喀图米、曰约米、曰里赤、曰法特海。其由格林河以达者，为朵索米河；由亨滚河以达者，为哈达乌尔河、厄米勒河。河之自东而西汇入者二十有三：曰敦敦、曰巴拉儿、曰必儿古、曰由特、曰哈尔集、曰希拉河、曰粘达哈、曰合里、曰刀湾、曰希儿巴希、曰讷母登忒、曰敖梯、曰约民、曰葵马、曰夏里、曰马哈儿赤、曰赫勒里、曰发停、曰器宁、曰阿科起、曰巴喀、曰敖达里、曰科齐。按：黑龙江发源俄罗斯境，自西至东凡七千余里。精奇尼江源以南，松阿里江源以北，南北凡三千余里。百谷万派，莫不循度，朝宗、重润之庆，车轨斯同。诚哉！王会之大观也。

兴安岭，一曰新安岭，或曰葱岭之支络也。盘旋境内数千里，襟带三江之左右，为众流发源。由卜魁至墨尔根、艾浑，置驿岭上。巡边者渡诺尼西北数百里，则陟降取道。松柞数十围，高穷目力。穿林而行，午不见日，石色斑驳，若赵千里画幅间物，有石洞，洞中几榻天然如琢，行者辟草得之，藉少憩焉。

察哈盐峰，在黑龙江东北隅。山形如剖璧，面西南，背东北，峭削千寻，根插江底。土色黄赤，无寸草。腰亘两带，深黑，火光出带间，四时腾炽不绝。大雨则烟煤入雨气中，延罩波上。巡边者舟过其下，续长竿取火为戏。两带相去数丈许，竿止及下带也。山背万木葱郁，蓝翠异状，虽穷冬不凋。

经　制

卜魁，将军、副都统各一员。统八旗。旗各协领一、佐领五、防御一、骁骑校五。火器营参领一员，值训练，八旗量拨官佐之，无定制。先锋营佐领二，选于八旗，非特设也。墨尔根，副都统一员，八旗共协领四、防御二。旗各佐领二、骁骑校二。唯镶蓝旗佐领、骁骑校各一。无火器营，而先锋营如卜魁制。艾浑，副都统一员，协领与墨尔根同。旗各防御一、佐领三、骁骑校三。火器营统于卜魁参领，训练如卜魁制，先锋亦然。

卜魁，兵二千有四十。满洲、汉军暨索伦、达呼里、巴尔虎充之。艾浑，兵一千二百，无巴尔虎，余同。墨尔根，兵九百，皆索伦、达呼里人。三城佐领，满洲二十有九，又灰鸦拉别部籍入满洲者，佐领三。索伦十有一，达呼里二十有八，巴尔虎四、汉军六，计八十一员，分辖其众。岁于九月大阅。

卜魁，户口二万有二十七。墨尔根，五千七百三十八。艾浑，一万三千有二十四。汉军、达呼里、巴尔虎兵役以及站丁、黥奴，皆与焉。商贾往来无定，亦立册以稽。

三镇二十驿，各千总一、笔帖式一、丁三十名、马三十四、牛二十头。管驿官二，各司十驿。一驻卜魁、一驻墨尔根，土人称为站官。

卜魁，水师营总管一、四品官二、五品官一、六品官二。四品、五品、六品者，犹之佐领、防御、骁骑校也，皆汉军为之。艾浑，官制同，而统于卜魁总管。水手皆流人充役，卜魁，三百一十九；艾浑，四百二十七。流人渐多，或老懦者，则输费正役，曰帮丁。水手食兵饷之半，故一正予一帮。

战舰百。隶黑龙江者六；隶诺尼江者四。篷桨贮水师营库。八月，将军、副都统率水师扬旗鸣钲鼓，使风于中流，凡三日。

战舰五年大修，十年拆造。就材稽林，故稽林又名船厂。凡几案瓿罂之属，皆附船致之卜魁、艾浑诸城。

卜魁、艾浑官庄各二十，墨尔根官庄十一。庄二十夫，夫输谷十石，准制斛三十石。草五百束，岁歉则计分以减。今贮仓者，卜魁积十二万石，墨尔根、艾浑各三万石。卜魁初立城，值岁饥，将军沙纳海，尽发仓谷以赈，并拨附采珠船以济布塔哈乌喇。引罪入奏，议于来岁屯种还仓，请敕蒙古助牛力。上允其请，温语褒之。边人至今感述其事。

索伦，本名索莪罗。地产貂，以捕貂为役。居地详“方隅”。分八围，共四千九十余人。就用其人为佐领六十九员辖之。更设乌和里大、依里奇大统焉。乌和里大犹总尉也，依里奇大为副，皆八旗人。其在城之索伦兵七十余人，则初设镇时收入八旗者，

不在八围之内，亦不应捕貂役。

达呼里，索伦属，俗误打狐狸。语音与蒙古稍异，间杂汉语，当是元代军民府之遗。索伦、达呼里诸部，涵沐圣化，贡身朝廊，近颇以材武自表，见有为近侍者，边人荣之。

三城兵籍，达呼里居数之半。卜魁：满洲兵五百八十一、汉军二百二十、索伦七十四、巴尔虎二百四十、达呼里九百二十五。艾浑：满洲兵五百八十、汉军一百二十，索伦与达呼里共五百。墨尔根：索伦与达呼里共九百。

巴尔虎者，喀尔喀中之一部也。居地详“方隅”。其戍此者，阑入俄罗斯境。大军征俄罗斯，来归，遂编入旗。今充兵者二百四十人，即以其人为佐领。

三城军器之散在兵者，以时修补，新旧相授受。火器贮官库，操练时出之。

卜魁官马千，牛千，羊万。岁计其孳息，均赏三城军卒。墨尔根、艾浑各遣人来应打草役，皆腰长镰，著桦皮冠。

五月，三城各遣大弁，率百人巡边，至鄂尔姑纳河。河以西俄罗斯地。察视东岸沙草有无牧痕，防侵界也。往返各五六十日。卜魁往者，渡诺尼江，指西北，过特尔枯尔峰、兴安岭，涉希尼客河、开拉里、依木等河。草路弥漫，无辙迹，辨方而行。刳大树皮，以识归路。墨尔根往者，亦渡诺尼江西北过兴安岭，盘旋层嶂中，其路径为易识。艾浑往者，从黑龙江溯舟北上，折而西，过雅克萨城故墟，至界碑。路多蜢，如蜂，其长径寸，天无风或雨后更炽。行人尝虚庐帐以纳蜢，而宿于外。帚十数齐下，人始得餐。螫马、牛流血，身股尽赤。马轶，觅深草间，见蜢高如丘，知其必毙，弃不顾矣。囊糇粮于树，归时取食之。近颇为捕生者所窃，乃埋而识之。渡河，伐树为筏。马泅水以过。俄罗斯居有城屋，以板为瓦，廊庑隆起层叠，望之如西洋图画。耕以马，不以牛。牛千百为群，放于野。欲食牛，则射而仆之，曳以归。边卒携一缣，值三四金者，易二马。烟草三四斤，易一牛。

秋尽，俄罗斯来互市，或百人，或六七十人，一官统之，宿江之西。官居毡幕，植二旗于门。衣冠皆织罽为之，秃袖方领，冠高尺许，顶方而约其下。行坐有兵卒监之。所携马、牛、皮毛、玻璃、佩刀之类，易缣布、烟草、姜、椒、糖饧诸物以去。俄罗斯来文二函，一彼国字，一蒙古字，贵官与商贾名悉载。康熙丙申岁来文称“察罕汗一千七百一十六年”。盖溯自有城郭人民始也。署衔，具先代官职于前，重世禄也，将军以其文达兵部、理藩院。

出尔罕者，兵车之会也。地在卜魁城北十余里。定制于草青时，各蒙古部落及虞人胥来通市，商贾移肆以往。艾浑、墨尔根屠沽亦皆载道，轮蹄络绎，皮币山积，牛马蔽野。集初立，划沙为界。各部落人驻其北，商贾、官卒、游人驻其南，中设兵禁。将军选贡貂后始听交通，凡二十余日。

貂产索伦之东北。捕貂以犬，非犬则不得貂。虞者往还，尝自减其食以饲犬。犬前驱，停嗅深草间，即貂穴也。伏伺噙之，或惊窜树末，则人、犬皆息以待其下。犬惜其毛，不伤以齿，貂亦不复戕动。纳于囊，徐俟其死。人岁输一于官，各私识毛色，汇佐领处。五月，将军至墟场，选以贡。凡三等，官给价有差。不入等者，听鬻。

红呼里，索伦属，俗误红狐狸，应捕貂役，隶八围之内。

鄂伦春，与俄罗斯接壤，隶籍者五百六十五人，十佐领辖之，输貂如索伦制。

混同、诺尼诸江汉产珠。布塔哈乌喇岁有打珠船来，采以贡。有珠之河，水冷而急。以大船夹葳瓠，植篙透底，数人持之，泅者负袋缘篙而下，得蚌满袋，贮葳瓠中，官督剖之，未成珠者仍弃于水。私采之禁，等于剮参。葳瓠，独木舟名。

打鹰，流人役也。人岁输二鹰，以海青、秋黄为最。贡无定数，多不逾二十，常倍备之，以防道毙。艾浑、墨尔根各三十架，送卜魁将军汇选之。

江冰始猎。参领以下猎雉，将军猎野彘于通铿河，备贡数。通铿，蒙古地，先期移文告之。

正月雪后，黄羊乃大集。水师营率水手步猎之，梃击辄中。

筑城不以土，视隰地草土纠结者掘之，尺度如墼，曰垡块，厚数垡，高不盈丈，圮则按地分旗，饬兵修之。

时　　令

四时皆寒。五月始脱裘。六月昼热十数日，与京师略同，夜仍不能却重衾。七月则衣棉矣。立冬后，朔气砭肌骨，立户外呼吸，顷须眉俱冰。出必勤以掌温耳、鼻，少懈则鼻准死，耳轮作裂竹声，痛如割。土人曰："近颇称暖，十年前，七月江即冰，不复知有暑也。"

墨尔根，山城，寒益烈，卧炕必为通夜之火。更设大炉，燃薪于侧，焰甫尽，则寒气入室，卧者惊而起矣。数益薪，始及旦。

春月多风，四月下旬草始芽，间亦早茁，而漠风乍寒，辄复槁。牧马，届五月，乃能饱啮也。

雪有迟早，卜魁常在八九月，艾浑八月，墨尔根七月。

雪不必云也，晴日亦飞霰。或皎月无翳，晨起而篱径已封，旭光杲杲，雪未已也。

雪化，檐无垂澌。偶悬三五寸，群以兹卜丰岁。

积雪在地，气暖则潜消，而无流溢。视所积日益耗，而其坟然向日者，仍坚凝如故也。

冬月，窗壁挂冰皆满，疏棂间，如饰晶玉。午后窗暝，不能作字，火炙之，与纸俱落。春暖乃自消。盖铛灶嘘气所积也，空室则否。

秋分之后，微霜以降，著花减色，名为甜霜。更十余日，一霜而百卉皆尽，如出汤釜，是名苦霜。

九月，地皮裂。

望后，月上时，与中土异，日落月随上也。廿二三如中土十八九时。

南风则雨，不雨亦阴晦。北风晴。

风　　俗

族类不一，客民尤夥。兼以黥徒岁增，桀骜未化，颇称难治。幸法严无所逃，尚畏詟不敢肆耳。官廨文案，防检甚疏，而无敢为奸弊者，又其风之近朴也。

一夫力作，数口仰食而有余。而炊饪、浣汲、舂碓之事，妇女并习勤苦。故居人置奴婢，价尝十倍于中土。奴婢多者为富，以其能致富也。

各部落聘妇，例纳牛马。其远者、贫者，或挽媒定其数，先以羊、酒往，如赘婿然，待牛马数足而后归其夫焉。夫将老，终不能给，惭而去，亦听之。其女及所生，终其身于母家。近亦稍除其旧俗矣。

鄂伦春妇女，皆勇决善射。客至，腰数矢上马，获雉兔，作炙以饷。载儿于筐，裂布悬项上。射则转筐于背，旋回便捷，儿亦不惊。

索伦人以射猎为生，挽弓皆逾十石。尝自缚于树，射熊、虎，洞身，曳之而归。尤善蹑踪，人马有亡失者，踪之即得。越数百里而知踪之离合，且能辨其日次，亦异能也。

上元赛神，比户悬灯。岁前，立灯官，阄屠侩名于神前，拈之。锁印后，一方之事皆所主。文书可达将军。揭示有官假法真之语。细事朴罚唯意。出必鸣金，市声肃然，官亦避道。开印之前夕，乃自匿去。

腊月八日，达呼里、红呼里男妇并出，猎兔取脑，为速产之药。

除夕，悬弓矢门枨间。相传我太祖皇帝曾于除夕克强敌，帝业由此以成。诸属国艳颂之，遂沿为俗。

降神之巫曰萨麻。帽如兜鍪，缘檐垂五色缯条，长蔽面，缯外悬二小镜，如两目状。著绛布裙。鼓声阗然，应节而舞。其法之最异者，能舞马于室，飞镜驱祟。又能以镜治疾，遍体摩之，遇病则陷肉不可拔，一振荡之，骨节皆鸣，而病去矣。

多魅，为婴孩祟者，形如小犬而黑，潜入土埢，唯巫能见之。巫伏草间，伺其入，以毡蒙突，执刃以待，纸封埢门，燃灯于外。魅知有备，辄冲毡而出，巫急斩之，婴顿苏。妇著魅者，面如死色，喃喃如魅语。昼行有小犬前导，巫亦能为除之。

病家束草像人或如禽鸟状，击鼓作厉词以祭，喧而送之，枭其首于道，曰逐鬼。

东北边有风葬之俗。人死，以刍裹尸，悬深山大树间，将腐，解其悬，布尸于地，以碎石逐体薄掩之，如其形然。

失马，则亟注毛齿，闻于官。得马者不敢匿，当官归之，酬以匹布。

马病，燃草于路，牵马侧立，口呭呭作咒词。

饮　　食

三城之地，艾浑为腴，产粟、黍、大小麦。墨尔根产糜、秅麦。卜魁土最瘠，唯产糜。糜似小米而黄，即稷也，关西谓之穄。夏秋间，以未脱者入釜，浅汤熟熯，暴以烈日，焙以炕火，砻而炊之，香软可食。冬则生砻，香稍减。

秅麦，麸厚而粗，即燕麦也。其实下垂如铃，又名铃铛麦。

卜魁人曰：移镇之初，此为常飧。购糜不能盈石，价倍今之稻米，十年内始种糜。而铃铛麦从墨尔根来，仅以饲牛马，间取作粥。斗得粒三升，颇香滑，多食作气。达呼里贵之，以其易饱也。

稻米甚贵，贩自沈阳，用以待宾客，食病者。

三城并产荞麦，甘香如雪，宜糕饼，中土所未得有。

卜魁四面数十里皆寒沙，少耕作。城中数万人，咸资食于蒙古糜田。蒙古耕种，岁易其地，待雨乃播，不雨则终不破土，故饥岁恒多。雨后，相水坎处，携妇子、牛羊以往，毡庐孤立，布种辄去，不复顾。逮秋复来，草莠杂获。计一亩所得，不及民田之半。窃见国家立官庄，给牛、种，一兵卒之力，岁纳粮十石，则地固非瘠，而力亦可用。今流人之赏旗者，且倍于兵。依而行之，则岁征粮不啻万计，而桀骜之辈，使皆敛手归农，又策之至善者。守土者，宜亦计及此也。

茶，自江苏之洞庭山来，枝叶粗杂，函重两许，值钱七八文，八百函为一箱。蒙古专用和乳，交易与布并行。

扫土为盐，味稍苦，色黑。去卜魁东西各百余里，地名喇嘛寺产此，三城皆食之。白盐则来自奉天。

黄米，酿米儿酒，阅日而成。糜亦堪酿，味甘而薄。祀神用之，取其速成而洁，有醴酒之遗意焉。

艾浑产苏子。榨油，南人食之辄呕，久乃可尝也。

东北诸部落未隶版图以前，无釜、甑、罂、瓿之属。熟物，刳木贮水，灼小石，淬水中数十次，瀹而食之。商贾初通时，以貂易釜，实釜令满，一釜常数十貂。后渐以貂蒙釜口易之。三十年前，犹以貂围釜三匝，一釜辄七八貂也。今则一貂值数釜矣。

卜魁西北二百里，山崖松、柞蓊郁。江冰后，作炭者乃往，故值贱于冬。

贡　赋

贡莫贵于貂与珠，已载之“经制”。其黄羊、野彘、雉、鹿之获于野者，作边土之物贡，宜矣。至于尽其土实，厥篚惟错，纳于王家，虽蔗节桴苡之微，并宜志怀方之盛焉。

海青即海东青，出辽东，鹰鹘之最俊者。《明一统志》云：“小而健，能擒天鹅。”今出黑龙江左右。

鹖鸡，雉属，出艾浑深山中及札赖特地。雌者毛色若灰，雄若浓靛。讹呼黑鸡，岁捕生者入贡。

遮鲈鱼，类白鱼而首锐无骨，味若鲈。一名赭鲈，一名细鳞。岁贡百尾，九月栖江滨，捕而畜之。

欧李子，柔条丛生，高二尺许，花碎白，实如小李，味酸涩。宁古塔、艾浑皆有之。

花水，出艾浑，色赤，望之如豆，入口成液，离枝十余日辄化为水，以蜜收为膏，充贡。

老枪菜，即俄罗斯菘也。抽薹如莴苣，高二尺余。叶出层层，删之其末层，叶叶相抱如球。取次而舒，已舒之叶，老不堪食。割球烹之，略似安肃冬菘。郊圃种不满二百本，八月移盆，官弁分畜之，冬月苞纸以贡。

菱，六棱而小，产诺尼江，去皮干之。

荞麦面，更三四磨者，白如雪。

艾浑麦面，甘香胜中土所产，作饼松美。

白垩，如粉，入水十余日，制其燥，涂壁不裂。

物　产

杜实，产艾浑。小而赤，似桑葚，味酸。

夸阑蘑菇，生卜魁城东草地内，七月入市。夸阑者，毡庐椭木所立之周遭也。木气入土生蘑，故名。今因其白色黑阑，名为花阑，乃强解耳。

老枪谷，茎叶如鸡冠，高丈许，实如栟榈子，深赤色，取粒作粥，香美。

花有蜀葵、免葵、萱蓼、凤仙、长春、刺梅、金钱。土人呼免葵为鬼脸葵。

雀儿花，色翡翠，似鸳鸯菊而单蒂，(跗)〔他本作附〕横枝上，如鸟之翔。

闪缎花，以色名。似龙爪而小，山丹而曲。

草芙蓉，不知何以名，叶细如皂荚，花黄同菊瓣规，高者亭亭二尺许。

万年菊，花叶类草芙蓉，色黄枝柔，蒙密延蔓，一本可百余花，或曰即层瓣高丽菊也。

高丽菊，产朝鲜，枝叶类万年菊，单瓣，色黄赤相间，如虎皮。

日奇花，类蝴蝶花而小，一茎十数花，辰收申放，数必奇，故名。叶如萱。

莴苣莲即罂粟，六月始花，高尺许，叶如莴苣，单瓣微红。中土人携千层五色种布之，辄变。

菊亦畏霜，五月茁，枝瘦弱，八月移盆入室，临南窗下，十月花大如钱。

棠梨，郊圃间有之，土人系缯条于上，曰神所凭，伏腊祀之，有戕其枝者则怒，不知何所取义。

城南三十里有柳丛生，细不及指，高不及肩。杏亦然，无成树者，花小不实，土人老死，不知鲜果为何物也。

药味有益母草、赤白芍药、防风、黄芩、百合、木贼、蒺藜、甘草、车前子、麦门冬、五味子、薄荷、黄精。艾浑产黄连，然

皆杂烟莽中，萎于霜雪，无采劚者。

羊草，西北边谓之羊胡草，长尺许，茎末圆劲如松针，黝色油润，饲马肥泽，胜豆粟远甚。居人于七八月间刈积之，经冬不变。大宛苜蓿疑即此，中土以苜蓿为菜，盖名同也。

索伦产马，身长足健，毛短而泽。

鄂伦春无马，多鹿，乘载与马无异，庐帐所在皆有之。用罢任去，招之即来。有杀食之，斯不复至。

鄂伦春地宜桦。冠、履、器具、庐帐、舟渡，皆以桦皮为之。

黑龙江产鱼，唯鲫一种，诺尼江无虾、蟹，而鱼属皆备。五月，鱼车塞路，长二尺许者，值十余钱。六七月水涨，则大鱼不入网。江冻，凿冰取之，价十倍。夏多鲤，冬多鳊、鳜，味淡而腥。

勾星鱼，鳞斑然如列星，长啄。渔者间以箸探其口，啮之至死不释。段刃之釜中，犹跃跃也，腥秽不可食。

堪达含，驼鹿也。项多肉，陆佃《埤雅》云“北方有鹿，形如驼”即此。色苍黄无斑，角坚莹如玉，中有黑理，横截之镂为决，使理周于外，一线匀圆，选一决于数十角，值数万钱。弟世庄有诗曰：“臃肿额端欺鹿角，郎当项下斗狼胡。可怜骨碎三军指，曾助天山一箭无。”

沙鸡，鸠形，鹑毛，足高二寸许，味胜家鸡。

老枪雀，一名千里红，与雀无异，唯颠有红毛，产俄罗斯地，至以十一月，罔而取之，炙食甚美。笼畜之辄死。

无蚁。

蚊不入室。

五色石，产黑龙、诺尼两江岸，通明如玛瑙。红圆者像含桃，或取以饰念珠。

空青，渔人间得之，不敢私匿，将军酬以值，遣官奏进。或弁卒自得之，即遣送京师，奏其名，例得赐纻帛。

龙骨，艾浑江岸数尺下恒有之。或曰龙蜕，或曰孽龙谪而死者。

屋　　宇

屋皆南向，迎暄也。日斜犹照，故西必设窗，间有北牖，八月墐之，夏始启。

屋无堂室，厂三楹，西南北土床相连，曰卍字炕，虚东为燃薪地，西为尊，南次之，皆宾位也。

土垣高不逾五尺，仅可阑牛马。门亦如阑，穿横木以为启闭。中土人居之始设门。相传未立城时，唯沟其宅之四面为界。

拉核墙，核犹言骨也。木为骨而拉泥以成，故名。立木如柱，五尺为间，层施横木，相去尺许，以硷草络泥，挂而排之，岁加涂焉。厚尺许者，坚甚于甓。一曰挂泥壁。

工匠皆流人，技拙而值贵。土著人架木覆茅，妇子合作，戚友之能匠事者，助而不佣。

草屋，茅厚尺许，三岁再葺之。官署亦然，暖于瓦也，庵庙则瓦。

卜魁，栅木为城，将军公署、私第皆在。夹植大木，中实以土，宽丈许。木末高低相间，肖睥睨。四门外环土城，累垡为之，周六里。西面二门，近南者临水，宽广可数百亩，江涨则通流。墨尔根、艾浑，重城皆植木为之。

入土城南门，抵木城里许，商贾夹衢而居，市声颇嘈嘈。外此，虽茅茨相望，然草寂烟寒，终是塞垣气象，且不若中土荒县。郊外，唯庵刹四五而已。余有诗曰："夕阳巷冷牛羊气，平野天低狐兔秋。"又有曰："山鸡来井灶，昼犬吠衣冠。"观者可略见其意。

附录

方登峄传

方登峄，字凫宗，号屏垢。兆及子。父卒，登峄甫八龄，悲哀哭奠如成人。事母吴尽孝，见者皆为感动。年十六补县学生，治举业有声，工诗歌，旁及绘事。游京师，历秦、梁，浮湘逾岭，一时知名士，咸倒屣相慕。康熙甲戌贡入成均，授中书舍人，迁工部都水司主事。凡所剖决，大司空及同官皆不复覆核。禄入甚薄而坐客常满，乡人旅京师者，就之如归。旋以乡人事牵连，谪戍卜魁城。居绝塞十余年，冬无裘帛，或间日不举火，洒然忘身之在难。雍正六年八月卒。所著《依园诗略》、《星砚斋存稿》、《垢砚吟》、《葆素斋集》、《如是斋集》，版行于世。

道光修《桐城续修县志》卷十三

弟屋源墓志铭

方　苞

弟式济，字屋源，与余共高祖。以叔父都水公出嗣，无属服，而余世母则所嗣佥事公吴宜人之兄女也，故弟总角，余即数见之。厥后，叔母与吾母志相得，两门子姓，睦洽如同宫。都水自守选，即挈家以北，而余往来京师，亦十余年。时弟受学于吾友刘君北固，余与昆绳，数息北固寓斋，辩论经史，衡量并世人材，弟尝辍业倾听。余间候都水，入北堂，弟适归，备举旬月中吾辈所言，参互以相质。移时，忽仆而瘖，目瞑齿闭，大惊宅内人，叔母搏膺而呼，久之始寤。翌日余往视，叔母曰："汝毋惧而自嫌，儿乐闻汝言，过于其师也。"戊子举京兆，己丑成进士，制义为时所推，又以其间攻诗辞，名称益著。而以《南山集》牵连，宗祸作，都水下狱，叔母在江南，弟经画注措，皆中机会。狱辞上，邀宽法，外流，自知不免，则多方以脱族人。始部檄至，三司会鞫，天属中有龉龁都水以求自脱者，并謷亡弟之嫠，余目击骇痛，堂下隶卒皆心非而窃詈之。及抵戍所，军吏议分戍黑龙江、墨尔根各路，其人老无籍，恇惧，不知所为。弟曰："无相犹也。"罄装赍称货于贾人，以移其议，戍得无分。都水尽室，皆死于辽海，而弟亡于父母及妻之前，故闻其丧，亲昵朋好若疾疢在身，疏逖者亦怆然而不适。然弟身后，长子观永、次子观承，以孤童勤营于内地，而匍匐万里，以纪大父母、母、弟之衣食，此出彼入，岁相代以为常。卒邀恩例，身奉四丧，挈幼弟而归，以定窀穸。弟之身即存，所望亦至是而极矣。其在戍，笃志经学，所著《易说未定稿》六卷藏于家。祖讳兆及，山东按察司佥事，分巡济宁道。父讳登峄，工部都水司主事，有《依园集》、《葆素斋集》行于世。母任氏，岁贡生堡女。弟卒于康熙丁酉年二月，年四十有二。妻巫氏，平和县令元东长女，卒于雍正己酉年正月，年五十有四。幼子观本，在戍所生也，女一人。以某年月日，葬某乡某原。铭曰：

履颠危，义不疚。处怨恶，仁能厚。家虽湮，色养伸。死归骨，随二亲。唯天命之无欺，知作善之不迷。

《望溪先生集外文》卷七

太子太保直隶总督方敏恪公神道碑

袁　枚

公姓方，讳观承，字遐谷，号问亭，又号宜田。先世自元迁桐城。祖登峄，工部都水司主事。父式济，康熙己丑进士。以本族《南山集》狱起，全家谪戍黑龙江。公弱冠归金陵，家无一椽，借居清凉山僧寺。有中州僧，知为非常人，厚待之。公与其兄观永，往来南北，营塞外菽水之费。或日一食，或徒步行百余里。雍正九年，族人某荐入平郡王藩邸。王与语，大奇之，情好日隆。十年，王为定边大将军，征准噶尔，奏公为记室，世宗命以布衣召见，赐中书衔偕往，时年三十六矣。十二年冬，王师凯旋，以军功实授内阁中书。乾隆元年，詹事王公奕清，荐公博学鸿词，临试不赴。寻迁侍读，行走军机房，补兵部职方司郎中，出为直隶清河道。累迁布政使、浙江巡抚。公风神玄定，识力超卓，练其才于忧患之余，虽书生，善骑射，于世事物理，莹彻通晓，以故大学士鄂公尔泰勘南河，冢宰诺公亲勘海塘，直隶制府高公斌勘永定河，俱奏公偕行，公之受知皇上，亦从此始。直隶饶阳妇被杀，主名不立，公梦神人示以周秋二字，果获犯雪冤。在浙弛丝米之禁，开垦海口大亹涨地三万余顷，岁增杂粮十万石。十四年，授直隶总督。直隶当十三省之冲，每岁銮舆谒陵盛京，避暑木兰，巡嵩岳五台，南至江浙，路必经由，加之伊犁、缅甸两度出师，一切兵校往还，供张储 偫，百务如云而起，公能料简周匝，徒御不惊，二十年如一日。十九年，西陲用兵，加太子太保，署陕甘总督，办治军需，日行四百里，得怔忡疾，仍回原任。三十二年薨①，寿七十一，上闻震悼，给祭葬，赐谥敏壶。公长于用人，安放贴妥，如置器然。敦良者使柔民，聪强者使折狱，素封者使支应，迂缓者使训士，即其人虽不出于正，而谲诡捷黠者，亦使之刺探而奔走。甘苦必知，赏罚必信，一言必察，寸技不遗，以故人乐为用，畿辅数千里如臂使指，拇脉皆通。御史范廷楷、林玉奏，直隶丈量旗地，历年不清。公上疏谢罪，即奏二人刚正有才，请发往直隶补官相助为理，上许之。旗地皆王公庄户，豪纵有年，二人故负气，与断断相角，旗地稍清，而二人之锋亦少挫矣。各省督抚奉部议，令民自行修城。公独奏直隶多差徭，民无余力，且又朴野，不受奖诱，修城之费，请发公帑，孟子所谓用其一，缓其二也。上韪其言，从之。公常言事君如事天，天地无心，而成化雨露雷霆，无非教也。人能常修省于受恩之时，则雷霆乍来，转不惑乱，而至诚所格，天心亦回。直隶旱蝗，上责公督捕不力，司道劝劾一二州县以自解。公不可，曰："我之不职，州县何辜?"磁州逆匪为乱，公奏诛三人，绞七人。上疑公沽名，有所纵弛，严旨督过，一夕间接十三廷寄。家人虑圣怒不测，尽雨泣，而公坚执前议，申辩愈力。诏解犯阙下，九卿军机大臣会讯，狱辞与公奏，一字无讹，遂卒如公议，而从此上愈重公。各省买谷，邻侩居奇，公奏请需米处督抚，密咨产米处有司代购运送，可杜此弊。保、雄两府，岁需驻防兵米二万石，州县苦之，公请于豫东漕米内截运供支，官民两便。所治直隶水利如永定、滹沱、白沟等河，奇材、鸡距等泉，俱为搜考原委，判别浚筑。上命大臣肇公惠、裘公曰修、高公晋屡加相度，悉如公策。加意忠贤之后，在浙拜刘念台先生像，恤其家。在直隶，访杨忠愍、孙文正子孙，给与滩荒田亩。素不信佛，而独修清凉山庙，所以

① 编者按：方观承之卒年，应作乾隆三十三年，谥号应作恪敏。袁枚此文之说有误。

报中州僧也。公余之暇，谱印范墨，角尖不苟，一噘笑皆有意义。某太守素倨，过保阳衙参，公坐受之，出有愠语。公闻之笑曰："我开府二十年，虽簿尉叩头，皆不受，何于某太守独不然耶？某以宰相子出守郡，虑其气盛，故逆折之，使知朝廷仪，适将谦谨以有成也，不感我，乃愠我耶？"枚奉发陕西，亦过保阳。公谓清远令周君燮堂曰："袁某循吏也，虽宰江宁省会，而能尽心民事，汝等任首县者，宜以为师。"呜呼！公以此知枚，则公之为政可知矣。公桐城人，侨居金陵，在平邸时，祖父母、父母四代，俱藁葬关外，每至岁时，必恸哭，王哀其意，为奏请谪戍身死而无余罪者，听其迁柩回里。世宗许之，遂著为令。及公贵，三代俱赠如公官。娶刘氏，诰封夫人，后嗣屡殇，六十一岁生子维甸，上闻之，代为欣喜，命抱至御前，解所佩金丝荷囊赐之。公虽贵，手不释卷，好吟诗，有《宜田汇稿》、《松漠草》诸集。纂《河渠考》若干卷，辨明《水经注》滏水之非缺，《汉书》注洫水之非增，皆勤学经生所不及也。葬句容之胄王山。铭曰：

月之初生，苍苍凉凉。及乎中天，众星无光。方公未遇，险艰备尝。岂知天意，大任方将？边风塞雨，濯涤肺腑。担簦往来，固其筋骸。操心虑患，既危既深。一朝遭际，百炼精金。牙纛旌麾，若固有之。彤弓湛露，从容赋诗。狼章鹊章，山陆驱驰。酾泉鬟河，弊谋辅志。六秉三衡，功罔不济。操舟舵稳，负重肩牢。所谓栋梁，不摇不挠。无怖斯静，无恋斯定。先民有言，动心忍性。哀荣终始，位极人臣。基于禄命，成于精神。军民勿悲，公死有归。欲知伟烈，请观丰碑。

中华书局聚珍仿宋版《小仓山房文集》卷三

方恪敏公家传

姚　鼐

方恪敏公讳观承，字嘉谷，桐城人也，而居于江宁。桐城方氏自明以来，以文学名数世矣，而亦被文字之累。公之祖工部都水司主事，讳登峄。考中书舍人，讳式济，皆以累，谪黑龙江。公时尚少，与其兄待诏观永，岁往来塞内外，以营菽水之奉，奔走南北，徒步或数百里。数年祖、考皆没，公益困，然于其间，厉志气，勤学问，遍知天下利病、人情风俗所当设施，遂蓄为巨才矣。平郡王福彭尝知之。雍正十年，平郡王为定边大将军，征准噶尔，即奏为书记，诏赐中书衔以往。在军营建策善，归补中书舍人。乾隆初，入军机处，累迁吏部郎中，出为直隶清河道、直隶布政使，擢浙江巡抚。乾隆十四年遂授直隶总督，自是居直隶二十年中，唯西疆用兵，暂署陕甘总督，筹军饷半年即返。公性明于用人，一见与语，即能知才，所堪任授之事，随难易缓急，委奇必当。及公没而为督抚有名若周元理、李湖等，凡十余人，皆宿所拔于守令、丞尉中者也。直隶为天下总汇之区，人事糅杂纷扰，不易靖安，乘舆岁有临幸，往来供张，而公在任，又值西征，军旅之兴，所过备置营幕刍粮，柔调桀悍，公处此，皆储备精密，弛张得宜，卒未尝少舛乏，而于民居无扰病焉。公自为清河道，至总督，皆掌治水，直隶之永定河，故无定河也，其迁移靡常，不可以一术治，不可以古形断，公皆见地势相时决机，或革或因，或浚或障，其于河务，前后数十疏，从之辄利。纯皇帝每叹其筹永定之为善，非他人执成法者所能及也。磁州有逆民为乱，公擒治，定斩绞罪十人，余皆释。上疑公宽纵，廷寄严责者数，公执不易。诏令九卿、军机讯狱，乃知公所定之当，上益以贤公。公素勤于学，工为诗及书，乾隆初尝举博学鸿词，以平郡王监试，避嫌不试。仕宦数十年，署中未尝设剧，公事之暇，即执书读之。尝偕秦文恭公辑《五礼通考》，所著《直隶河渠书》百三卷，诗集十三卷，其余杂记直隶事又数十卷。及薨，家无余财，而有书数十岌。于桐城及江宁，皆建家祠，置田以养族之贫者。兄弟相爱甚，遗命与兄待诏同葬一山。公在时已加太子太保，其

薨，在乾隆三十三年八月，年七十一。赐祭葬及谥，祀于直隶名宦祠，及贤良祠。娶刘夫人。公五十而未有子，抚浙时，使人于江宁买一女子，公女兄弟送之至杭州，择日将纳室中矣。公至女兄弟所，见诗册有相知名，问知此女所携，其祖父作也。公曰："吾少时与此女子祖，以诗相知，安得纳其孙女乎？"即还其家，助资嫁之。公年六十一矣，今吴太夫人乃生子维甸。既孤，纯皇帝以公故，赐为中书舍人，成乾隆庚子恩科进士，今复为尚书、总督，继公后。

姚鼐曰："唐时，凡入史馆者，必令作名臣传一，所以觇史才。今史馆大臣传，率抄录上谕吏牍，谓以避党仇誉毁之嫌，而名臣行续遂于传中不可得见，然则私传安可废乎？余读国史方宫保传，为之怃然。今尚书将修族谱，请叙恪敏公事，遂次其传。公功在天下，还女事小，然世称公后之大兴者，亦有助斯焉，故并书之传末云。"

《惜抱轩集》后集卷五

《四库全书总目提要》一则

述本堂诗集十八卷（内阁中书方维甸家藏本）

国朝桐城方氏三世家集也。凡《依园诗略》一卷、《星砚斋存稿》一卷、《垢砚吟》一卷、《葆素斋集》三卷、《如是斋集》一卷，皆方登峄撰。《陆塘初稿》一卷、《出关诗》一卷，皆登峄之子式济所撰。《东闾剩稿》一卷、《入塞诗》一卷，《怀南草》一卷、《竖步吟》一卷、《叩舷吟》一卷、《宜田汇稿》一卷、《看蚕词》一卷、《松漠草》一卷，皆式济之子观承撰。

登峄字凫宗，号屏垢。康熙甲戌贡生，官工部主事，坐事谪黑龙江卜魁塞。式济有《龙沙纪略》，本附刻此集之中，今别著录。观承别有《薇香》、《燕香》诸集，亦别著录。

宁古塔纪略

(清)吴振臣　著

宁古塔纪略序①

桐城方与三尝作《其旋堂诗》古律数十首，各系小序，述宁古塔风土甚备，译以国语，情状历历。与三以乃弟科场事株连徙塞，赎锾得返，余于辛亥年见之于雪滩翁所。吴汉槎先生为之序。

阅六七载，汉槎之《秋笳集》始寄归，昆山司寇公为刊木行世，更以所著《长白山赋》进呈御览。并辈下诸故人、大僚，醵资代为之赎，遂得以辛酉入塞。抵家，迟与三之归者十年。汉槎归甫四年，疾卒。

迄今辛丑又四十年，而令嗣南荣复以所作《宁古塔纪略》示余，几万余言，首尾叙述两尊人出塞入塞始末，已身生产塞外，诸妹、仆从、亲友同患难，流落扶携之状，可悲可涕。并统辖将吏，恩遇优礼。诸故旧登朝，怜才念旧，之死而致生之。所叙己身居三之一，大半乃多述土风。目之所遭，地之所有，所谓寒风如刀，热风如烧，大于舟之鱼，大于屋之木，獉獉狉狉，荦荦确确，固不可以中土之境求之。殊绝之域，亦不可以古人所称道概之。今日所见闻，凡草木、鸟兽、被服、饮食、制作、生殖、礼俗事为，往往与《其旋堂》景象若合符辙。

昔洪忠宣撰《松漠纪闻》，以奉使至金朝上京，所谓土风三四条，盖耳闻而非身历。今天子函盖六合，宅都燕台，宁古、松漠，实王气发祥之地。若居丰镐而回视，生民沮漆，陶复陶穴，盖先

① 编者按：本序为杨复吉抄校本所无，系据《渐学庐丛书》本补。

公不窋，窜居之境土也。曰其旋，曰苏还，越鸟南枝，其人虽已言归故里，而所谓撰述奇瑰，洞心骇目，行见著作之庭，修国史者将有取乎此焉。

时康熙六十年辛丑九月石里张尚瑗拜序。

宁古塔纪略

我父汉槎公遭丁酉科场冤狱，遣戍宁古塔，以顺治戊戌八月出塞。我母葛孺人日夕悲哭，必欲出塞省视，而以舅姑在堂、两女稚弱，不敢显言。我大父燕勒公微知之，以我父孤羁天末，既无赎罪之资，而又孑身无可倚恃，我母既毅然肯行，哀而壮之，遂为料理出塞计。以大姊许字吴郡俊三杨公长子岵瞻，二姊就昆山李氏姨抚育。庚子冬，自吴江起行，遣家人吴御及沈华夫妻同送我母至宁古。辛丑二月初五日到戍所。

甲辰十月十四日寅时生予，命名曰榞臣，以大父庚辰甲科而余甲辰生也。小字苏还，取生还故里之意，且以苏属国相况，字曰南荣。

康熙己酉十二月二十九日生三妹。

甲寅十月二十四日生四妹。

宁古，在大漠之东，过黄龙府七百里，与高丽之会宁府接壤，乃金阿骨打起兵之处。虽以塔名，实无塔。相传昔有兄弟六个，各占一方，满洲称六为“宁古”，个为“塔”，其言“宁古塔”，犹华言“六个”也。有木城两重，系国朝初年新迁，去旧城六十余里。内城周二里许，只有东、西、南三门，其北因有将军衙署，故不设门。内城中唯容将军、护从及守门兵丁，余悉居外城，周八里，共四门。南门临江。汉人各居东、西两门之外。

予家在东门外，有茅屋数椽，庭院宽旷。周围皆木墙，沿街留一柴门。近窗牖处俱栽花树，余地种瓜菜，家家如此，因无买处，必需自种。

后因吴三桂造逆，调兵一空，令汉人俱徙入城内，予家因移住西门内。内有东西大街，人于此开店贸易。从此人烟稠密，货物客商络绎不绝，居然有华夏风景。

予父惟馆谷为业。负笈者数人，俱同患难子弟，为陈昭令、叶长民、孙毓宗、毓章、许丙午、沐中贞、田景园及吕氏昆季。

予二岁时，副都统因大将军病，发令箭，遣予父及钱德惟年伯立刻往乌喇地方。此时天寒地冻，雪深四尺，又无牛车帐房，赖孙、许两家协力相助，乃得起行。初六日黎明登车，山草尽为雪掩，艰苦万状。一车所载，不过三百斤，牛料、人粮重有百斤，人口复坐其上，除被褥之外，一物不能多带。行至百里，人牛俱乏。又赖湖州钱方叔复借一牛车，沈华及吴御始免步行之苦。至第三日，将军复命飞骑追回。倘再行两日，至乌鸡林，雪深几丈，人、牛必皆冻死矣。

予五岁始就塾读毛《诗》。时逻车国人造反，又名老羌。到乌龙江黑斤诸处抢貂皮，锋甚锐。其国在大洋东，相去万里，所产多罗绒，漆器最精。人皆深眼高鼻，绿睛红发，其猛如虎，善放鸟枪。有名“西瓜炮”者，其形如西瓜，量敌营之远近，虽数里外，必到敌营始裂，遇者必死。满洲人皆畏之。将军上疏求救，即奉部檄：流人除旗下及年逾六旬者，一概当役；选二百名服水性者为水军，习水战。又立三十二官庄，屯积粮草。令一到，将军即遣人请绅袍到署，面谕云：“养汝辈几年，念汝辈俱有前程，差徭不以相累。今边警出意外，上命急公。现有水营、庄头、壮丁三件事，随汝意自任一件，三日后具复，是即我法中之情。”时闻令，诸公皆相向流涕，将军亦为凄然。将军又云：“惟认工可代。”于是各认工，余父认太常寺衙门。此二月初三日事也。山阴祁奕喜、李兼汝、杨友声，宜兴陈卫玉，苏州杨骏声，同年伍谋公皆当水手，以二月十一日往乌喇。

二三年后，予家无力认工，逻车国亦讲和，复得部文，俱以绅袍例优免。往乌喇戍者，亦得回宁古。唯官庄之苦，至今仍旧。每一庄共十人，一人为庄头，九人为壮丁，非种田即随打围烧炭。每人名下责粮十二石、草三百束、猪一百斤、炭一百斤、石灰三百斤、芦一百束。凡家中所有，悉为官物。衙门有公费，皆取办官庄。其苦如此。

余窗友陈昭令者，父钟爱之。因在官庄，万无出身之日，我父言于将军，称其精通满汉文理，将军即用为官庄拨什库，总三十二庄。后复兼管笔帖式事，办事勤能，不数年，遂得实授八品笔帖式。后将军调艾浑，随行。又数年，升山西太原府阳曲县承。盖流人无选内地之事，部凭忽到，同流者皆以昼锦相贺。昭令喜极，转生忧惧，乃赴部问明。时熊赐履为冢宰，以为八品笔帖式不宜选县丞，当得彼处驿站章京，即留凭不发。于是昭令叩头固请，终不可得。大概久沉渊底，无升天之望，其可悲悼如此。

予七岁，镇守巴将军聘吾父为书记，兼课其二子，长名额生，次名尹生。余及固山乌打哈随学。巴公长子，昼则读书，晚则骑射。各携自制小箭一二十枝，每人各出二枝，如聚五人，共箭十枝，竖于一簇，远三十步，依次而射，射中者得箭，每以此为戏。

予曾于六月中檐下遘一蛇，长三四尺。以小刀断为三四，顷刻即连。又断四五，复接如旧，行更速。再断之，每段用木夹掷墙外，有悬于树上者，始不能连。后有识者云："此即续弦膏，弓弦断处，（此）〔《渐学庐丛书》本作以〕此膏续之，胶固异常。虽用之积久，他处断而接处不断，乃无价宝也。"甚为惜之。

予十四岁，我父为聘叶氏，讳之馨字明德之女。叶公祖籍四川重庆府之巴县，甲午解元。任云南大理府理刑，与吴三桂忤，流窜宁古。在徙所，为镇府推重。妇兄名恺，字长民。癸亥奉赦，长民送两大人骸骨归蜀，复入籍奉天。有子四：长名珍文，丙子北闱；次名 玿文，太学生；三名玺文，奉天府学生；四名瓒文。

此系患难亲戚，儿辈不可忘也。

当我父初到时，其地寒苦。自春初至三月终，日夜大风，如雷鸣电激，尘埃蔽天，咫尺皆迷。七月中，有白鹅飞下，便不能复飞起。不数日即有浓霜。八月中，即下大雪。九月中，河尽冻。十月地裂盈尺，雪才到地，即成坚冰，虽白日照灼不消。初至者必三袭裘，久居即重裘可御寒矣。至三月终，冻始解，草木尚未萌芽。近来汉官到后，日向和暖，大异曩时。满洲人云："此暖是蛮子带来。"可见天意垂悯流人，回此阳和也。

南门临鸭绿江，江发源自长白山。

西门外三里许，有石壁临江，长十五里，高数千仞，名"鸡林哈答"。古木苍（横）〔《渐学庐丛书》本作松〕，横生倒插，白梨红杏，参差掩映。端午左右，石崖下芍药遍开。至秋深，枫叶万树，红映满江。

江中有鱼，极鲜肥而多。有形似缩项鳊，满名"发禄"，满洲人喜食之，夏间最多。予少时喜钓，每于晡夕，持竿垂钓，顷刻便得数尾而归。又有一种，生于江边浅水处石子下者，上半身似蟹，下截似虾，长二三寸，亦鲜美可食，名"哈什马"。今上祭太庙，必用此物。亦有鲟蝗鱼，他如青鱼、鲤鱼、鳊鱼、鲫鱼，其最多者也。

有僧名静今者，亦江左人，因事戍此，建一观音阁于崖下。夏、秋时，迁客骚人多往游焉。

冬则河水尽冻，厚四五尺。夜间，凿一隙如井，以火照之，鱼辄聚其下，以铁叉叉之，必得大鱼。上常于冬至前后遣人取鱼，亦以此法，因宁古鱼之肥美实异于他处耳。

石壁之上，别有一朗岗，即宁古镇城进京大路。一百里至沙岭，第一站，有金之上京城，临马耳河，宫殿基址尚存。殿前有大石台，有八角井，有国学碑，仅存"天会纪元"数字，余皆剥蚀，不可辨识。禁城外，有莲花石塔，微向东欹。塔之北有石佛，高二丈许。又有荷花池，长数里。

东门外三里，有村名“觉罗”，即我朝发祥地也。自东而北、而西，沿城俱平原旷野，榛林玫瑰，一望无际。五月间，玫瑰始开，香闻数里。予家采为玫瑰糖，土人奇而珍之。有果名“衣而哈目克”，形似小杨梅，而无核，味绝佳，草本，红藤，生杂草中。又有果，名“乌绿栗”，似橄榄，绿皮小核，味甘而鲜。又有果，名“欧栗子”，似樱桃，味甘而酸。俱木本小树。梨子虽小，味极美。梨与葡萄做（糕）〔《渐学庐丛书》本作酒〕，色味俱精。此二种，内地所无者也。山查，大而红，亦为糕。予家常食榛子腐、松子糕，不觉其珍也。

产人参，尔时多贱，竟如吾乡之桃李。草本，方梗，对节生叶，叶似秋海棠。六七月开小白花，八月结子，似天竹子。生于深山草丛中，较他草高尺许。土性松，掘数尺不见泥，若朽烂树叶，以八九月间者为最佳。生者色白，蒸熟辄带红色。红而明亮者，其精神足，为第一等。今之医家俱以白色者为贵，名为“京参”，又谓其土不同，故有此二种，大谬。凡掘参之人，一日所得，至晚便蒸，次早晒于日中。晒干后，有大有小，有红有白，并非以地之不同，总因精神之足与不足也，故土人贵红而贱白。蒸参之水，复以参梗、叶同煎，收膏，膏味亦与参味同。人参子煎汤，难产者服之即生。但参在本地服之不能见效。予父初到宁古时，以参半斤煎服，反泻半日，不可解晓也。

产黄精、桔梗、五味子及鸡腿蘑菇。木耳、真经菜、蕨菜，极多而肥。

东山名“商阳哈答”，极高峻。在对江，石壁插于江中，水极深，鱼极多。此山最深远，向出参、貂，今则取尽矣。唯松树最多，松子采之不尽。

再东三百里，名“衣朗哈喇”。今设土城，有官守。与金时五国城相近，略存其形而已。

又东北五六百里，为呼儿喀；又六百里，为黑斤；又六百里，为非牙哈，总名乌稽韃子，又名鱼皮韃子，因其衣鱼皮、食鱼肉为生，故名。其人不知岁月，不知生辰。死，以片绵裹尸下棺，以木架插于野，置棺（未）〔《渐学庐丛书》本作于〕架上，俟棺木将朽，乃入土。其地不产五谷，出鱼及貂皮、玄狐、黄狐、海骡、黄鼠、灰鼠、水獭。

近混同江，江中出石砮，相传松脂入水千年所化。有纹理，如木质，绀碧色，坚过于铁。土人用以砺刃，名为“昂威赫”，即古肃慎氏所贡楛矢石砮是也。予父携归，示诸亲友，王阮亭载之《池北偶谈》中。水中产五色石，（水）〔《渐学庐丛书》本作如〕玛瑙，用以取火绝佳。

每岁五月间，此三处人乘查哈船江行，至宁古南关外泊船进貂。将军设宴，并出户部颁赐进貂人袍帽、靴袜、（挺）〔其他版本作珵〕带、汗巾、扇子等物，各一捆赐之。每人名下择貂皮一张，玄狐全黑者不可多得，一岁不过数张，亦必须进上，余听彼货易。所赐之扇，不知用，汉人以零星物件易之。其人最喜大红盘金蟒袍及各色锦片妆缎。其所衣鱼皮极软熟可染。喜五色糯米珠并铜钱、响铃，缝于衣旁，行动有声。彼此称呼曰“安答”。

黑斤人留发梳髻，耳垂大环四五对，鼻穿小银环。所产貂皮为第一。富者多以雕翅盖屋，貂皮为帐，为裘，玄狐为帐，狐貉为被褥。非牙哈亦留发，男、妇不著裤，耳垂大环，鼻穿小环。所产貂皮略次。以桦皮为船，止容一人，用两头桨。如出海捕鱼，则负至海边，置水中，遇风便归。呼儿喀则剃头，男人带环者少。所产貂鼠为次，唯黄狐、黄鼠、鱼肉干颇佳。

此三处俱无官长约束，为人（黑）〔《渐学庐丛书》本作愚〕而有信义。有与店家赊绸缎蟒服者，店主择黑貂一张为样，约来年照样还若干，至次年，必照样还清。有他故，亦必托人寄到。相去千里，又非旧识，而不爽约如此。又勇不畏死，一人便能杀虎。今上爱其勇，赐以官爵，时以减等流徙者赐之为奴。如是者数年，令从呼儿喀迁至宁古，又迁至奉天。又二年，则令入都。今名“衣扯满洲”者，即此也。满洲语谓新为“衣扯”，犹云“新满洲”也。满书译为衣扯。曰“义气”者，汉音之讹也。赐以官爵，亦不知贵。将军尝谓有爵者曰：“今已有官，须学官样，一体上衙门。”次日，有官者约同齐到，有戴笠者，有负叉袋者，有跣足者，见者无不大笑。将军命坐，即以叉袋垫地而坐。虽衣大红蟒袍，其叉袋仍负于背不稍去，以便于买物也。后命进京，有不愿者听归本土。一日，数百家聚于郊外送别，哭声震天，男妇相抱亲脸，唧唧有声，以此作别。近于都中见之，大非昔比，礼貌言谈，亦几与满、汉无异矣。

北山离城十里，重岩叠嶂，古树丛密。城内人家俱于此樵采。

城之西北十余里，名“额富里”。又六十里，即旧城，临河，河内多蚌蛤，出东珠极多，重有二三钱者。有粉红色，有天青色，有白色。非奉旨不许人取，禁之极严。有儿童浴于河，得一蚌，剖之，有大珠径寸，藏之归。是夕，风雨大作，龙绕其庐，舒爪入牖，攫取其珠而去，风雨顿止。

西则一朗岗、木丹、沙岭，村庄颇多。

江之南，有索儿河溪，噶什哈必儿汀，此处水极深，上有崇崖插天。其地背阴，日光不到，虽（停）〔《渐学庐丛书》本作亭〕午亦不甚明爽。然一至夜，转有光照石壁，石壁皆红，土人甚异之。忽一日，渔人捕一青鱼，大盈车。载以入城，江右徐定生以青布一匹易之。先取鱼首煮之，即熟，剖得红色珠，大如弹丸，红光犹寸许。鬻之，得百金。后闻携至京师，复为某王所得，偿以二千金。此后，石岩昏黑无光矣。

江中往来，俱用独木船，名“威呼”。

凡各村庄，满洲居者多，汉人居者少。凡出门不赍路费，经过之处，随意止宿，人马俱供给。少陵所谓“马有青刍客有粟”

也。如两人远出，年幼者服事年长者。三人同行，则最幼者服事，其稍长者亦公然坐而不动。

等辈彼此称呼，曰“阿哥”，有呼名者。称年高者，曰“马发”，朋友曰“姑促”。父曰“阿马”，母曰“葛娘”。大伯曰“昂邦阿马”，叔曰“曷克赤”。子曰“济”，女曰“叉而汉济”，甥曰“济颁即哈”。夫曰“畏根”，妻曰“叉而汉”。男人曰“哈哈”，女人曰“赫赫”。兄曰“阿烘”，弟曰“多”，嫂曰“阿什”，姊曰“格格”，妹曰“那”。小厮曰“哈哈朱子”，丫头曰“叉而汉朱子”。好曰“山音”，不好曰“曷黑”。吃饭曰“不打者夫”，吃肉曰“烟立者夫”，吃酒曰“奴勒恶米”，吃烧酒曰“阿而乞恶米”。读书曰“必帖黑呼辣米”。射箭曰“喀不他米”。书曰“必帖黑”，笔曰“非□”，墨曰“百黑”，纸曰“花伤”，砚曰“砚洼”。金曰“爱星”，银曰“蒙吾”，钱曰“济哈”。水曰“目克”，木曰“木”，土曰“鳖烘”，火曰“托”，炭曰“牙哈”。有曰“毕”，无曰“阿库”。是曰“音喏”，不是曰“洼喀”。富曰“拜央”，穷曰“呀打”。人曰“亚马”。坐曰“突”，立〔曰〕“衣立”，行曰“弗立米”，走曰“鸦波”，睡曰“得多蜜”。去曰“根呐蜜”，来曰“朱”。要曰“该蜜”，不要曰“该辣库”。小曰“阿即格”，大曰“昂邦”。买曰“乌打蜜”，卖曰“温嗟蜜”。两曰“央”，钱曰“即喀”。一曰“曷（木）〔其他版本作赤〕”，二曰“朱”，三曰“衣朗”，四曰“对音”，五曰“孙查”，六曰“侫我”，七曰“那打”，八曰“甲工”，九曰“乌永”，十曰“壮”。百曰“贪吾”，千曰“铭牙”，万曰“土墨”。貂皮曰“色克”，人参曰“恶而诃打”。

流人间有逃归者，人遇之，亦不告。有追及者，讳云自返，亦不之罪。大率信义为重，路不拾遗，颇有古风。今则不能矣。

最善于描踪，人、畜经过，视草地便知，能描至数十里，但一经雨便失之矣。

有草名“乌腊草”，出近水处，细长温软。用以絮皮鞋内，虽行冰雪中，足不知冷。皮鞋名“乌腊”。土谚云“宁古三样宝”，指人参、貂皮、乌腊也。

所产之物，俱异于他处。香瓜极香甜，夏日尽饱，无破腹之患。冬日食油腻及饮冷水亦然。所以，各处流客无不服水土者。我父素羸弱，到彼精神充足。其水，人称为人参水。地极肥饶，五谷俱生，唯无稻米。四月初播种，八月内俱收获矣。

农隙，俱入山采樵，以牛车载归，足来岁终年之用乃止。雪深冰冻，则不用车。因冰滑，故用扒犁。似车而无轮，仍驾牛，在冰地上行速而且稳。

暇则采松子，并取火绒。绒生于木瘿中，取之，可盈掬。微黄色，可以引火，（□□□□）〔《渐学庐丛书》本多其嗅颇香四字〕。

或开窑烧炭，或伐大树作器用。无瓦器，其盏、碟、盆、盎、澡盆之属，俱以独木为之。

油用苏子油，似吾乡之紫苏子也。亦有麻油，稍贵。无烛，点糠灯。其制以麻梗为本，苏子油渣及小米糠拌匀，粘麻梗上，晒干，长三四尺。横插木架上，风吹不息。

不知养蜜蜂。有采松子者或采樵者，于枯树中得蜂窝，其蜜无数，汉人教以煎熬之法，始有蜜。

有蜡，遇喜庆事，汉人自为蜡烛，满洲人亦效之，然无卖者。

大、小人家做黄齑汤，每饭，用调羹，不用箸。调羹曰“差非”，又曰“匙子”。吃碗菜乃用箸，箸曰“叉不哈”，碗曰“么乐”。

出门者，腰带必系小刀匙子袋、火（连）〔《渐学庐丛书》本作链〕袋、手帕等物。小刀曰“呼什”，火（连）〔《渐学庐丛书》本作链〕曰“鸦他库”，袋曰“法拖”，手帕曰“封枯”。

盐取给于高丽之会宁府。离此七百里，衣冠皆古制，以江为界。宁古界云树参天，高丽界白沙漫草，相望里许，无故禁往来。

每于十月，奉命到彼买盐，并货易牛、马、纸、笔、扇、铁、稻米等项。稻米至宁古，每升须银二三钱，唯宴客用之。

宁古西南，地名红旗街，与高丽接壤，颇近海，今亦设官府。此处出海参，为第一等。

房屋大小不等，木料极大，只一进，或三间五间，或有两厢。俱用草盖，草名盖房草，极长细。有白泥，泥墙极滑可观。墙厚几尺，然冬间寒气侵人，视之如霜。屋内南、西、北接绕三炕，炕上用芦席，席上铺大红毡。炕阔六尺，每一面长二丈五六尺。夜则横卧炕上，必并头而卧，即出外亦然。橱箱被褥之类，俱靠西北墙安放。有南窗、西窗，门在南窗之旁。窗户俱从外闭，恐夜间虎来易于撞进。靠东（边）〔《渐学庐丛书》本作壁〕间以板壁隔断，有南北二炕，有南窗即为内房矣。无椅杌，有炕桌，俱盘膝坐。客来，俱坐南炕，内眷不避。

无作揖打恭之礼，相见唯执手，送客垂手略曲腰。如久别乍晤，彼此相抱，复执手问安。如幼辈，两手抱其腰，长者用手抚其背而已。〔《渐学庐丛书》本有妇女二字〕以右手抚其额，点头为拜。如跪而以手抚额点头，为行大礼。妇女辈相见，以执手为亲，拜亦偶耳。

除夕，幼辈必到长者家辞岁，叩首，受而不答。等辈同叩。

元旦，城门必严列旌旗弓矢，以壮威武。家家必于半夜贺岁，如迟至午，便为不恭矣。

满洲人家歌舞，名曰“莽式”。有男莽式、女莽式，两人相对而舞，旁人拍手而歌。每行于新岁或喜庆之时。上于太庙中，用男莽式礼。

凡大、小人家，庭前立木一根，以此为神。逢喜庆、疾病，则还愿。择大猪，不与人争价，宰割列于其下。请善诵者，名“叉马”，向之念诵。家主跪拜毕，用零星肠肉悬于木竿头。将猪肉、头、足、肝、肠收拾极净，大肠以血灌满，一锅煮熟。请亲友列炕上，炕上不用桌，铺设油单，一人一盘，自用小刀片食。不留余，不送人。如因病还愿，病不能愈，即将此木掷于郊外，以其不灵也。后再逢喜庆、疾病，则另树一木。

有跳神礼，每于春秋二时行之。半月前，酿米儿酒，如吾乡之酒酿，味极甜。磨粉做糕，糕有几种，皆略用油煎，必极其洁净。猪、羊、鸡、鹅毕具。以当家妇为主，衣服外系裙，裙腰上周围系长铁铃百数。手执纸鼓敲之，其声镗镗然。口诵满语，腰摇铃响，以鼓接应。旁更有大皮鼓数面，随之敲和。必西向，西炕上设炕桌，罗列食物。上以线横牵，线上挂五色绸条，似乎祖先依其上也。自早至暮，日跳三次。凡满、汉相识及妇女，必尽相邀，三日而止，以祭余相馈遗。

清明扫墓，富贵〔其他版本多者字〕骑马乘车，贫贱者将祭品罗列炕桌上，女人戴于头上而行。虽行数里，不用手扶，而自不倾侧。即平日米粮箱笼，俱以头戴。

有疾病，用草一把悬于大门，名曰“忌门”。虽亲友探望，只立于门外，问安而去。

遇婚丧喜庆等事，无缄帖，无鼓乐，无男女傧相。订婚时，父率子同媒往拜妇之父母，次日，女之父亦同媒答拜。行聘，名曰“下茶”，俱用高桌，如吾乡之官桌，上铺红毡，茶果、绸缎、布匹仍用盘放桌上，多至数十桌。贫富不等，羊酒必需。嫁时妆奁如箱匣、镜台、被褥之类，亦置高桌上，两人扛之。娶亲用轿车，仍挂红绿绸。妇入门，只拜公姑，无交拜礼。如汉人，请亲戚扶新人行礼。满洲人家喜筵宴，客饮至半酣时，妇女俱出敬酒，以大碗满斟，跪于地奉劝，俟饮尽乃起。

生子满月下摇车，如吾乡之摇篮。其制以筛扳圈做两头，每头两孔，以长皮条穿孔内，外用彩画，并悬响铃之类，内垫薄板。悬于梁上，离地三四尺。用带缚定小儿，使不得动。哭则乳之，不已，则摇之，口念“巴不力”，如吾乡之“嘎啱啱”也。

丧事，将入殓，其夕亲（戚）〔《渐学庐丛书》本作友〕俱集，名曰“守夜”，终夜不睡，丧家盛设相待，俟殓后方散。七七内必殡，火化而葬。棺盖尖而无底，内垫麻骨芦柴之类，仍用被褥，以便下火。父母之丧，只一年而除，以不剃头为重。

春秋二季，将军令兵丁于各门城上，晨夕两时吹笳，声闻数里。冬至，令兵于各山野烧，名曰“放荒”。如此，则来年草木更盛。又每岁端午后，派八旗拨什库一人，率领兵丁几名，将合宁古之马，尽放于几百里外有水草处。马尾上系木牌，刻某人名。至七月终方归，此时马已极肥。俱到衙门内，各认木牌牵回。

四季常出猎打围。有朝出暮归者，有两三日而归者，谓之打小围。秋间打野鸡围。仲冬打大围，按八旗排阵而行，成围时，无令不得擅射，二十余日乃归。所得者，虎、豹、猪、熊、獐、狐、鹿、兔、野鸡、雕羽等物。猎犬最猛，有能捉虎豹者。虎豹颇畏人。唯熊极猛，力能拔树掷人。野鸡最肥，油厚寸许，辽东野鸡颇有名，然迥不及矣。每一猎，车载马驼，不知其数。鹰第一等名海东青，能捉天鹅，一日能飞二千里。又有白鹰、芦花鹰，俱极贵重，进上之物。余则黄鹰、兔、虎、鹞子，亦皆猛于他处。有雕，极大而多，但用其翎毛为箭。

每于三年后，将军出示，无论满、汉，其未成丁者，俱到衙门比试，名曰“比棍”。以木二根，高如古尺五尺，上横短木，立于将军前。照册点名，于木棍下走过。适如棍长者，即注册，披甲派差食粮。如不愿者，每岁出银六两，名曰“当帮”。辛酉三月，予比棍已合式，将派差矣，予父言于将军乃止。

是岁，乌喇将军忽遣人邀予父，将以为书记，兼管笔帖式及驿站事务。订于九月中，合家迁往乌喇，颇以为喜。会七月内还乡诏下，乃不果。

八月十八日，为予娶妇叶氏。氏贤而孝，两大人甚爱之。遂理归装，饮饯无虚日，皆相持哭失声，不忍别。

至九月（二十日）〔此三字据《渐学庐丛书》本补〕起行，将军遣拨什库一人、兵八名护送。又发勘合，拨驿车二辆、驿马二匹及饮食等项，按驿供给更换。亲戚之内眷送至一朗冈而别。亲友及门，俱送至沙岭，聚谈彻夜。至晓分手，我父哭不止，策马复追二十余里，再聚片时而回。患难交情，如此之深也。

次日，经过石头甸子。石质相连不断，阔三十里，东西长三百余里。其底嵌空玲珑，车马行动有声，冰泮时，下有流澌潺湲，亦一奇也。

第二站，名鳖而汉鳖腊。

第三日，进大乌稽，古名黑松林。树木参天，槎枒突兀，皆数千年之物，绵绵延延，横亘千里，不知纪极。车马从中穿过，且六十里。初入乌稽，若有门焉，皆大树数抱，环列两旁，洞洞然不见天日，唯秋、冬树叶脱落，则稍明。凡进乌稽者，各解小物悬于树上以赠神。予父带有同年镇江张升季年伯骸骨，并其女还姐归乡，车马至此不前，鞭之亦不行。予父觉有异，乃下马，向空再拜默祷，即行动如初，无不惊异。因念古人建立坛壝，必种松柏，以为神所依凭，今可识其非虚渺矣。其中多峻岭巉岩，石径高低难行。其上鸟声咿哑不绝。鼯鼪狸鼠之类，旋绕左右，略不畏人。微风震撼，则如波涛汹涌，飕飕飒飒，不可名状。予父同内眷由正路行，予则同护送诸人由侧路打猎，所获颇多。

是夕宿于岭下。帐房临涧，涧水淙淙然，音韵极幽阒。兵丁取大树皮二三片，阔丈余，放于地上，即如圈篷船，尽可坐卧。拾枯枝炊饭，并日间所得獐鹿，烧割而啖，其余火至晓不绝。迨夜半，怪声忽起，如山崩地裂，乃千年枯树忽焉摧折也。至今思之，犹觉心悸。

第四站，名昂邦多红。

第五站，名拉发。穿过小乌稽，经过三十里，情景亦相似。

第六站，名厄黑木。

第七站，名泥湿哈。

十里渡松花江，源亦发自长白山。通黑龙江、墨而根、爱荤等处，总归于混同江。

乌喇有船厂，造大船往来诸处，故又名船厂。有将军镇守。本宁古塔将军调此，即前与予父有书记之约者。留数日，更换勘合，如前护送。

乌喇第一站，名苏通。

第二站，名衣而门。

第三站，名双羊河。

第四站，名一巴旦。

第五站，名大孤山。

第六站，名黑而素。

第七站，名野黑。

第八站，名棉花街。

四十里至乌远堡，即柳条边。柳条边垂杨数百里，系前朝所种，以隔中外。今仍有章京守此，盘诘往来，亦要害地也。

又十五里，至开原站。

又十五里，至开原县。

又五十五里，至高丽站。

又十五里，至铁岭县。

又六十里，至驿路站。

又七十里，至奉天府。时奉天将军即丁酉刑部江南司问官，当时极怜我父之才，闻我父将至，遣人至柳条边迎候，至奉天遂留半月余。亦更换勘合，照前护送。

奉天府第一站，六十里至老边站。

四十里，至澡流河。

四十里，至白旗堡站。

七十里，至二道井子。

五十里，至小河山站，为广宁县。

十五里，至广宁站。

三十里，至闾阳驿。

四十里，至石山站。

三十里，至大（陵）〔《渐学庐丛书》本作凌〕河。

四十里，至锦州府。

六十里，至高桥站。

六十里，至宁远州。

六十里，至东关站。

六十里，至凉水河站。

八十里，至山海关。山海关即秦之长城，第一关也。城高而厚，南入海四十里，北面大山多，极其高峻，城则随山高下而筑。关门向东大路有一岭，出关者称为凄惶岭，入关者称为欢喜岭。岭下有孟姜女庙。是夕，宿于岭下，两大人各述当日出关景况，今得到此，真为欢喜。明日进关，气象迥别。

又七日，至京师。与亲友相聚，执手痛哭，真如再生也。

凡宁古山川土地，俱极肥饶，故物产之美，鲜食之外，虽山蔬野簌，无不佳者，皆无所属，任人自取。其绅士在彼者，俱照中国一例优免，与尚阳堡流徙者不同。盖世祖皇帝念宁古苦寒，特开此恩例。凡流人至者，或生理耕种，各就本人所长，而我父唯知读书，别无所晓，幸同社诸公皆至大位，时时寄与周济，乃不窘乏。

宁古去京四千余里。冬则冰雪载道，其深丈余，其寒令人不能受。夏则有哈汤之险，数百里俱是泥淖，其深不测。边人呼水在草中如淖者，曰“红锈水”。人依草墩而行，略一转侧，人马俱陷。所以无商贾往来，往来者唯满洲而已。音信难得，岁仅一至，真所谓“家书抵万金”也。后来哈汤之上，俱横铺树木，年年修理，往来者始多。

大冯三兄壬子拔贡，在京考选教习，得此人，南北音信乃不阻绝。赐环之事，固同社诸公如宋右之相国、徐健庵司寇、徐立斋相国、顾梁汾舍人、成容若侍御不忘故旧之德，而其中足趼舌敝、以成兹举者，则大冯三兄之力居多焉。

呜呼！余家方全盛时，大父燕勒公以都宪挂冠，为一时名臣。余父暨伯父弘人公、闻夏公以诗文鸣江左，先达称为“延陵三凤”。叔父显令公继起，同社又比之皇甫四君。丁酉秋，我父获隽，人方以为得人庆，讵知变起萧墙，以风影之谈，横被诬陷，致使家门倾覆，颠沛流离。迨远戍穷荒，几谓冤沉海底，断难昭雪。乃皇天默佑，荷戈二十三年，百冷辟易，疾疢不作。所遇将军固山，无不怜才，待以殊礼。穷边子弟，负耒传经，据鞍弦诵，彬彬乎冰山雪窖之乡，翻成说礼敦诗之国矣。洎乎《长白赋》入，天心嗟叹，温诏下颁，流人复归（水）〔《渐学庐丛书》本作本〕土。玉门之关既入，才子之名大振，手加额者盈路，亲绪论者满车，一时足称盛事，而余父益自韬晦，虚怀待人。孰意文人薄命，溘焉捐馆，备历艰辛，而终未克食一日之报。彼苍者天，岂丰其名必啬其福耶？呜呼哀哉！

余生长边陲，入关之岁，已为成人。其中风土人情、山川名胜，悉皆谙习，颇能记忆。今年近六旬，须发渐白，回思患难时，不啻隔世。诚恐久而遗忘，子孙不复知祖父之阅历艰危如此，长夏无事，笔之于纸，以为《宁古塔纪略》。时康熙六十年辛丑岁七月也①。

康熙三十年前，沿松花江而下三千里，俱设城郭，直至乌龙江而止。

乌喇七百里至孤儿郤，又名新城，有梅勒章京驻扎。遍地皆

---

① 编者按：本书杨复吉抄本，至此结束。此后补遗部分系据《渐学庐丛书》本移录。

沙，与蒙古接壤，最多牛、马、羊、骆驼。

又二百六十里至墨而根，木城，沙地，都统镇守。

又一千里至圃魁。木城，沙地，都统镇守。离城东北五十里，有水荡，周围三十里。于康熙五十九年六七月间，忽烟火冲天，其声如雷，昼夜不绝，声闻五六十里。其飞出者，皆黑石硫黄之类。经年不断，竟成一山，兼有城郭。热气逼人，三十余里，只可登远山而望。今热气渐衰，然隔数里，人仍不能近。天使到彼查看，亦只远望而已。嗅之，惟硫黄气。至今如此，亦无有识之者。

又八百里至爱荤。木城，四周皆山。城临乌龙江，有将军镇守。与老抢连界，近索龙，出人参、貂皮。此处貂皮毛粗，不及黑斤矣。

孤儿郤至爱荤一带，俱极寒冷，六月收成，七月即霜雪，又非宁古、乌喇可比也。

此皆乌喇诸友所述者。

《宁古塔纪略》跋

《宁古塔纪略》，三十年前即耳其名，迄未获睹。今夏，吴门袁子又恺举藏本抄赠，因以方坦庵宫詹《绝域纪略》报之。二书记载，虽间有异同，然足以广见闻、资考证，则一也。所惜无校梓之者，为附《秋笳集》后。

乙卯清和月下浣杨复吉识。

附录

宁古塔纪略

叶廷琯

与大瓢同时，有吴汉槎之子桭臣撰《宁古塔纪略》一卷，志其父出塞入塞颠末，亦及其地之山川、城郭、物产、土风，而不如《柳边纪略》之详备。书中称其地之山川、城郭、物产、土风，而不如《柳边纪略》之详备。书中称其父顺治丁酉秋获隽，变起萧墙，横被诬陷，以戊戌八月赴戍宁古塔。其母葛日夕悲哭，必欲出塞省视，其祖燕勒公哀而壮之，为料理行计，庚子冬自吴江起行，辛丑二月五日到戍所。桭臣以康熙三年甲辰十月生于宁古塔，至辛酉十八岁，乃随父归。书则著于六十年辛丑，时其齿已五十有八矣。桭臣之归在大瓢出塞之前数载，而其著书反在大瓢之后（杨书成于丁亥年，见林佃序），所记视大瓢仅得二三，盖童年阅历，未知延访，衰龄撰述，又不免遗忘，人事所限，固无怪其然耳。至汉槎赐环之事，桭臣言同社诸公如宋右之相国、徐健庵司寇、立斋相国、顾梁汾舍人、成容若侍卫，固不忘故旧，而其中足趼舌敝以成兹举者，则大冯三兄之力居多。又言洎乎《长白山赋》入，天心嗟叹，温诏下颁。卷首张尚瑗序，亦言汉槎《秋笳集》昆山司寇公为刊行，更以所著《长白山赋》进呈御览，并辇下诸故人大僚醵资代赎，遂得以辛酉入塞，归甫四（原抄四

下一字漫灭，不知是年是月）疾卒。旧传汉槎归后即殁，或云在京，或云在途溺水，其说不一。今观《纪略》，只云文人薄命，溘焉捐馆。未著何年何地。而张序则已明言归后疾卒。又大瓢书中记汉槎还，病且死，犹思食宁古塔所居篱下蘑菇，则非在途溺水可信。唯大冯三兄，棖臣但言壬子拔贡，在京考选教习，讫未详其里籍名字也。

《吹网录》卷四

跋《宁古塔纪略》后

李兆洛

汉槎先生之谪，无妄获咎，海内知名之士同声悼惜，投赠往复之作，言辛述苦，凄感心脾。读南荣先生此编，则彼土风俗之惇朴，物产之饶美，将军、都统相视之殷勤，生徒诵读彬彬有邹鲁之化，然后知帝德高厚，虽以罪蒙谴，犹不使失所如此。嗟乎！迁客离忧深于羁旅，望风怀土，信美且欢，邀幸赐环，未几物化，忧能伤人，无乃是欤？是编以生还之乐，略痛定之思，哀而不伤，旨有馀于言者矣。

《养一斋文集》卷七